Wolfgang Meffert

Harmonielehre

endlich verstehen!

Einstieg in die Musiktheorie (nicht nur) für Gitarristen.

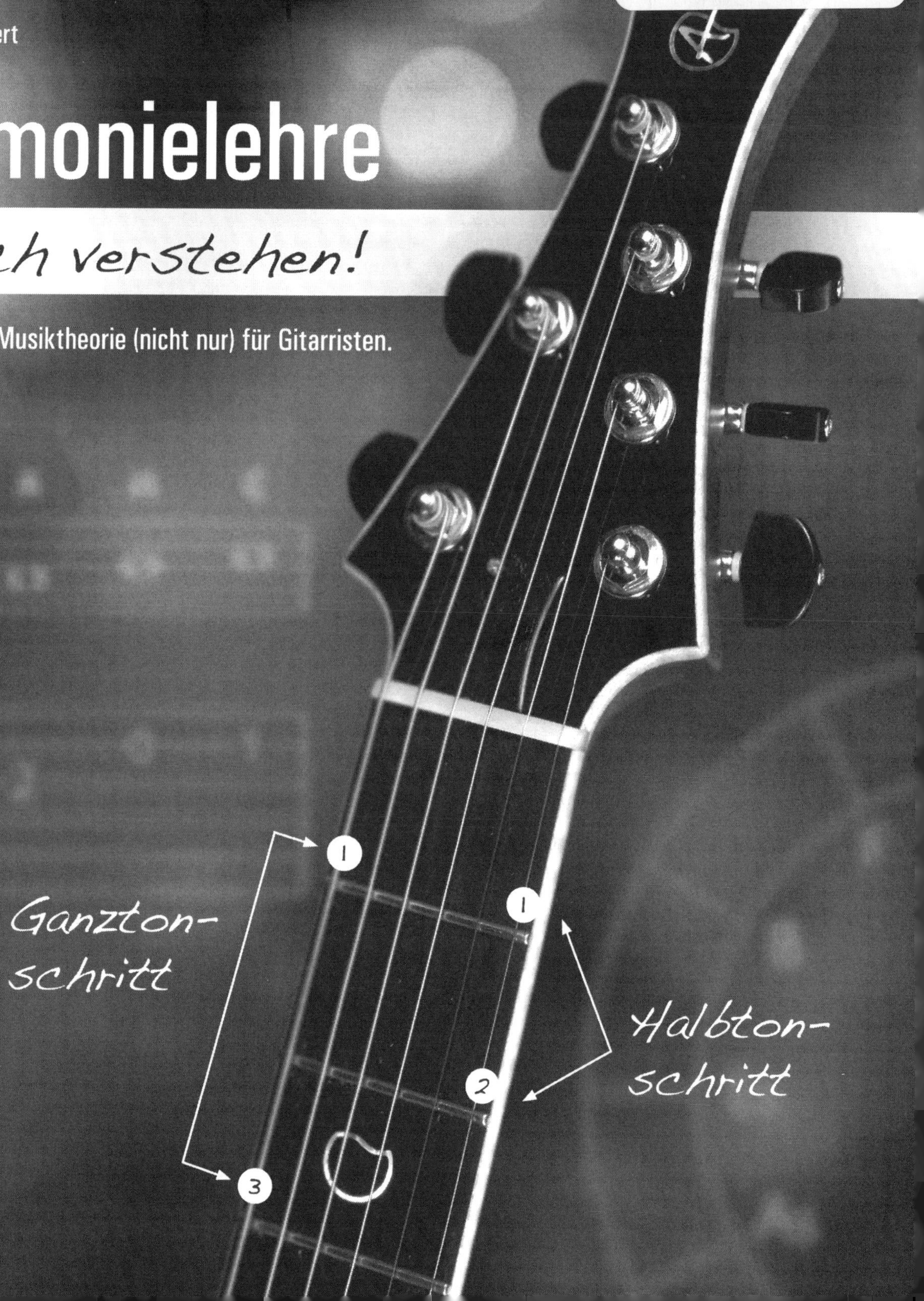

ACOUSTIC MUSIC BOOKS
AMB 3096

Liebe Leser,

eines vorweg: Diese Einführung in die Harmonielehre habe ich aus der Sicht eines Gitarristen verfasst. Daher können Gitarrenspieler die Erläuterungen und Beispiele besonders leicht nachvollziehen. Weil die Einführung aber allgemein-musikalische Zusammenhänge behandelt, die für alle Instrumente gelten, ist dieser Kurs auch für jeden anderen Instrumentalisten oder Sänger leicht verständlich.

Ich gebe zu, dass ich früher auch einmal gedacht habe, Musiktheorie sei nur was für steife Klassiker und würde den wahren Künstler (also mich) nur in der Kreativität behindern. Denn sie schreibe ja ausgetretene musikalische Wege vor, die ich eben nicht beschreiten wollte. So dachte ich jedenfalls. Aber das ist natürlich Unsinn. Genauso gut könnte man behaupten, die Verwendung von Werkzeug würde einen Bildhauer kreativ einschränken. Doch das Gegenteil ist der Fall. Je besser und umfangreicher die Werkzeuge sind, die einem zur Verfügung stehen, umso mehr Möglichkeiten eröffnen sich, und umso kreativer kann der Künstler werden. Für den Musiker sind seine Kenntnisse der Elementar- und Harmonielehre wie Werkzeuge. Sie unterstützen seine Kreativität und schränken sie nicht ein.

Ich habe diese Einführung aus zwei Gründen geschrieben. Zum einen sind herkömmliche Harmonielehren oft kompliziert und wie Formelsammlungen aufgebaut. Manchmal könnte es scheinen, sie wurden nicht geschrieben um verstanden, sondern um bewundert zu werden. Wie viele Hobby-Musiker, die sich autodidaktisch weiterbilden wollten, haben sich nicht schon einmal ein herkömmliches Musiktheorie-Buch gekauft und dann frustriert weggelegt? – Ihnen und allen anderen an der Thematik Interessierten möchte ich mit meinem Werk die theoretischen Grundlagen, die nötig sind, um eine Harmonielehre zu verstehen, vermitteln. Und zwar in einer Form, die so anschaulich, logisch und einfach verständlich ist, dass man sie im Selbststudium erarbeiten kann. Zum anderen soll das Buch den Gitarren- und Instrumentalunterricht im Bereich der elementaren Musiklehre ergänzen und dem Theorieunterricht Aufbau und Struktur verleihen. Den Schülern wird außerdem ein Lehrmittel an die Hand gegeben, mit dem sie den Lehrstoff erarbeiten, nachlesen, festigen und vertiefen können.

Meine dringende Empfehlung lautet: Lest das Buch mit einem Stift in der Hand und scheut euch nicht, hineinzuschreiben, was euch wichtig ist. Macht Randnotizen und streicht die für euch wichtige Stellen an. So zieht ihr den größten Nutzen aus dieser Einführung.

Ich wünsche euch, liebe Leser, viele Aha-Erlebnisse!

Wolfgang Meffert

IMPRESSUM

Autor:
Wolfgang Meffert
Covergestaltung u. Layout:
Selina Peterson
Lektorat u. Produktion:
Gerd Kratzat

Acoustic Music Books
Brommystraße 64
26384 Wilhelmshaven,
Germany

Bestell-Nr. AMB 3096
ISBN 978-3-86947-096-2
ISMN M-700253-74-5

1. Über das Üben

2. Wie man einen Ton aufschreibt

3. Das diatonische System

4. Der Akkord

5. Die Harmonisierung der Tonleiter

6. Natürlich Moll

7. Leitereigene Septakkorde

8. Der Dominantseptakkord

9. Die Akkordsymbolschrift

10. Warum überhaupt Musiktheorie?

11. Musik und Wahrnehmung

12. Der Spannungsbogen

13. Die Terzverwandschaft

14. Substitution der Dominanten

15. Die Harmonische Gliederung

16. Die Akkordlage

17. Der Gitarrenakkord

18. Die Quintfallsequenz

19. Die Tritonussubstitution

20. Kurz und knapp

Teil 1

Die Grundlagen der Harmonielehre

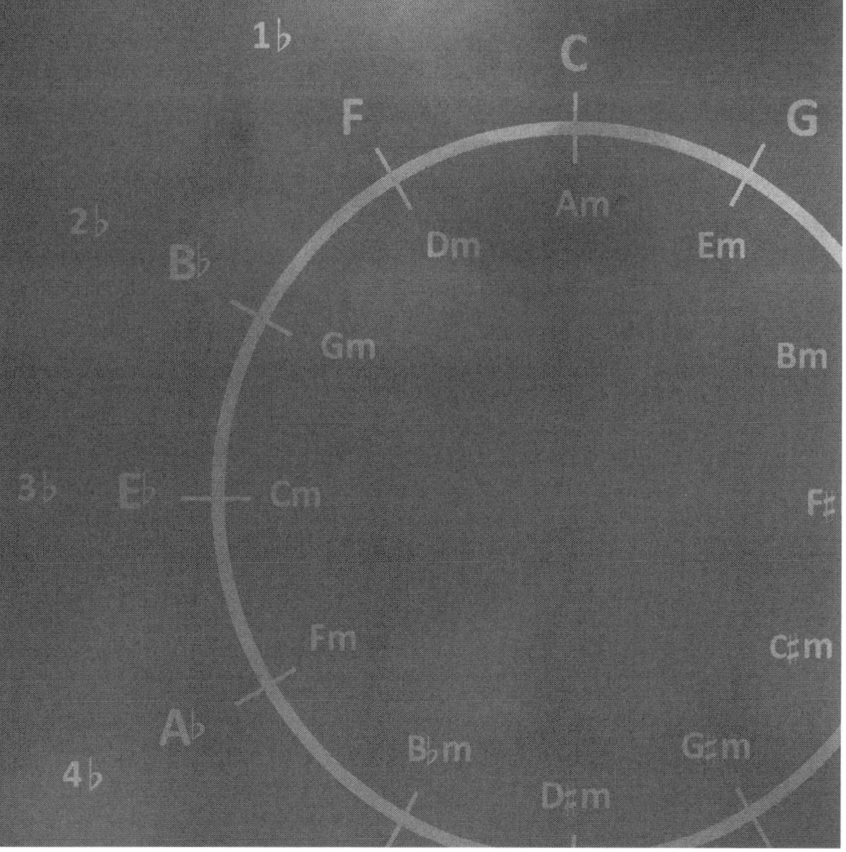

1. ÜBEN, ABER WIE?

Wer übt fällt den Kollegen in den Rücken. Musikerkollegen die nicht oder nur selten üben, sind gegenüber dem der regelmäßig übt im Nachteil! Wer übt verbessert seine Fähigkeiten und kann so seine spieltechnischen Grenzen erweitern. Das Üben ist für den Musiker genau das Gleiche wie das Training für den Sportler. Aber während Sportler in der Regel einen Trainer haben, werden Musiker beim Thema Üben meist allein gelassen. Bestenfalls mit der Empfehlung langsam zu spielen. Das allein genügt aber nicht. Wenn wir eine Übung oder ein Stück »langsam« falsch spielen, werden wir dadurch eher schlechter als besser! Es geht also darum, »richtig« zu üben, damit wir anschließend die schwere Stelle oder den komplizierten Rhythmus leicht spielen können, obwohl der uns vorher zu schwer war.

Durch richtiges Üben wird aus »schwer« »leicht«!

Ganz wichtig ist es, zunächst zwischen »spielen« und »üben« zu unterscheiden! Wenn wir die Gitarre nehmen und unsere Stücke ein paar Mal durchspielen, haben wir damit nicht effizient geübt! Damit haben wir lediglich unsere Stücke gespielt. Das heißt, wir werden die eine schwere Stelle oder den schnellen Lick auch nächste Woche nicht besser hinkriegen als heute. Aber wir üben ja, damit wir das Stück, an dem wir gerade arbeiten, flüssig, fehlerfrei und auch möglichst schön spielen können. Und zwar trotz der schweren Stelle und mit dem schnellen Lick!

Üben heißt vor allem, zielgerichtet ganz bestimmte Bewegungsabläufe möglichst präzise zu trainieren. Und das möglichst effizient. Übezeit ist schließlich kostbar.

Was passiert beim »richtig« Üben?

Wenn wir üben, trainieren wir unsere gesamte Feinmotorik. Unser Gehirn, das Nervensystem und alle beteiligten Muskeln. Die Bewegungsabläufe, die trainiert werden, müssen dabei möglichst exakt sein. Durch präzise Wiederholungen des immer gleichen Bewegungsablaufes, sowohl räumlich als auch zeitlich, legen wir in unserem Nervensystem sozusagen eine Datei mit einem kleinen Bewegungsprogamm an, dass dann automatisch abläuft. Daher ist es notwendig, sich genau auf diesen Bewegungsablauf zu konzentrieren, damit er wirklich exakt ist. Wenn wir eine Stelle bei zehn Versuchen acht Mal falsch spielen, enthält unsere Datei anschließend ein falsches Bewegungsprogramm. Das heißt im Klartext: Wenn wir üben, dürfen wir keine Fehler machen, weil wir sonst das »Fehler machen« üben!

Zu fehlerfreiem Spiel gehört *extrem* langsames Üben, speziell wenn wir an neuen Dingen arbeiten. (Der amerikanische »Flitzefinger« Steve Vai empfiehlt in diesem Zusammenhang eine Übegeschwindigkeit, die es ermöglicht zwischen jedem Ton das Wort »Mississippi« auszusprechen.)

Die Konzentration sollte auf absolut korrekte Ausführung gerichtet sein, dazu gehören immer gleicher Fingersatz (auch für die rechte Hand) und immer gleiche Anschlagbewegungen.

Gitarre üben ist Tai-Chi mit den Fingern.

Nur wenn wir den kompletten Ablauf absolut präzise und immer gleich üben, erhalten wir auch ein präzises Bewegungsprogramm, das unser Körper auch immer gleich reproduziert. Größte Aufmerksamkeit sollten wir darauf verwenden, die Muskeln locker zu lassen. Dazu gehört auch, »freie« Finger nicht unwillkürlich wegzustrecken. Nur bei entspanntem Spiel sind wir in der Lage, Höchstleistungen zu vollbringen. Jede Verkrampfung, jeder (falsch) angespannte Muskel wird beim Üben genauso mit einprogrammiert wie jeder andere Bewegungsablauf. Unser Körper kann nicht unterscheiden, welche Muskelspannungen und Bewegungen dazugehören, um das Stück zu spielen, und welche Muskelspannungen und Bewegungen unnötig oder sogar hinderlich sind.

Wir bekommen also genau das zurück, was wir einprogrammieren, deshalb ist es so wichtig auf die hundertprozentige richtige Ausführung zu achten.

Spielst Du falsch, spielst Du zu schnell! Aber nun zur Praxis.

1. Der richtige Ort

Wo üben wir möglichst effektiv?

Um effektiv üben zu können, sollten wir uns einen Platz suchen, an dem wir möglichst ungestört sind. Am besten ist natürlich ein eigenes Zimmer oder wenigstens ein Ort, der die Möglichkeit bietet, die Tür hinter sich zuzumachen und lärmende Geschwister oder kriminelle Haustiere auszuschließen. Vergesst auch nicht, das Handy auszuschalten.

Je weniger wir abgelenkt werden, umso besser können wir uns konzentrieren und desto gewinnbringender werden unsere Übungen sein.

Der Ort muss genügend Platz bieten, für alles was wir zum Üben brauchen. Das sind ein bequemer Stuhl, ein Notenständer, zwei verschiedene Sorten Magnetpins, unbedingt ein Metronom und natürlich die Gitarre.

2. Die richtige Zeit

Mäßig aber regelmäßig!

Wann wir üben, hängt zunächst davon ab, welche Möglichkeiten uns überhaupt zur Verfügung stehen.

Wichtig ist es, möglichst regelmäßig, das heißt jeden Tag zu üben. Der vier-Stunden-Marathon am Sonntag gleicht eine Woche Untätigkeit nicht aus! Besser täglich eine halbe Stunde konzentriert üben, als sonntags dann alles nachholen zu wollen, was die Woche über versäumt wurde. Gut ist auch ein Terminkalender mit dem wir unsere Übesessions planen und uns auch daran halten. Wenn wir nur dann Üben, wenn uns gerade danach ist, führt das selten zur Regelmäßigkeit.

Manche werden dann fragen, ob sie auch üben sollen, wenn sie gerade keine Lust dazu haben. Sie sollten sich aber auch die Frage stellen: Was will ich erreichen und was bin ich bereit dafür zu tun? Von nix kommt schließlich nix! Ich habe manchmal auch einen »Hänger« und übe dann ein paar Tage gar nicht, aber wenn ich dann wieder die Gitarre in die Hand nehme, kommt der Spaß am Üben und Spielen von alleine zurück. Und manchmal bin ich dann erstaunt, wie leicht mir plötzlich die Dinge fallen, die ich vorher so (vermeintlich) erfolglos geübt habe. Das zeigt, ich habe diese Pause gebraucht, um Muskeln, Gehirn und Nervensystem Zeit zu geben, sich den neuen Anforderungen anzupassen.

Wenn wir die Alternative haben, ist es auch effizienter vormittags zu üben, solange unser Gehirn noch »frisch« ist. Abends, kurz bevor wir zu Bett gehen, ist unser ganzes System weniger aufnahmefähig.

3. Auf die richtige Art und Weise

Haltung

Der erste wichtige Aspekt ist die Haltung. Nehmt dieselbe Haltung ein, die ihr auch beim Vorspielen oder auf der Bühne einnehmt. Das wird in der Regel auf einem Stuhl sitzend sein. E-Gitarristen, die auf der Bühne stehen, sollten auch beim Üben stehen. Unser Gehirn lernt die Bewegungsabläufe, die wir üben, niemals isoliert, sondern immer im Zusammenhang mit allen Sinneseindrücken, die wir während des Übens aufnehmen. Das heißt, die Bewegungsmuster der Fingersätze und Anschläge werden nicht neutral gespeichert, sondern immer auch vor dem Hintergrund unseres damit verbundenen Körpergefühls und sogar mit Details der Umgebung.

Es gibt Versuche, bei denen Taucher unter Wasser Vokabeln lernen mussten. Unter Wasser konnten sie alle Vokabeln, aber an Land war das Erlernte dann futsch!

Entspannt spielen, Anspannungen wahrnehmen und lösen

Unsere Haltung sollte außerdem entspannt sein. Achtet auf euren Körper beim Üben, vor allem bei schwierigen Passagen. Ihr werdet feststellen, dass ihr an bestimmten Stellen beim Spielen die Armmuskeln anspannt, euch auf die Zunge beißt, die Luft anhaltet, etc. Achtet wirklich einmal darauf, was passiert, wenn ihr spielt. Jede Anspannung hemmt den Spielfluss, und nur wenn ihr die Anspannungen bewusst wahrnehmt, könnt ihr auch gezielt dagegen vorgehen. Achtet darauf, ob ihr euch bei schwierigen Stellen unbewusst anspannt. Ob man angespannt ist, spürt man lustigerweise zuerst an den Lippen. Übt dann nur diese schwierige Stelle und versucht dabei, bewusst, die unbeteiligten Muskeln (also auch die Lippen), locker zu lassen. Ihr werdet feststellen, dass sich vieles besser und leichter meistern lässt.

Fehlerfrei Spielen

Der zweite wichtige Aspekt ist die Übehygiene. Jede Wiederholung muss einwandfrei sein! Passt euer Übetempo dementsprechend an! Bei Verspielern und Unsauberkeiten werden in unserem Nervensystem wie bei einem Computer neue Dateien erzeugt, in denen dann diese fehlerhaften Bewegungsprogramme gespeichert sind. Werden solche falschen Stereotypen durch Wiederholungen gefestigt, ist es sehr schwer sie wieder abzubauen. Anders als beim Computer können wir diese schädlichen Dateien nicht einfach wieder löschen. Je mehr davon existieren, umso größer ist die Wahrscheinlichkeit, dass unser Nervensystem in Stresssituationen – beim Vorspiel oder auf der Bühne – auf diese fehlerhaften Dateien zugreift. Und schon haben wir uns verspielt! Solche Pannen sind also von uns selbst programmiert!

Timing

Zur Übehygiene gehören nicht nur richtige und saubere Töne, sondern von Anfang an auch rhythmische Sauberkeit. Das Timing ist ein entscheidender Faktor in aller Musik.

Der richtige Ton zur falschen Zeit ist ein falscher Ton!

Euer Gitarrenlehrer sagt euch, bei welchen Übungen ihr ein Metronom verwenden solltet. Manche Übungen sind ohne Metronom sinnlos. Das Üben mit Metronom hilft euch ein gutes Rhythmusgefühl zu entwickeln und ermöglicht euch, Fortschritte zu kontrollieren.

Ohne Metronom wird man an schwierigen Stellen automatisch langsamer, meistens ohne es selbst wirklich zu bemerken. Durch das Metronom seid ihr gezwungen, auch diese Stellen im Stück im gleichen Tempo zu spielen. So trainiert ihr euch keine Temposchwankungen an, die euch vielleicht erst auffallen, wenn ihr mit jemandem spielt der exakt im Timing ist. Empfehlenswert ist es, wenn ihr Tempo und Datum notiert. So könnt ihr über einen längerenZeitraum eure Lernerfolge kontrollieren und ihr braucht nicht jedes Mal aufs Neue herauszufinden, in welchem Tempo ihr das Stück beim letzten Mal geübt habt.

Überblick und Einteilung

Wenn ihr mit einem neuen Stück beginnt, verschafft euch erst mal einen Überblick. In welcher Tonart steht es, welche Griffe sind enthalten, ist etwas dabei was ihr noch nicht kennt? Wie ist die Gliederung (Intro, Strophe, Bridge, Refrain)? Wo sind Wiederholungen?

Dann teilt ihr das Stück in einzelne, überschaubare Bereiche (maximal vier Takte) auf, die aber einander überlappen sollten. Oft kann man sich auch nach der Phrasierung des Stücks richten. Jeden Bereich solltet ihr mehrere Male üben, je nach Anspruch 10- bis 50-mal!

Das heißt, Bereich 1 von Takt 1 bis zur Mitte von Takt 5 üben. Wenn ihr Bereich 2 übt, beginnt ihr dann am Anfang von Takt 5 und endet in der Mitte von Takt 9 etc. Damit vermeidet ihr, dass ihr jeden Part für sich spielen könnt, aber dann an den Übergängen Probleme habt.

Ich persönlich hefte mir dazu 8 messingfarbene Magnete links unten- und 5 rote Magnete rechts unten an den Notenständer. Dann spiele ich Bereich 1 und schiebe anschließend einen messingfarbenen Magneten zur Mitte des Notenständers. Das wiederhole ich, bis ich alle 8 Magnete verschoben habe. Nun schiebe ich sie alle wieder nach links und setzte einen der roten Magnete in die Mitte. Dann mache ich etwa eine halbe Minute Pause um die Hände auszuschütteln, mich bewusst zu entspannen und vielleicht auch einen Schluck Kaffee zu trinken. Anschließend erfolgt der nächste Durchgang. Wenn alle roten Magnete in der Mitte sind, habe ich den Bereich 40-mal wiederholt. Langsam und präzise ausgeführt, dauert so eine Einheit etwa 25-30 Min. Ich versuche immer und von Anfang an mit Präzision zu üben und Fehler zu vermeiden.

Wenn wir ständig Fehler machen und immer nur denken: Beim nächsten Versuch mach ich es besser, dann haben wir am Ende nur geübt, Fehler zu machen. Stellen, an denen wir uns immer wieder verspielen, sollten isoliert und vor allem in »Zeiitluuupe« geübt werden. Unser Kopf braucht die Gelegenheit zu verstehen, was passiert. Macht euch langsam klar, wie ihr die Finger setzen müsst, wie ihr anschlagt, wie ihr die Griffe wechselt, usw. Wenn ihr das einmal ausprobiert habt, werdet ihr sehen, dass sich die Mühe lohnt. Das, was auf diese Art wirklich gründlich erarbeitet wurde, wird nicht mehr vergessen und ist auch jederzeit wieder abrufbereit.

Damit kommen wir zum letzten Punkt.

Was üben?

Überlegt euch genau, was ihr möchtet! (Was möchte ich lernen? Was möchte ich können? Was möchte ich erreichen?)

Teilt das eurem Lehrer mit. Der wird euch dann genau das »verschreiben«, was euch hilft, euer Ziel zu erreichen. Wer keinen Lehrer hat, sollte selbst versuchen sich Zwischenziele zu setzen, sich kleine Übungen zusammenzubasteln, oder die schwere Stelle zu einer Übung zu isolieren. Oft sind es nur ein oder zwei Stellen, die in einem Stück die Hürden darstellen. Das erfordert eine »Einzelstellenstrategie«. Solche Stellen müssen wir oft zehnmal mal so intensiv üben wie den Rest des Stückes.

Grundsätzlich solltet ihr versuchen, euer Können immer weiter zu entwickeln. Die Herausforderung beim Spielen eines Instruments ist, dass es kein Endziel gibt. Kaum ist die eine Hürde gemeistert, geht es schon an die nächste, und das hört niemals auf, egal wie gut ihr spielt. Umso wichtiger ist es deshalb, das Beste aus eurem jeweiligen Können zu machen.

Achtet auch darauf, euch nicht zu überfordern. Es nützt euch nichts, wenn euch das, was ihr spielen wollt, nur frustriert, weil der Schwierigkeitsgrad einfach noch zu hoch ist. Ein Berg wird Schritt für Schritt erstiegen. Wenn ihr euch erst die notwendigen Grundlagen erarbeitet, fällt es euch auch leichter, anspruchsvolles Material zu spielen. Wenn etwas auch nach längerer Zeit immer noch nicht klappt und das obwohl ihr wirklich superlangsam und präzise übt, könnte es sein, dass ihr einfach noch nicht soweit seid. Aber bedenkt dabei, nicht jeder kann die 100 m unter 10 Sekunden laufen. Und aufs Tempo kommt es auch gar nicht an! Einen guten Gitarristen erkennt man nicht an seinem Tempo, sondern an musikalischen Dingen, wie zum Beispiel Timing, Tonbildung und Ausdruck.

Spielt mit Leidenschaft und viel Gefühl. Stellt euch so genau wie möglich vor, wie es am Ende klingen soll, und versucht dem möglichst nahe zu kommen.

2. DER TON MACHT DIE MUSIK

Alle Musik besteht aus einzelnen Tönen, die nach bestimmten Regeln zusammen oder nacheinander erklingen. Um diese Regeln zu lernen, müssen wir zunächst einmal den einzelnen Ton betrachten.

Ein Ton hat drei Eigenschaften:

1. eine Höhe *(Es gibt viele verschiedene Tonhöhen.)*

2. eine Länge *(Der Zeitraum, in dem der Ton erklingt.)*

3. eine Lautstärke *(Es gibt laute und leise Töne.)*

Diese Eigenschaften werden mit Hilfe von Noten aufgeschrieben. Noten sind sozusagen das ABC der Musik.

Die Tonhöhe

Um die Höhe eines Tones aufzuschreiben, hat man ursprünglich eine gerade Linie gezogen und dann Punkte über oder unter die Linie gemalt.

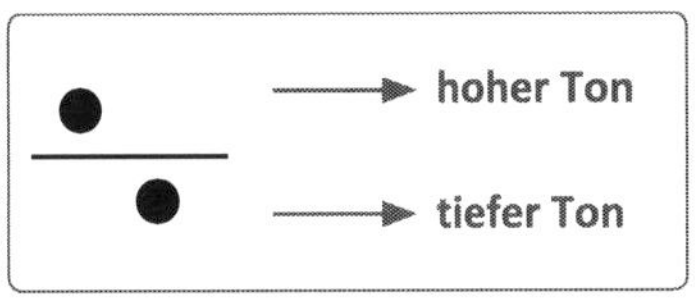

Ein Punkt über der Linie bedeutete: Hoher Ton, ein Punkt unter der Linie bedeutete: Tiefer Ton.

Das ist aber sehr ungenau. Heute hat man ein System, das jede Tonhöhe ausdrücken kann. Das ist das Notensystem mit fünf Linien: Alle Töne liegen nacheinander auf oder zwischen den Linien.

Das Notensystem

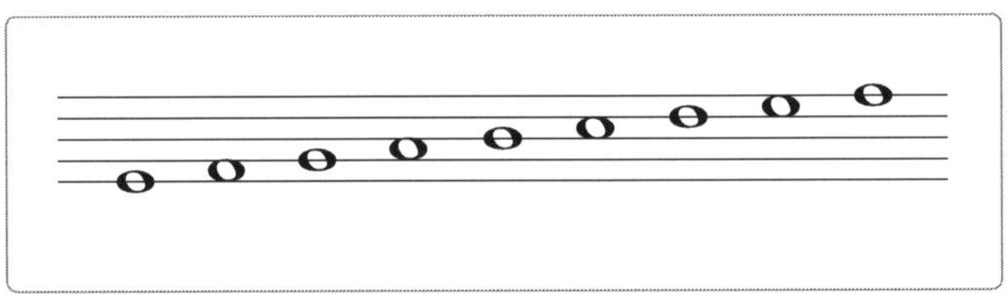

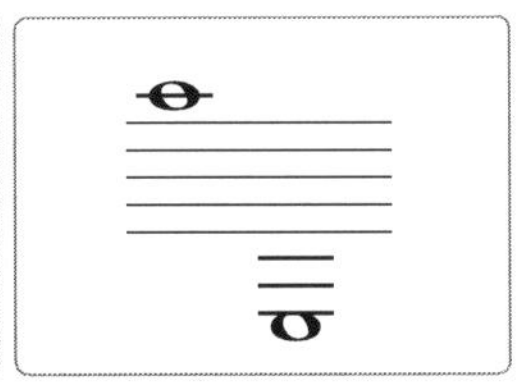

Sehr hohe oder tiefe Töne werden mit Hilfslinien angezeigt.

Nun können wir alle möglichen Tonhöhen aufschreiben. Wir wissen aber noch nicht, wo genau die einzelnen Töne hinkommen.

Dazu hat man einen Notenschlüssel in das Notensystem mit den fünf Linien gezeichnet, der die Stelle festlegt, an die eine bestimmte Note gehört.

Der Notenschlüssel »schließt« sozusagen die Noten auf.

Der Notenschlüssel Weil verschiedene Instrumente sehr hohe oder auch sehr tiefe Töne spielen, gibt es auch verschiedene Notenschlüssel. Der Notenschlüssel, den wir für die Gitarre benutzen, sieht so aus: 𝄞 Mit etwas Phantasie können wir ein verschnörkeltes G erkennen.

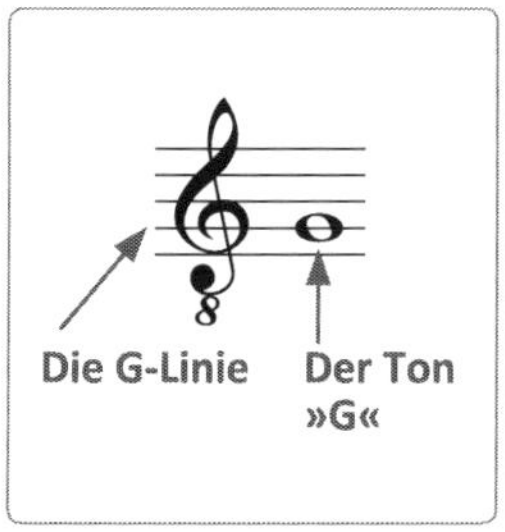

Der Schlüssel umschließt mit seinem Bauch in unserem Notensystem die zweite Linie von unten. Damit sagt uns der Schlüssel: Auf dieser Linie liegt der Ton »G«, daher nennt man ihn G-Schlüssel oder aber auch Violinschlüssel, weil er früher hauptsächlich für Violinnoten benutzt wurde.

Wir haben also nun im Notensystem den Ton »G« festgelegt. Alle anderen Töne können wir dann vom G aus abzählen.

Der Zeitwert

Die Länge eines Tones wird durch seinen Zeitwert bestimmt.

𝅝 Der größte Zeitwert einer Note ist die 1 oder besser ausgedrückt die ganze Note. Sie wird durch einen Kreis oder gedruckt durch ein Oval dargestellt.

𝅗𝅥 Als nächstes kommt die halbe Note. Sie klingt genau halb so lange wie eine ganze Note und wird als Oval mit einem Hals dargestellt. (Das ist der Strich an der Note. Er kann entweder nach oben oder nach unten zeigen.)

♩ Nun kommt die Viertelnote. Sie klingt genau halb so lange wie die halbe Note und genau ein Viertel so lange wie eine ganze Note. Bei ihr ist der Kopf (das ist das Dicke am Ende des Halses) nicht hohl, sondern ausgefüllt.

♪ Dann kommt die Achtelnote. Sie klingt genau halb so lange wie eine Viertelnote, also ein Achtel so lang wie eine ganze Note. Sie erkennt man an dem Fähnchen am Hals.

𝅘𝅥𝅯 Die Sechzehntelnote klingt wiederum genau halb so lang wie die Achtelnote. Sie hat zwei Fähnchen.

Es gibt auch Zweiunddreißigstelnoten 𝅘𝅥𝅰 (drei Fähnchen) und Vierundsechzigstelnoten 𝅘𝅥𝅱 (vier Fähnchen). Aber diese Notenwerte kommen nur selten vor.

Kommen mehrere Fähnchennoten hintereinander vor, fasst man sie mit Balken zusammen.

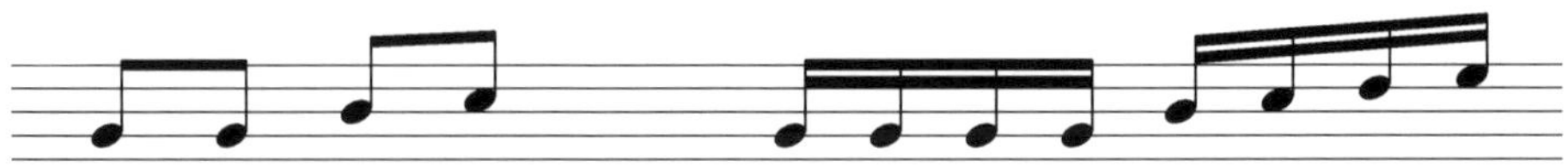

Achtelnoten mit Balken **Sechzehntelnoten mit Balken**

Manchmal findet man auch Noten mit einem Punkt dahinter. Das bedeutet: Dieser Zeitwert wird um seine Hälfte verlängert.

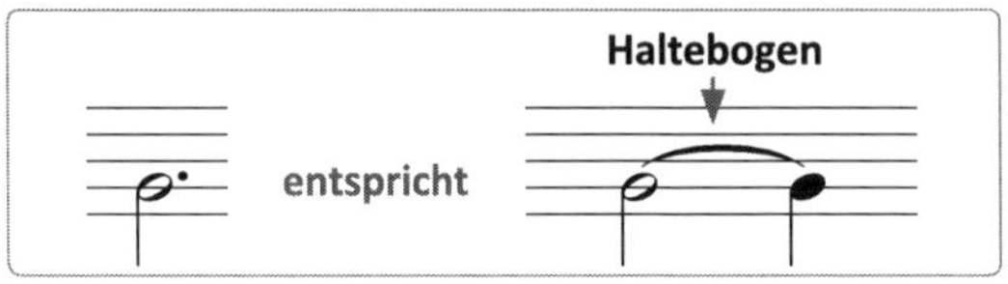

Beispiel 1 bedeutet:
Eine halbe Note plus eine Viertelnote in einem Ton.

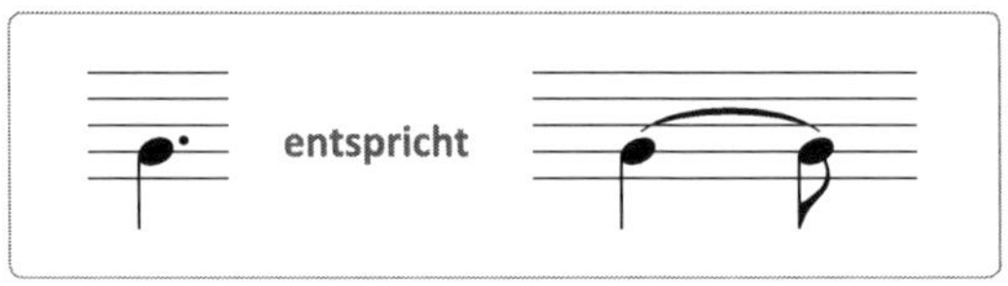

Beispiel 2 bedeutet:
Eine Viertelnote plus eine Achtelnote in einem Ton.

Bei dieser Gelegenheit lernen wir auch den Haltebogen ⌒ kennen, mit dem zwei Noten der gleichen Tonhöhe miteinander verbunden werden können. Der Haltebogen sagt uns: Dieser Ton klingt so lange wie beide Noten zusammen.

Eine Übersicht: (Rhythmuspyramide)

Hier eine Übersicht. Für alle fünf Notensysteme gilt der gleiche Zeitraum, nämlich der einer ganzen Note.

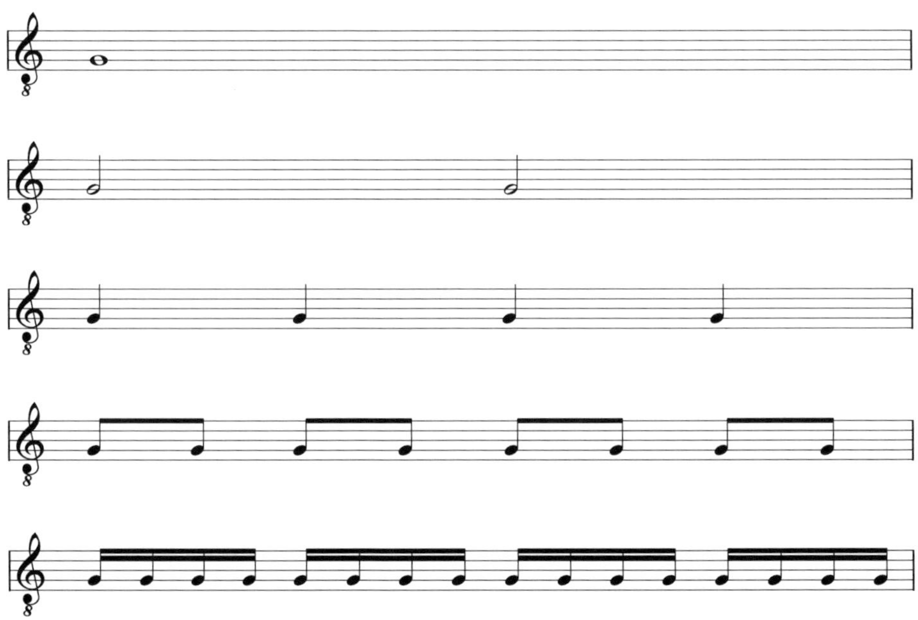

Hier einige Systeme mit gemischten Notenwerten. Auch hier ist die Summe pro System eine ganze Note.

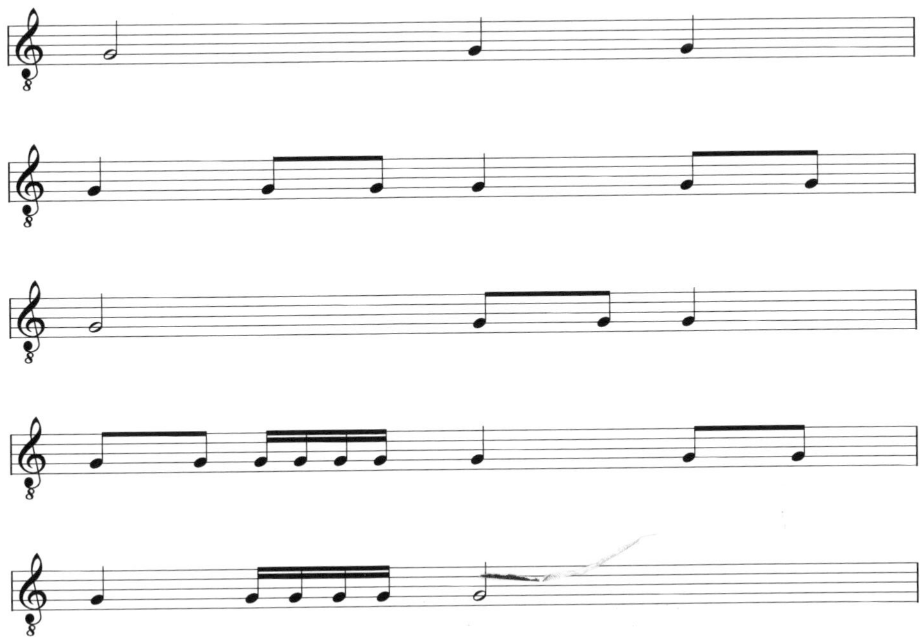

Pausenzeichen

Für jeden Notenwert gibt es übrigens auch ein Pausenzeichen. An den richtigen Stellen Pausen zwischen den Tönen zu machen, ist manchmal wichtig, um einen coolen Rhythmus zu erzeugen.

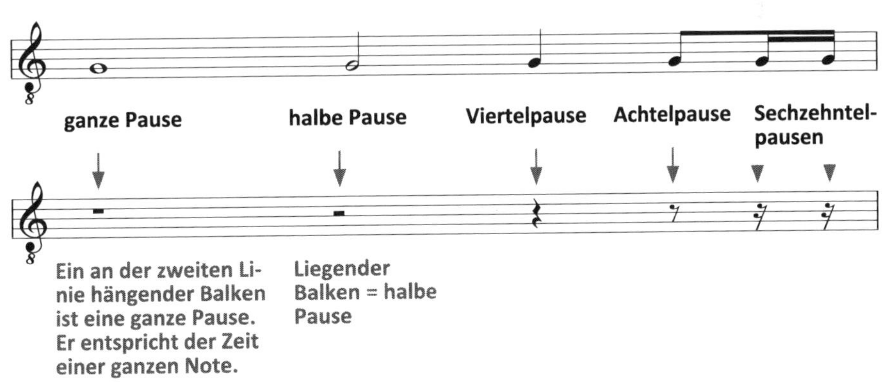

Die Pause ist sozusagen das Gegenteil der Note. Die Note sagt: Hier klingt ein Ton. Die Pause sagt: Hier klingt kein Ton.

Triolen Bisher haben wir nur gerade Unterteilungen der Zeitwerte (Halbe, Viertel, Achtel etc.) kennen gelernt. Manchmal kommen aber auch Dreierunterteilungen vor. Dabei wird dann z. B. ein Viertel, statt in zwei Achtel, in drei Teile geteilt. Diese nennt man dann Achtel-Triolen. Eine Halbe wird in Viertel-Triolen oder eine Achtel in Sechzehntel-Triolen geteilt.

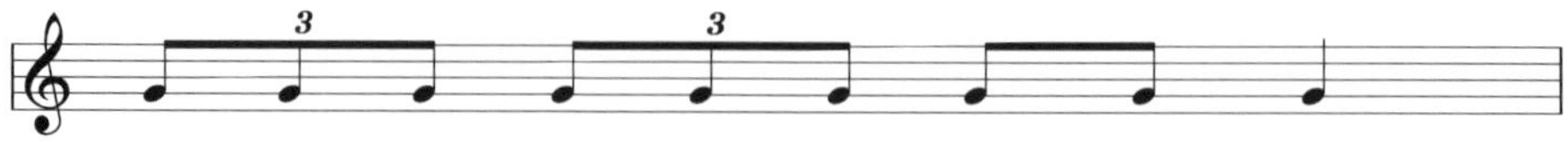

> Ganz ungezwungen kann man auch sagen:
> Triolen sind drei Schläge an Stelle von zwei.

Die Lautstärke

Kommen wir nun zur dritten Eigenschaft eines Tones, seiner Lautstärke. Sie steht in enger Verbindung zur Betonung, weil wir die Lautstärke eines Tones immer in Beziehung zu den anderen Tönen des Musikstückes setzen. Wenn ein Ton etwas lauter als die anderen gespielt oder gesungen wird, dann ist er »betont«.

Diese »Betonungen« kommen immer in gleichmäßigen Abständen. Sie sind mit verantwortlich für den Rhythmus eines Stückes. Der Rhythmus ist die Abfolge von betonten und unbetonten Tönen. Dadurch, dass die Betonungen fortlaufend und in immer gleichen Abständen erfolgen, entsteht eine Reihe von rhythmisch gleichen Einheiten, die jeweils den betonten Ton am Anfang haben.

An dem folgenden Beispiel kann man dies gut erkennen:

Fuchs	du	hast	die	**Gans**	ge-	stoh-	len.	**Gib**	sie	wie-	der
1	2	3	4	**1**	2	3	4	**1**	2	3	4
her.				**Gib**	sie	wie-	der	**her.**			
1	2	3	4	**1**	2	3	4	**1**	2	3	4
Sonst	wird	dich	der	**Jä-**	ger	ho-	len	**mit**	dem	Schieß-	ge
1	2	3	4	**1**	2	3	4	**1**	2	3	4
we-	he-	ehr.		**Sonst**	wird	dich	der	**Jä-**	ger	ho-	len
1	2	3	4	**1**	2	3	4	**1**	2	3	4
mit	dem	Schieß-ge-		**wehr.**				‖			
1	2	3	4	**1**	2	3	4	‖			

Takt Diese einfache Aufteilung in betonte und unbetonte Silben ermöglicht es uns, das System der gleich großen Einheiten zu erkennen. Eine dieser rhythmisch gleichen Einheiten nennt man einen Takt. Durch den Takt oder besser gesagt durch das Taktmaß können wir genau angeben, welche Töne etwas lauter als die anderen gespielt, also betont werden. Die Betonungen haben ja immer den gleichen Abstand. Dadurch entsteht erst der Rhythmus!

(Das gilt zumindest für ganz einfache Lieder, bei denen die Melodie genau mit den Zählzeiten, also den Schlägen eines Taktes mitläuft. Aber das muss sie natürlich nicht unbedingt. Manchmal liegen Betonungen auch zwischen den Zählzeiten oder sogar auf einer Pause. In so einem Fall erklingt ja gar kein Ton und es ist natürlich Unsinn, von Betonung zu sprechen. Aber auch in solchen Fällen empfinden wir den Rhythmus der Zählzeiten weiter. Man nennt sie dann Schwerpunkte (Klatsch- oder Stampf-Zeitpunkte). In meinem Beispiel liegen Betonung und Schwerpunkt zusammen).

Das soll uns aber jetzt nicht verwirren. Zunächst geht es um das zugrunde liegende Prinzip.

Das Taktmaß Das Taktmaß wird als Bruch angegeben (z. B. $\frac{4}{4}$). Im Nenner (unten) steht ein Zeitwert und im Zähler (oben) steht, wie viele dieser Zeitwerte es von einer Betonung zur nächsten sind. Ganz ungezwungen kann man auch sagen: Das Taktmaß zeigt oben *wie viel* und unten *von was.*

In unserem Beispiel haben wir immer 4 (Anzahl) Viertel (Zeitwert) bis zur nächsten Betonung, also bis zu dem nächsten etwas lauteren Ton. Dieses Taktmaß kommt in der modernen Musik wohl am häufigsten vor. Oft stoßen wir auch auf Dreiviertel- (z. B. Walzer) oder Sechsachtel-Taktmaße. Grundsätzlich kann aber jedes denkbare Taktmaß vorkommen.

Im Notensystem steht übrigens das Taktmaß am Anfang gleich neben dem Notenschlüssel. Außerdem werden die Takte zur besseren Übersicht durch senkrechte Striche auf den Notenlinien voneinander getrennt (Taktstriche). Nach jedem Taktstrich kommt die schwere Zählzeit 1. Liegt die Betonung auch auf der 1, wie in unserem Beispiel, wird dieser Ton etwas lauter gespielt.

Ein Musikstück muss übrigens nicht immer mit dem ersten Ton des ersten Taktes anfangen. Gerade bei Liedern steht, wie ja auch in der Sprache, oft eine unbetonte Silbe am Anfang (z.B. und, wenn, als, am, ein, usw.). Diese Töne, die vor dem ersten Takt klingen, gehören dann zu einem so genannten Auftakt, bei dem der Anfang des Taktes fehlt.

Ein Beispiel

Auftakt ↓ $\frac{3}{4}$**-Takt**

Im | Mär- zen der | Bau- er sein | Röß- lein ein- | spannt.

3 **1** 2 3 **1** 2 3 **1** 2 3 **1** 2

Unten auf der Seite finden wir unser Lied »Fuchs, du hast die Gans gestohlen« komplett notiert.

Die Pausenzeichen sind übrigens nicht nur dazu da, um einen Takt zu vervollständigen, damit der Rhythmus erhalten bleibt. Wir müssen beim Singen ja auch zwischendurch Luft holen können.

Tabulatur Unter der Notenschrift befinden sich in meinen Beispielen oft so genannte Tabulaturen. Sie zeigen, wo auf der Gitarre der jeweilige Ton gegriffen werden kann. (Tabulaturen bestehen aus sechs Linien, welche die Gitarrensaiten darstellen. Die Zahl auf der Linie gibt an, in welchem Bund gegriffen werden soll. Tabulaturen sind vor allen Dingen dann sehr hilfreich, wenn man unterschiedlich gestimmte Gitarren benutzt.)

Fuchs, du hast die Gans gestohlen Kinderlied von Ernst Anschütz

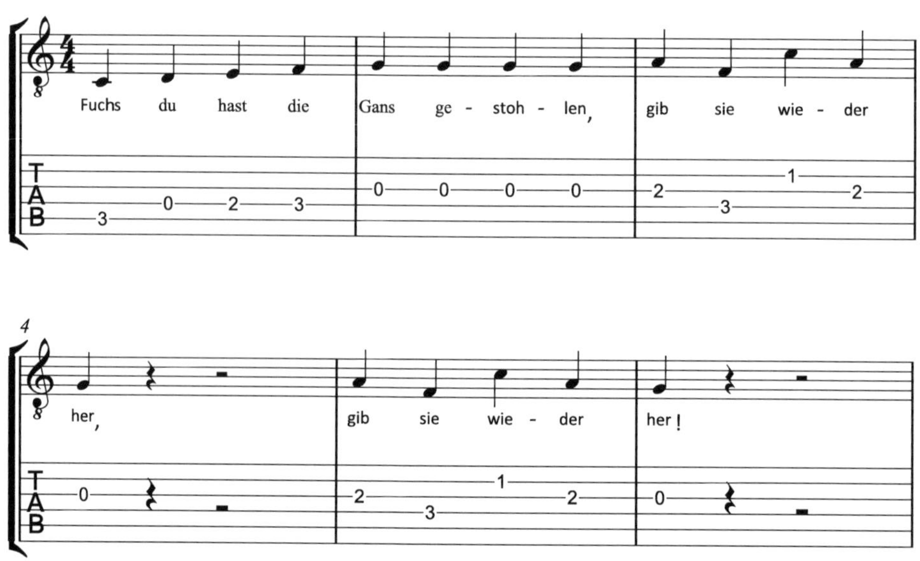

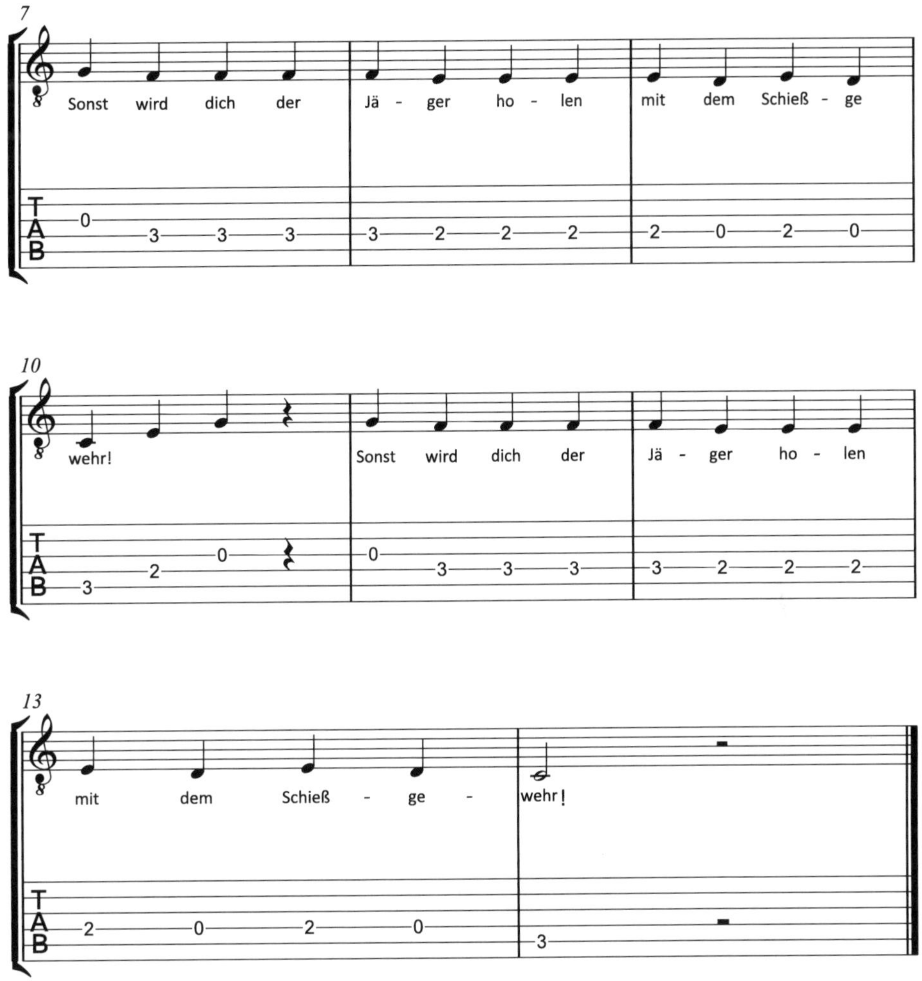
7
Sonst wird dich der Jä - ger ho - len mit dem Schieß - ge
10
wehr! Sonst wird dich der Jä - ger ho - len
13
mit dem Schieß - ge - wehr!

TESTBOGEN KAPITEL 2

1. **Welche Eigenschaften hat ein Ton?**
2. **Wie viele Linien hat ein Notensystem?**
3. **Wofür werden Hilfslinien benötigt?**
4. **Welche Linie im Notensystem kennzeichnet der Violinschlüssel?**
5. **Welche Note hat den größten Zeitwert?**
6. **Wie entstehen Noten mit kleineren Zeitwerten?**
7. **Woran erkennt man eine halbe Note?**
8. **Woran erkennt man eine Achtelnote?**
9. **Wie viele Achtelnoten klingen zusammen genommen genauso lange wie eine halbe Note?**
10. **Was bedeutet ein Punkt hinter einer Note?**
11. **Was ist ein Haltebogen?**
12. **Was bedeutet dieses Zeichen?**

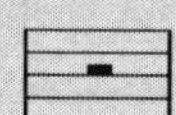

13. **Was bedeutet dieses Zeichen?**

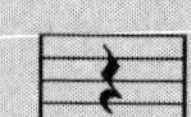

14. **Was sind Triolen?**
15. **Was ist eine Betonung?**
16. **Was sagt das Taktmaß aus?**
17. **Was ist ein Auftakt?**

3. DAS DIATONISCHE SYSTEM

Unser »Noten-ABC« ist nun beinahe komplett. Das heißt, wir haben fast alle Grundlagen zusammen, um Musik lesen und schreiben zu können.

Nun genügt es leider nicht, irgendwelche Noten wahllos hintereinander zu schreiben (oder irgendwelche Töne zu spielen). Nachdem wir in der Schule das ABC gelernt hatten, ging es darum, die einzelnen Buchstaben des Alphabets zu sinnvollen Wörtern zusammenzusetzen und mit diesen Wörtern dann einen Satz zu bilden. Genauso müssen einzelne Töne (Noten) sinnvoll zusammengefügt werden, damit Musik daraus wird. Und wie man die nun zusammenfügt, lernen wir am besten in der Praxis, indem wir einfach mal versuchen, die Töne eines Liedes zu finden.

Dazu nehmen wir nun unsere Gitarre in die Hand und schlagen mit dem Daumen eine Saite an. Nehmen wir mal die, die am tiefsten klingt. Wir hören einen Ton. Das liegt daran, dass die Saite in einer bestimmten Geschwindigkeit schwingt. Wenn wir genau hinschauen, können wir es sogar sehen. Schlagt nun die Saite an, die am höchsten klingt. Diese Saite schwingt auch, aber viel schneller als die tiefe Saite. Deswegen kann man das auch nicht so gut erkennen.

Ganz- und Halbtonschritte

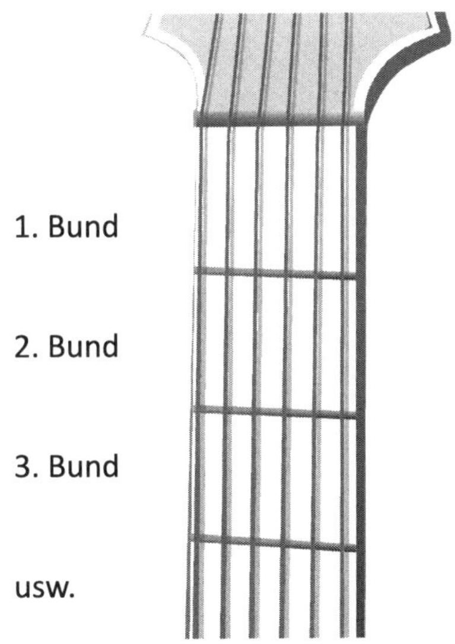

Drückt die am höchsten klingende Saite nun im 1. Bund mit dem Zeigefinger auf das Griffbrett und schlagt die Saite erneut an.

Der Ton klingt nun etwas heller oder besser gesagt höher.

Drückt die Saite im 2. Bund auf das Griffbrett und schlagt wieder an. Der Ton ist wieder etwas höher.

Macht das Ganze nun im 3. Bund, dann im 4. und so weiter, bis es nicht mehr weitergeht.

Wir stellen fest: Die Töne werden immer höher. Das liegt daran, dass wir mit jedem Bund die Saite quasi ein Stück kürzer gemacht haben. Sie kann nämlich nur noch bis zu dem Bundstäbchen schwingen, hinter dem wir die Saite abgedrückt haben.

Nun versucht bitte, auf einer einzelnen Saite »Alle meine Entchen« und »Fuchs du hast die Gans gestohlen« zu spielen. Probiert es so lange, bis ihr die Bünde mit den passenden Tönen gefunden habt. Der Anfangston sollte in beiden Liedern der Ton der Leersaite sein (das heißt: ohne zu greifen).

Doch, doch, tut es bitte... Kein Witz....

Wenn ihr die richtigen Töne gefunden habt, liegen die ersten fünf auf folgenden Bünden: **0** (die Leersaite) – **2** – **4** – **5** – **7**

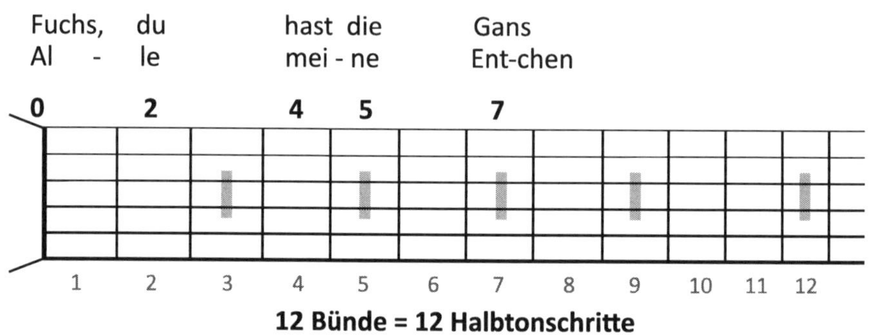

Wir sehen nun, dass der Abstand zwischen den einzelnen Tönen unterschiedlich sein kann. Mal liegen sie zwei Bünde und mal nur einen Bund auseinander. Der Abstand von zwei Bünden kommt allerdings öfter vor. Deswegen hat man diesen dann einen Ganztonschritt genannt. Der Abstand von einem Bund zum nächsten ist ein Halbtonschritt.

Merke: *Ein Halbtonschritt ist der kleinstmögliche Abstand zweier Töne voneinander.*

Diatonik Das Tonsystem, das sich im Laufe der Jahrhunderte bei uns entwickelt hat, hat sieben Töne, die sich auf zwölf Halbtonschritte verteilen. Wegen der Einteilung in Ganz- und Halbtonschritte spricht man von dem »Diatonischen System« oder einfacher von der »Diatonik«.

Stellt euch nun einmal vor, in einem Wartezimmer befinden sich zwölf Stühle und sieben Personen.

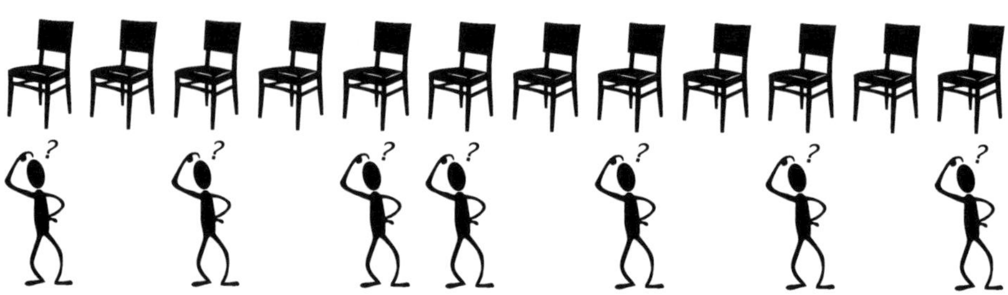

Es gibt verschiedene Möglichkeiten, auf welchen Stühlen die Leute nun sitzen. Wir können uns leicht ausrechnen, dass es auch mehrere Möglichkeiten gibt, sieben Töne auf die zwölf Halbtonschritte zu verteilen. Aber egal wie wir sie verteilen, sie bilden immer eine gewisse Reihenfolge von Tönen. Und weil diese Töne immer höher werden, nennt man das Ganze eine Tonleiter.

Die Stammtonreihe

Von der Stammtonreihe leitet sich alles ab, was wir heute an Musik hören. Egal ob Klassik, Pop, Heavy Metal oder sonst was. Alle Stammtöne finden wir in der C-Dur-Tonleiter. Eine Tonleiter gibt uns sozusagen einen bestimmten Vorrat an Tönen, mit denen der Komponist arbeitet. Man spricht dann von einer Tonart.

Die C-Dur-Tonleiter

Die C-Dur-Tonleiter besteht aus sieben Tönen: C-D-E-F-G-A-H-(c). In ein Notensystem übertragen sieht das Ganze so aus:

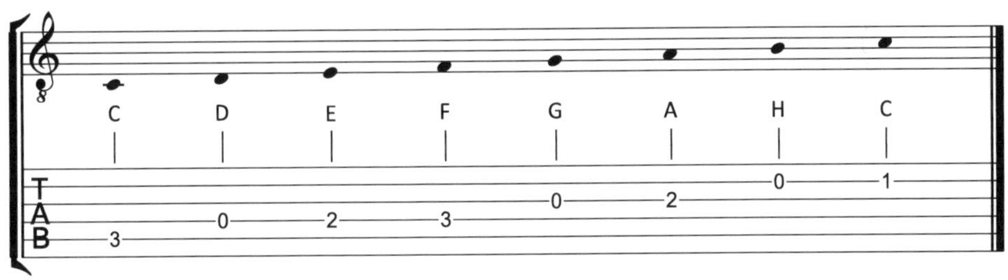

Unter dem Notensystem sehen wir wieder die Tabulaturschreibweise. Für Gitarristen wird hier angegeben, in welchem Bund auf welcher Saite der Ton liegt.

Da sie sich von den tiefsten zu den höchsten Tönen ständig wiederholt, setzt man hinter das H wieder ein C als achten Ton, um auszudrücken, dass es ab hier wieder von vorne losgeht.

Ursprünglich hat man die Stammtonreihe nach den ersten sieben Buchstaben des Alphabets benannt. Also A-B-C-D-E-F-G, aber irgendwann im Mittelalter hat ein Mönch beim Abschreiben (es gab ja noch keinen Buchdruck und alles Geschriebene wurde mit der Hand »kopiert«) aus einem b ein h gemacht. Diesen Fehler haben dann alle anderen gewissenhaft abgeschrieben. So verbreitete sich das H statt des Bs, aber nur im deutschen Sprachraum. Im Englischen gilt immer noch das eigentlich richtige B.

Die Intervalle im Oktavraum

Um allgemeingültige Zusammenhänge einfacher zu erläutern, hat man außerdem die Töne durchnummeriert. Ganz einfach von eins bis acht. Und da das schon die alten Mönche im Mittelalter getan haben, geschah das ganze auf Lateinisch.

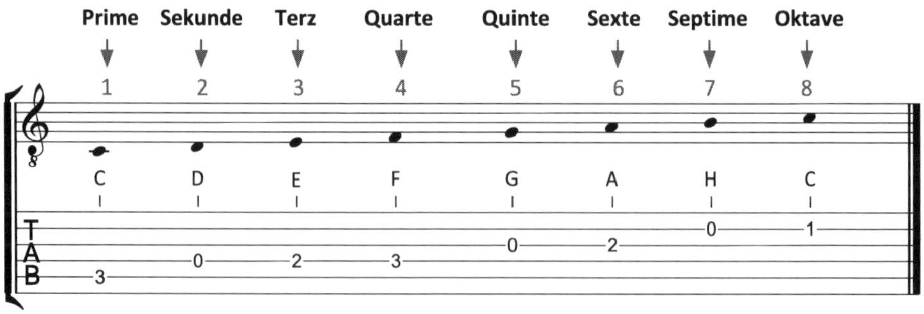

Fassen wir kurz zusammen: Wir haben sieben Stammtöne: C-D-E-F-G-A-H, der achte Ton, also die *Oktave*, ist wieder der Anfangston. Das wiederholt sich vom tiefsten Brummen bis zum höchsten Quietschen.

Oktavtöne sind außerdem harmonisch austauschbar. Das heißt, man kann jeden Ton durch seinen Oktavton einer höheren oder auch tieferen Oktave ersetzen. Also bleibt zum Beispiel ein A immer ein A, egal wie hoch oder tief es gespielt wird (auf dieses Phänomen gehe ich später noch gesondert ein).

Um die Töne verschiedener Oktaven durch ihre Bezeichnungen voneinander zu unterscheiden, schreibt man sie zunächst groß, dann klein, dann hängt man einen Strich dran, dann zwei Striche usw. (man spricht dann zum Beispiel vom eingestrichenen c, oder dem zweigestrichenen a).

große Oktave **eingestrichene Oktave**

C D E F G A H c d e f g a h c' d' e' f' g' a' h' c'' d'' e'' f'' g'' a'' h'' c''' d'''

kleine Oktave **zweigestrichene Oktave**

Die oben abgebildete Oktave ist die »kleine Oktave« von c bis c'.

Mit Oktave bezeichnet man aber auch den Abstand vom 1. zum 8. Ton. Man spricht hier von dem Oktavraum. Er umfasst alles, was zwischen Prim und Oktave liegt.

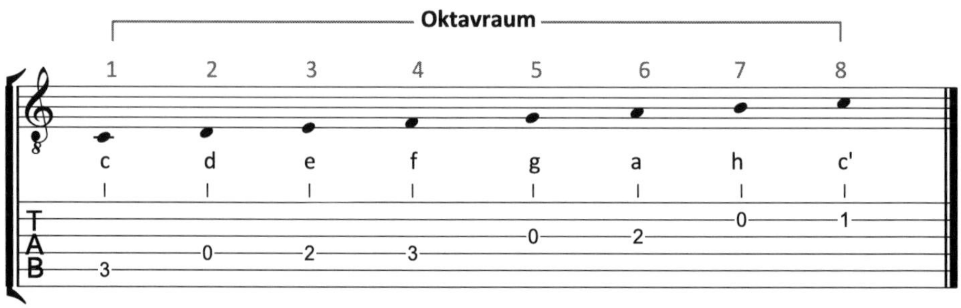

Streng genommen ist mit den lateinischen Begriffen Prime, Sekunde, Terz usw. auch nicht der Ton selbst gemeint, sondern der Raum zwischen zwei Tönen. Die Quinte (der 5. Ton) von C ist G. Die Quinte von D ist A (der 5. Ton von D aus gesehen).

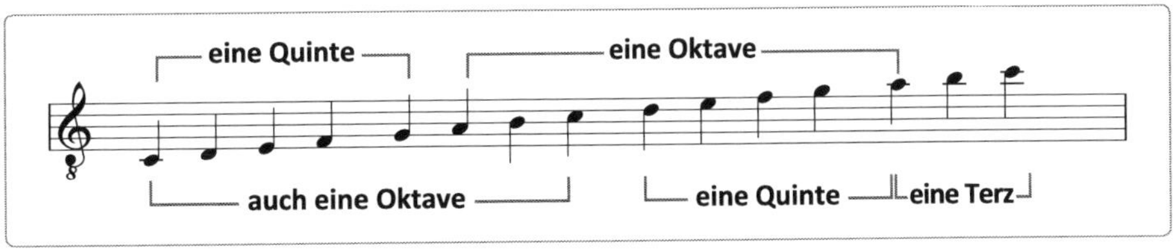

Nun liegen aber nicht alle Töne gleich weit auseinander. Wir haben ja schon die Ganz- und Halbtonschritte erwähnt. Der Oktavraum, also der Abstand zwischen acht Stammtönen umfasst *immer!* zwölf gleich große Halbtonschritte. Die sieben Stammtöne verteilen sich nun auf diesen zwölf Halbtonschritten. Klar, dass das nicht gleichmäßig geht. Zwölf kann man halt nicht durch sieben teilen. So ist der Abstand zwischen den einzelnen Stammtönen manchmal ein Ganztonschritt (also zwei Halbtöne), und manchmal nur ein Halbtonschritt.

Bei unseren Stammtönen, also der C-Dur-Tonleiter sieht das ganze dann so aus:

Zwischen **C** und **D** liegen zwei Halbtöne, das ist also ein **Ganztonschritt**. Zwischen **D** und **E** liegt wieder ein **Ganztonschritt.** **E** und **F** liegen nur einen halben Ton voneinander entfernt. Hier haben wir einen **Halbtonschritt**. Von **F** nach **G** ist es wieder ein **Ganztonschritt**. Von **G** nach **A** ebenfalls ein **Ganztonschritt**. Von **A** nach **H** ist es wieder ein **Ganztonschritt**. Aber von **H** zu **C** wieder ein **Halbtonschritt.**

C – D Ganzton
D – E Ganzton
E – F Halbton
F – G Ganzton
G – A Ganzton
A – H Ganzton
H – C Halbton

An dieser Stelle möchte ich darauf hinweisen, dass neben der Oktave auch dem 5-Ton Intervall, also der Quinte, eine besondere Bedeutung zukommt. Die Quinte umfasst immer 7 Halbtonschritte. Das könnt ihr an dieser Grafik gut erkennen. (z. B. C – G oder E – H)

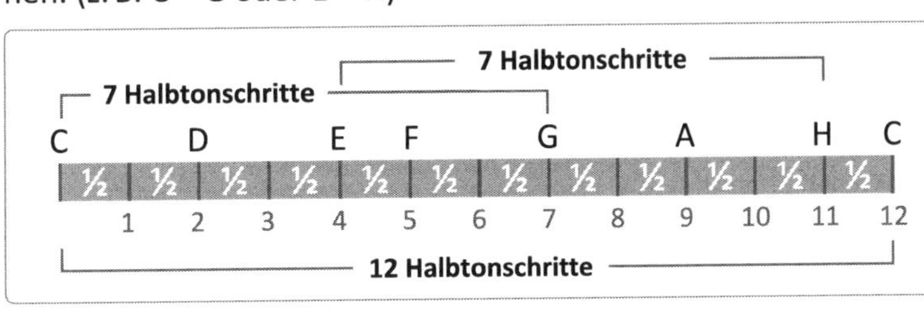

Vergleiche Seite 22: 12 Bünde = 12 Halbtonschritte

Intervall Ganz allgemein bezeichnet der Musiker den Abstand zweier Töne voneinander als Intervall (lat. Zwischenraum). Die genaue Anordnung der Ganz- und Halbtonschritte innerhalb einer Tonleiter bezeichnet man als Intervallstruktur. Sie ist ganz wesentlich für den Klang eines Musikstückes verantwortlich.

Die Intervallstruktur

Die Charakteristik einer Tonart, man könnte auch sagen ihr Klang, hängt von der Ordnung der Ganz- und Halbtonschritte (Intervalle) ab. Je nachdem wo diese liegen, bekomme ich einen weichen, harten, romantischen oder auch »schrägen« Klang (vergleiche Dur und Moll). Das heißt also: Gleiche Anordnung bedeutet auch gleicher Charakter.

Alle Dur-Tonarten haben die gleiche Intervallstruktur wie C-Dur.
Ob C-Dur, G-Dur oder Irgendwas-Dur, die Intervallstruktur ist immer:
Ganzton-Ganzton-Halbton-Ganzton-Ganzton-Ganzton-Halbton

Hier noch mal am Beispiel einer C-Dur-Tonleiter.

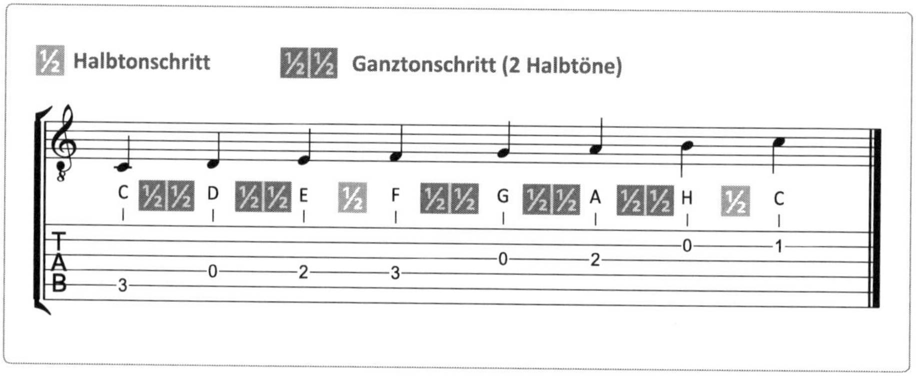

Merke: *Die Halbtonschritte einer Dur-Tonleiter liegen zwischen dem 3. und 4. und zwischen dem 7. und 8. Ton!*

Natürlich gibt es auch andere Intervallstrukturen, aber das ist dann keine Dur-Tonart mehr! Andere Dur-Tonarten, wie zum Beispiel D-Dur, E-Dur, F-Dur usw. fangen lediglich mit einem anderen Ton an. Das bedeutet, wir beginnen statt beim C, halt bei D, E, oder F an zu zählen. Die Intervallstruktur bleibt gleich.

Tetrachord

Wenn man nun genauer hinschaut fällt auf, dass die Intervallstruktur zwischen dem 1. und dem 4. Ton (Prim und Quarte) die gleiche ist wie zwischen dem 5. und 8. Ton (Quinte und Oktave).

Da es sich jeweils um eine Gruppe von vier Tönen handelt, nennt man sie: Tetrachord (Tetra: griechisch = Vier)

Und das ist auch der Grund, weshalb unsere Stammtonreihe mit dem Ton C und nicht mit dem A anfängt. Auf diese Weise erhält man zwei identische Tetrachorde. Das stellt so etwas wie ein Grundmuster dar, auf das man aufbauen kann.

Die ersten vier Töne von C aus haben den gleichen Abstand wie die Töne von G aus.

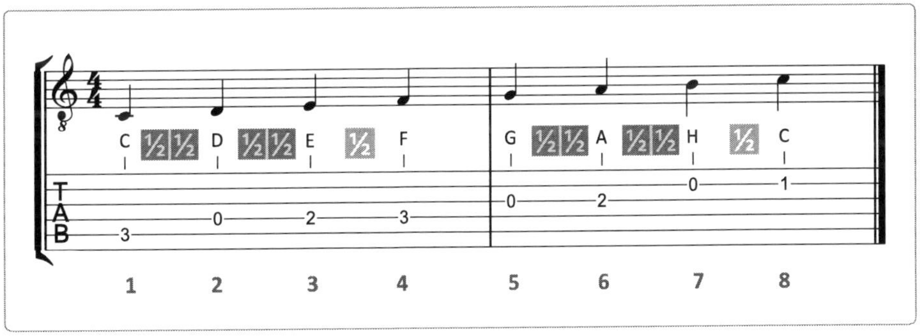

Die Durtonarten (Warum Töne versetzt werden)

Diese Übereinstimmung nutzen wir nun aus, um herauszufinden, welche Töne in anderen Dur-Tonarten vorkommen. Schließlich wollen wir nicht immer nur in C-Dur spielen.

Wenn wir eine Dur-Tonleiter von G aus bilden, haben wir ja schon die ersten vier Töne! Doch schauen wir mal wie es weitergeht. Zunächst brauchen wir also unsere Dur-Intervallstruktur – aber nun nehmen wir als ersten Ton (Prime) das G.

1	½½	2	½½	3	½	4	½½	5	½½	6	½½	7	½	8
G		**A**		**H**		**C**		**D**		**E**		**<u>Fis</u>**		**G**

Bis zum sechsten Ton E bleiben die Intervalle die gleichen wie in der Stammtonleiter. Als nächstes verlangt die Dur-Intervallstruktur einen Ganztonschritt. Der siebte Stammton F ist aber nur einen Halbtonschritt vom E entfernt. Also was tun? Wir nehmen das F, und setzten es einen halben Ton höher, und damit wir nicht immer sagen müssen: »Das F einen halben Ton höher«, heißt es nun Fis.

In der Notenschrift benutzen wir ein Kreuz (♯) als Versetzungszeichen, das uns sagt: »Diesen Ton einen halben Ton höher spielen«. Der Fachausdruck dafür lautet *alterieren* (lat. versetzen).

Vom E zum Fis haben wir nun einen Ganztonschritt und von Fis nach G einen Halbtonschritt. Genau wie es die Dur-Intervallstruktur verlangt. Und da in diesem Fall ein G am Anfang steht, handelt es sich um die G-Dur-Tonleiter.

Die G-Dur-Tonleiter

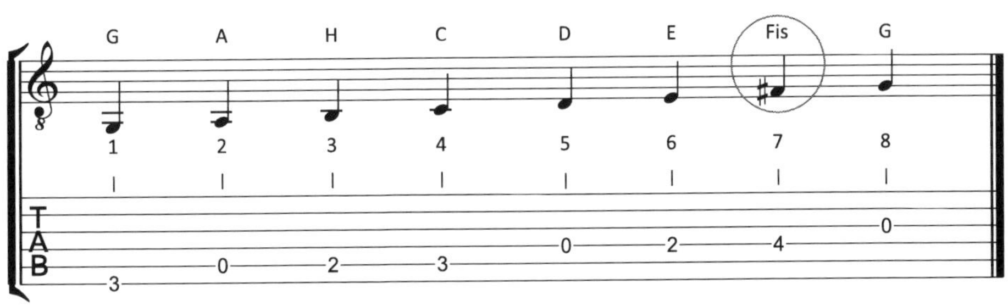

Wir sind von der Quinte von C ausgegangen, erhielten dann die G-Dur Tonleiter und stellten fest, hier wird aus dem siebten Ton F ein Fis. Nun machen wir das gleiche noch mal, nehmen aber als ersten Ton nun die Quinte von G, nämlich das D.

Zunächst brauchen wir wieder unsere Dur-Intervallstruktur.

1	½½	2	½½	3	½	4	½½	5	½½	6	½½	7	½	8
D		**E**		**<u>Fis</u>**		**G**		**A**		**H**		**<u>Cis</u>**		**D**

Und nun Schritt für Schritt.

- Mit D fängt es an.
- Nach D kommt E – das ist ein Ganztonschritt. Ein Ganztonschritt ist hier auch in der Dur-Intervallstruktur verlangt. Alles o. k.
- Nach E kommt normalerweise F. Das wäre aber ein Halbtonschritt. Die Intervallstruktur will einen Ganztonschritt, also wird das F alteriert (versetzt) zum Fis.
- Als nächster Ton kommt G. Vom Fis nach G ist ein Halbtonschritt, so ist es auch verlangt. Das G bleibt also.
- Nach G kommt A. Auch das ist ein Ganztonschritt, wie verlangt. Das A bleibt so.
- Nach A kommt H. Auch das ist ein Ganztonschritt, wie verlangt. Das H bleibt so.
- Nun kommen wir wieder zum siebten Ton. Er soll vom sechsten Ton einen Ganztonschritt entfernt sein. Vom H nach C ist es allerdings nur ein Halbtonschritt, also wird jetzt das C um einen halben Ton nach oben versetzt und heißt nun Cis. Und damit erhalten wir auch das geforderte Halbtonintervall vom 7. zum 8. Ton (von Cis nach D).

Damit erhalten wir die D-Dur-Tonleiter.

Die D-Dur-Tonleiter

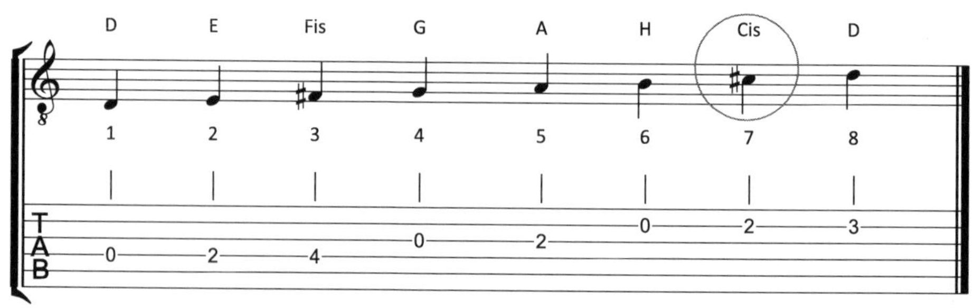

Zu dem Fis aus der G-Dur-Tonleiter ist nun noch Cis hinzugekommen.

Gehen wir den geichen Weg noch einmal von der Quinte von D aus. Was ist die Quinte von D? Richtig, das A. Wir nehmen wieder unsere Intervallstruktur, setzen das A an die erste Stelle und gehen sie Schritt für Schritt – wie oben beschrieben – durch.

1	½½	2	½½	3	½	4	½½	5	½½	6	½½	7	½	8
A		**H**		**<u>Cis</u>**		**D**		**E**		**<u>Fis</u>**		**<u>Gis</u>**		**A**

Hier kommt als weitere Versetzung das Gis hinzu. Wir erhalten die A-Dur-Tonleiter.

Die A-Dur-Tonleiter

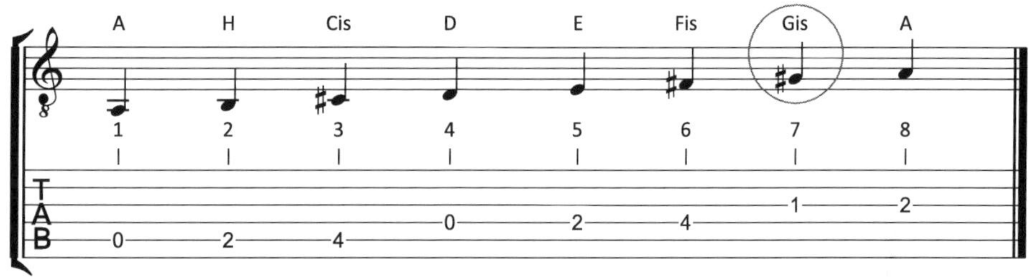

An dieser Stelle möchte ich euch nun bitten, das Ganze noch einmal für euch zu zeichnen. Hier findet ihr einen Vordruck mit Dur-Intervallstrukturen und die bekannte C-Dur-Tonleiter. Tragt in den anderen Strukturen die entsprechenden Tonleitern ein. Denkt daran, dass sich die Grundtöne in Quintschritten bewegen. Ihr werdet in jeder Tonleiter einen weiteren Ton verändern müssen, um in der Intervallstruktur zu bleiben. Die E-Dur-Tonleiter solltet ihr nun selbst entwickeln können.

Tut das jetzt bitte... Doch, doch... Indem ihr es einmal selbst macht, begreift ihr das System besser, als wenn ihr es zehnmal lest! Also bitte...

C-Dur	1	½½	2	½½	3	½	4	½½	5	½½	6	½½	7	½	8
	C		**D**		**E**		**F**		**G**		**A**		**H**		**C**
☐- Dur	1	½½	2	½½	3	½	4	½½	5	½½	6	½½	7	½	8
	☐		☐		☐		☐		☐		☐		☐		☐
☐- Dur	1	½½	2	½½	3	½	4	½½	5	½½	6	½½	7	½	8
	☐		☐		☐		☐		☐		☐		☐		☐
☐- Dur	1	½½	2	½½	3	½	4	½½	5	½½	6	½½	7	½	8
	☐		☐		☐		☐		☐		☐		☐		☐
☐- Dur	1	½½	2	½½	3	½	4	½½	5	½½	6	½½	7	½	8
	☐		☐		☐		☐		☐		☐		☐		☐

Wenn ihr alles richtig gemacht habt, habt ihr die Tonarten C-Dur, G-Dur, D-Dur A-Dur und E-Dur erhalten.

Etwa so: Ihr seid von C aus in Quintschritten weitergegangen. Diese Quinten wurden dann zum Grundton (Prime) einer neuen Dur-Tonleiter (=Tonart). In jeder neuen Tonleiter musste der siebte Ton um einen Halbtonschritt erhöht werden, damit die Intervallstruktur erhalten bleibt.

	C-Dur	Stammtonart	(keine Kreuze)
Quinte			
	G-Dur	ein Kreuz	(Fis)
Quinte			
	D-Dur	zwei Kreuze	(Fis – Cis)
Quinte			
	A-Dur	drei Kreuze	(Fis – Cis – Gis)
Quinte			
	E-Dur	vier Kreuze	(Fis – Cis – Gis – Dis)

Dieses System kann natürlich immer weiter geführt werden. Als nächstes käme H-Dur mit einem Ais (sprich a-is) dazu. Dann Fis-Dur (Fis ist die Quinte von H), Cis-Dur usw.[1]

Nach insgesamt zwölf Quintschritten hätten wir dann von allen zwölf Halbtönen einer Oktave die Dur-Tonleiter gebildet und wären, wie bei einem sich schließenden Kreis, wieder bei C-Dur angelangt. Der Ton His ist ein H das um einen halben Ton erhöht wurde, und somit identisch mit dem Ton C (siehe Dur-Intervallstruktur).

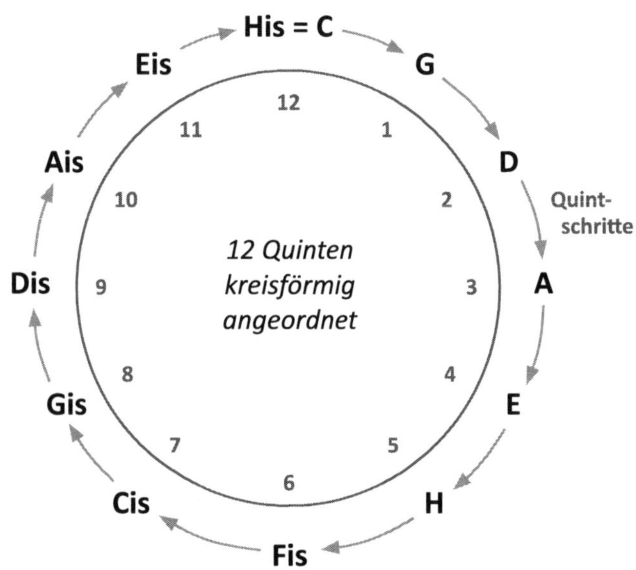

[1] Könnt ihr auch mal versuchen aufzuzeichnen. Da kommt ihr später zu erhöhten Tönen, die noch mal erhöht werden müssen. Aus dem Fis wird dann Fisis usw. Brrr.

Nun haben wir theoretisch von jedem der 12 Halbtöne die dazugehörige Dur-Tonleiter erzeugt. So, und nun dürfen wir einen Teil davon wieder vergessen, denn auf diese Weise würden wir so viele Kreuze und sogar Doppelkreuze (Töne, die zweimal versetzt werden) erhalten, dass da kein Mensch mehr durchblickt.

Um es übersichtlicher zu machen, hat man den Kreis geteilt. In der rechten Hälfte bis zu Fis-Dur laufen die Quintschritte vorwärts und in der linken Hälfte rückwärts! Schauen wir mal, was passiert, wenn wir von C aus rückwärts gehen. Dazu müssen wir uns fragen, von welchem Ton ist C die Quinte? Richtig, von F.

Wir nehmen also unsere Intervallstruktur und fangen nun bei F an.

1	½ ½	2	½ ½	3	½	4	½ ½	5	½ ½	6	½ ½	7	½	8
F		G		A		B (B♭)		C		D		E		F

Um den Halbtonschritt vom dritten zum vierten Ton zu erreichen, müssen wir nun das H der Stammtonreihe (von A nach H ist ein Ganztonschritt) um einen halben Ton nach unten versetzen. Das H wird zum B.

Achtung: Nicht das A noch einmal erhöhen! Es steht bereits an der dritten Stelle (Terz) und es nochmals zu verwenden bedeutet, dass wir plötzlich einen Ton zuviel in der Tonleiter haben!

Enharmonische Verwechslung

Manchmal werde ich gefragt: »Ja, aber wenn ich jetzt auf mein Griffbrett schaue sehe ich doch, dass das Ais (erster Bund A-Saite) und das B (erster Bund A-Saite) der gleiche Ton ist«? Ich antworte darauf: »Nicht nur was wir sehen, sondern auch was wir hören ist absolut derselbe Ton. Man nennt das eine »enharmonische Verwechslung.« Aber wenn wir eine Tonleiter aufschreiben, macht das aus oben genannten Gründen eben doch einen Unterschied. In der F-Dur-Tonleiter ist dieser Ton ein B und nicht ein Ais!

Und nun werden wir wieder mit der Besonderheit der deutschen Schreibweise (wegen des Fehlers damals) konfrontiert. In der Notenschrift steht als Versetzungszeichen ein ♭. So wie ein Kreuz (♯) eine Note um einen halben Ton nach oben versetzt, versetzt das b (♭) die Note um einen halben Ton nach unten.

An den Namen des Stammtons wird dann ein »es« angehängt (z. B. Ces, Des). Nur aus dem E wird Es und aus dem A wird As.

Aber aus dem deutschen H wird ein B (und kein Hes.)

Im Englischen wird aus dem B ein Bb (engl. B-flat = B♭), wie es ja eigentlich auch richtig ist.

Die F-Dur Tonleiter

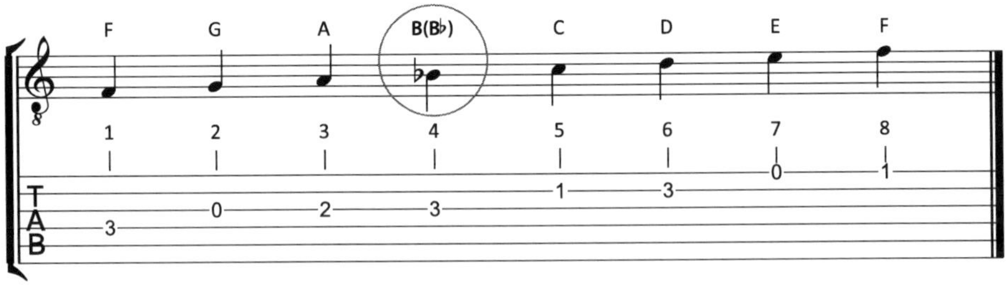

Nun können wir den Aufbau unserer Tonleitern wieder fortführen. Von welchem Ton ist F die Quinte? Vom B.

In B-Dur haben wir dann zwei b, nämlich B und Es. Als nächstes kommt Es-Dur mit drei b, usw. Auf diese Weise erhalten wir eine Reihe von b-Tonarten, so wie wir zuerst eine Reihe von Kreuz-Tonarten erzeugten. Beide Reihen laufen in entgegen gesetzter Richtung und treffen sich in der Mitte. (Bei 6 »Uhr«)

Fis ist der gleiche Ton wie Ges (enharmonische Verwechslung). Wir erhalten so einen Kreis aus lauter Quintintervallen (Die Intervalle zwischen den Tönen sind im Uhrzeigersinn immer Quinten).

Mit dem Uhrzeigersinn laufen die #-Tonarten.
Entgegen dem Uhrzeigersinn die b-Tonarten.

Diesen Kreis nennt man den Quintenzirkel.[1]

Der Quintenzirkel

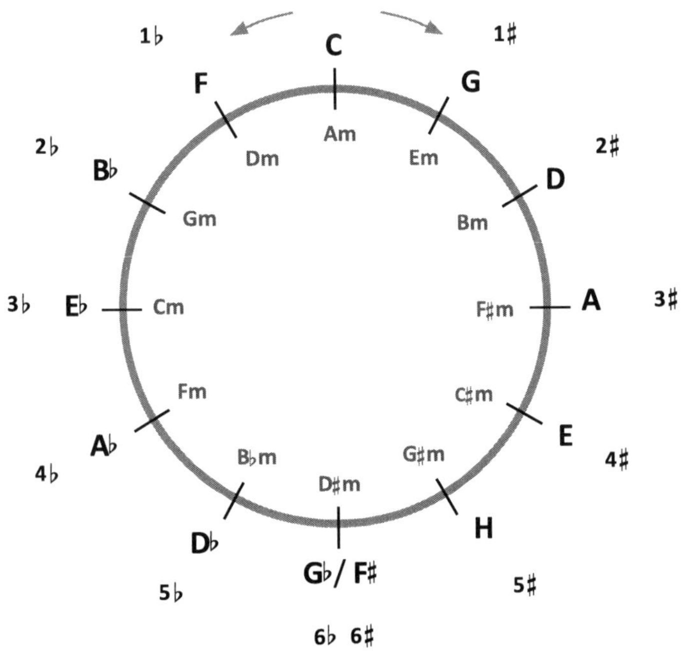

[1] Im Kreisinneren findet ihr die jeweiligen Moll-Parallelen. Dazu kommen wir später.

Der Quintenzirkel ist im Grunde genommen nichts weiter als eine grafische Darstellung aller 12 Halbtöne im Abstand von Quinten. Wie wir auf einer Uhr die Zeit ablesen können, so können wir auf dem Quintenzirkel auf Anhieb erkennen, wie viele Töne in einer bestimmten Tonart versetzt werden.

Beispiel:
Das G steht auf 1 Uhr. Wir erkennen: G-Dur = 1 ♯ (Fis)
Das E steht auf 4 Uhr. Wir erkennen: E-Dur = 4 ♯ (Fis, Cis, Gis, Dis)

Am Quintenzirkel können wir sogar ablesen, welche Kreuze das sind. Dazu müssen wir uns nur merken: ***Die Reihe der Kreuze fängt mit Fis an!***

Wenn man die Quinten von F aus im Uhrzeigersinn weitergeht, erhält man die Reihenfolge der Kreuze (Reihenfolge der Töne die versetzt werden.) Geht man von H aus gegen den Uhrzeigersinn, erhält man die Reihenfolge der b-chen.

Auf die B-Tonarten gehe ich nicht weiter ein, da sie für Gitarristen weitgehend uninteressant sind. Die meisten Gitarristen haben gute Chancen, niemals mit diesen Tonarten konfrontiert zu werden. Sie spielen also für uns nur eine theoretische Rolle (mit Ausnahme der Jazzer oder der fortgeschrittenen Klassiker, aber für die ist das Buch auch nicht geschrieben).

Der Löwenanteil der Gitarrenmusik benutzt die Dur-Tonarten C, G, D, A, E und als einzige B-Tonart F-Dur. (Dazu kommen dann noch die jeweiligen Moll-Parallelen. Doch davon später.) Wir haben also nun alle für die Gitarre relevanten Dur-Tonarten zusammengestellt und kennen ihren Aufbau.

Warum verschiedene Tonarten?

Manchmal werde ich gefragt, warum man überhaupt verschiedene Tonarten benutzt? Wenn doch alle dieselbe Intervallstruktur haben, warum spielt man nicht einfach alles in C-Dur, das wäre doch viel einfacher!

Nun, zunächst einmal begleiten Gitarristen oft Sänger oder den eigenen Gesang, und Menschen haben nun mal unterschiedliche Stimmlagen. Wenn zum Beispiel ein Lied in C-Dur zu tief ist, können wir es einen Ton höher spielen. Das wäre dann in D-Dur. Zum anderen gewöhnt sich das Gehör an Töne, die es immer wieder hört. Wenn wir ab und zu auch mal ein Fis, Cis, oder Gis hören, ist die Musik einfach interessanter. Außerdem kann man auch innerhalb eines Stückes durch verschiedene Tonarten wandern.

Und vor allen Dingen: Bis jetzt haben wir ja nur von den Dur-Tonarten gesprochen. Es gibt ja noch andere Tonleitern. Auf diese gehe ich später noch ein. Bevor wir uns aber dem Akkord zuwenden, der ein weiteres wichtiges Element der Musik ist, zunächst noch eine Ergänzung zu den Vorzeichen.

Generalvorzeichen und Auflösungszeichen

Erinnert ihr euch noch, wie ihr »Alle meine Entchen« auf einer Saite spielen solltet? Je nach dem, welche Saite ihr euch ausgesucht habt, habt ihr entweder in E-Dur, in A-Dur, in D-Dur, in G-Dur, oder in H-Dur gespielt. Macht das jetzt bitte noch mal, aber auf jeder Saite. Das heißt, der Ton der leeren Saite ist der Anfangston und die anderen Töne liegen dann im 2., 4., 5., 7. und 9. Bund. Ihr merkt, die Folge der Bünde entspricht auf jeder Saite dem Muster der Dur-Intervallstruktur. Um die Oktave voll zu machen fehlten nur noch der siebte und achte Tonschritt (11. Bund und 12. Bund). Im 12. Bund ist die Oktave, also der gleiche Ton wie der, der leeren Saite. Ihr habt also immer das gleiche gespielt, es war immer »Alle meine Entchen« lediglich von einem anderen Ton aus. Wenn ihr mit dem E angefangen habt, habt ihr in der Tonart E-Dur gespielt. Mit A am Anfang war es dann die Tonart A-Dur usw.

Da in einer bestimmten Tonart immer die gleichen Töne versetzt werden, werden in den Noten die entsprechenden Versetzungszeichen gleich an den Anfang gesetzt und gelten dann für das ganze Stück. Daher nennt man sie Generalvorzeichen.

Hier sind die Vorzeichen direkt an den Noten:

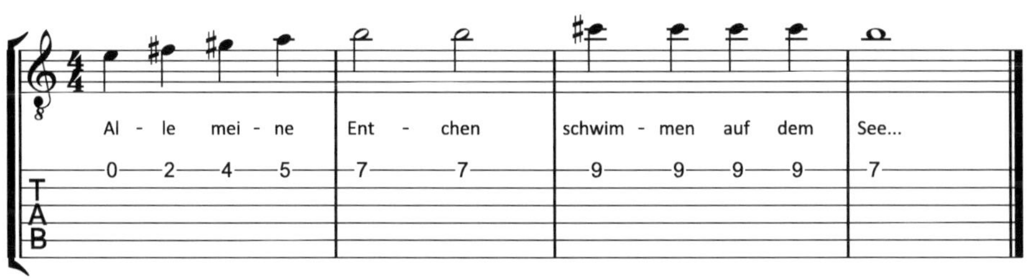

Hier sind die Vorzeichen am Anfang:

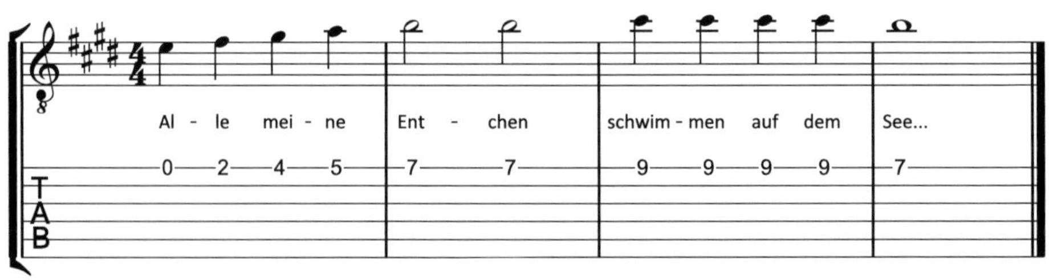

Da wir hier die Töne der E-Dur Tonleiter benutzen, ist die Tonart E-Dur. Wir haben also 4 Kreuze. Sie gelten für das ganze Stück.

Hier seht ihr die Reihenfolge, in der die Generalvorzeichen notiert werden:

Das Auflösungszeichen

Nun kann es aber vorkommen, dass ein Versetzungszeichen bei einer bestimmten Note nicht gelten soll. Vor diese Note kommt dann ein Auflösungszeichen, das das Versetzungszeichen wieder »wegnimmt«.

Das Auflösungszeichen sieht so aus: ♮

Kurze Zusammenfassung:

Es gibt drei Vorzeichen. Das Kreuz (♯), das b (♭) und das Auflösungszeichen (♮).
- Kreuze erhöhen die Note um einen Halbtonschritt.
- b-chen erniedrigen die Note um einen Halbtonschritt.
- Das Auflösungszeichen hebt das Versetzungszeichen wieder auf.

Stehen die Vorzeichen am Anfang der Notation, gelten sie für das ganze Stück und heißen Generalvorzeichen. Stehen die Vorzeichen in der Notation an der Note, gelten sie nur für den Takt in dem sie stehen.

TESTBOGEN KAPITEL 3

1. Welches ist der kleinstmögliche Abstand zwischen zwei Tönen?
2. Wie viele Halbtonschritte umfasst eine Oktave?
3. Wie viele Stammtöne gibt es?
4. Schreibe die C-Dur-Tonleiter auf.
5. Wie bezeichnet man den Raum, der sich über 8 Stammtöne erstreckt?
6. Wie bezeichnet man ein Intervall von 5 Tönen?
7. Welcher Ton ist die Quinte von C?
8. Welcher Ton ist die Terz von A?
9. Welcher Ton ist die Sexte von D?
10. Welcher Ton ist Quarte von E?
11. Welcher Ton ist die Septime von G?
12. Warum gibt es zwischen den Tönen der Tonleiter Ganz- und Halbtonschritte?
13. Welches ist die Intervallstruktur einer Dur-Tonleiter?
14. Zwischen welchen Tönen liegen in einer C-Dur-Tonleiter die Halbtonschritte?
15. Zwischen welchen Tönen (gezählt) liegen in jeder Dur-Tonleiter die Halbtonschritte?
16. Wenn man eine Dur-Tonleiter in der Mitte »durchschneidet« erhält man 2 Teile mit der gleichen Intervallstruktur. Wie heißen diese Teile?
17. Was bedeutet ein ♯ (Kreuz) vor einer Note?
18. Welche Kreuze sind in der A-Dur-Tonleiter?
19. Was bedeutet ein ♭ vor einer Note?
20. Welche b-chen hat die B-Dur-Tonleiter?
21. Nenne zwei Beispiele einer enharmonischen Verwechslung.
22. Was finden wir im Quintenzirkel auf »4 Uhr«?
23. Was sind Generalvorzeichen?

4. DER AKKORD

Merke: *Ein Akkord ist der Zusammenklang mehrerer (mindestens dreier) Töne.*

Irgendwann in ferner Vergangenheit genügte es den Musikern nicht mehr, nur Melodien zu spielen, also einzelne Töne aneinanderzureihen – auf einer Flöte zum Beispiel. Man hatte auch schon Instrumente erfunden, mit denen man mehrere Töne gleichzeitig erklingen lassen konnte. Die Frage war nur, »welche sollten das sein?« Welche Töne klingen besonders gut zusammen und welche nicht?

Anders ausgedrückt: Welche Töne harmonieren miteinander? Mit dieser Frage beschäftigte sich bereits in der Antike der Philosoph Pythagoras und begründete die Harmonielehre. Bei ihr geht es um den harmonischen Zusammenhang einzelner Töne. Die Fachausdrücke sind Konsonanz (zusammen, gleich klingend) und Dissonanz (unterschiedlich, verschieden klingend).

Um den Aufbau eines Akkordes wirklich zu verstehen, und warum er so aufgebaut ist wie er ist, müssen wir uns die Grundfrage der Harmonielehre stellen.

Diese Frage lautet: »Welche beiden Töne klingen am besten zusammen, sind also im harmonischen Sinn besonders nahe verwandt?« Da fällt uns doch zuerst die Oktave ein und die schauen wir uns näher an.

Wie funktioniert das eigentlich genau mit der Oktave?

Wie funktioniert das eigentlich genau mit der Oktave? Grundsätzlich bezeichnen wir – wie bereits gesagt – den Tonraum der Stammtonleiter (also 12 Halbtonschritte) als eine Oktave.

Oktave (C – c) **Oktave** (g – g')

C D E F G A H c d e f g a h c' d' e' f' g' a' h' c'' d'' u.s.w.

Oktave von C – c auch eine Oktave von g – g'

Um die sich in verschiedenen Lagen wiederholenden Töne zu unterscheiden, schreibt man sie groß, klein oder hängt noch einen oder mehrere Striche daran. (Siehe S.22)

Oktavtöne sind harmonisch austauschbar. Man kann also einzelne Töne eine Oktave höher oder tiefer spielen, ohne dass es falsch klingt. Unser Ohr empfindet das als denselben Ton. Nur dass er eben doppelt so hoch (oder tief) klingt.

Woran liegt das?

Um das zu verstehen, müssen wir einen kleinen Ausflug in die Physik machen.

Eine Frequenz ist ein Ton! - Ein Ton ist eine Frequenz!

Wenn wir auf unserem Instrument eine Saite anschlagen, versetzen wir diese in Schwingung, wobei gilt: Je schneller die Schwingung, umso höher der Ton. Diese »Schwingungsgeschwindigkeit« bezeichnet der Fachmann als FREQUENZ. Die Maßeinheit ist HERTZ (Hz) und gibt die Anzahl der Schwingungen pro Sekunde an.

1Hz = eine Schwingung pro Sekunde
Der für ein gesundes Ohr hörbare Bereich liegt etwa zwischen 30 Hz und 20000 Hz

Die Frequenz ist abhängig von:

1. der Spannung *(mehr Spannung = höherer Ton)*

2. der Dicke *(dünner = höher) und*

3. der Länge *(kürzer = höher) der angeschlagenen Saite.*

Soweit sollte schon mal alles klar sein.

Das Phänomen der Obertonreihe

Dann brauchen wir noch Kenntnis von dem Phänomen der Obertöne. Wir haben also nun eine Saite angeschlagen und diese schwingt zum Beispiel mit 60 Hz. (Diese Zahl dient nur der Veranschaulichung.)

Die Energie dieser Schwingung überträgt sich nun über den Steg auf die Gitarrendecke, die ebenfalls in Schwingung versetzt wird und dann weiter an die Luft (Schallwellen). Aber nicht vollständig! Ein gewisser Teil wird auch wieder reflektiert, also ähnlich wie bei einem Echo zurückgeworfen.

1.Oberton

Was passiert? Es entsteht eine weitere, wenn auch schwächere Schwingung von exakt 120 Hz (60 Hz Grundschwingung + 60 Hz Reflexion).

Mit unserem Grundton von 60 Hz erklingt also ein weiterer Ton von 120 Hz. Dieser Ton ist deutlich leiser als der Grundton und wird so nicht als eigenständiger Ton, sondern als Klangfarbe des Grundtons wahrgenommen. Wir sprechen in diesem Zusammenhang von einem Oberton.

2. Oberton

Genau genommen von dem 1. Oberton. Denn schon mit der nächsten Schwingung baut sich der 2. Oberton auf. Der reflektierte Teil des Grundtons (60 Hz) trifft nun auch auf den ersten Oberton (120 Hz.) und es entsteht eine weitere Schwingung von 180 Hertz. Das ist dann der 2. Oberton. Auch er verändert den Klang des Grundtones, allerdings wieder etwas weniger stark als der 1. Oberton.

3. Oberton

Der dritte Oberton unseres Beispiels hat eine Frequenz von 240 Hz (60 + 180). Und so geht es in einem fort.

Theoretisch ist die Anzahl der Obertöne unendlich.

Wir lernen daraus: Wenn wir eine Saite anschlagen, hören wir zusammen mit dem Grundton - das ist dann derjenige, der notiert wird, und den wir auch meinen, wenn wir von einem bestimmten Ton reden - auch seine Obertöne.

Und: Die Frequenz der Obertöne ist immer ein ganzes Vielfaches der Frequenz des Grundtons.

Beispiele:

- Grundton: 60 Hz – Obertöne: 120 Hz, 180 Hz, 240 Hz, 300 Hz, 360 Hz usw.
- Grundton: 40 Hz – Obertöne: 80 Hz, 120 Hz, 160 Hz, 200 Hz, 240 Hz usw.
- Grundton 110 Hz – Obertöne: 220 Hz, 330 Hz, 440 Hz, 550 Hz usw.

Egal welchen Ton wir anschlagen, wir hören immer eine ganze Reihe von Frequenzen. Alle diese Obertöne sind ein Vielfaches der Ausgangsfrequenz. *Immer!*

Allerdings ist die Ausprägung der Obertonreihe, also die Lautstärke der einzelnen Frequenzen, bei verschiedenen Instrumenten unterschiedlich. Genau genommen ist das auch der Grund, weshalb sich der gleiche Ton auf einem Klavier anders anhört als auf einer Gitarre. Aber das sei nur am Rande erwähnt.

Was hat das nun mit der Oktave zu tun?

Die Oktave

Das ist nämlich so:

Die Frequenzen von Oktaven stehen immer im Verhältnis 1 zu 2! Das bedeutet, wenn ich irgendeinen beliebigen Ton nehme, dann hat seine Oktave nach oben exakt die doppelte Frequenz. (Oder seine Oktave nach unten exakt die halbe Frequenz. Wie herum ich das betrachte ist letztlich egal.)

Für die Mathematiker: Ein Ton mit der Frequenz X hat eine Oktave von 2X, diese hat wiederum hat eine Oktave von 4X usw.

Beispiel: Der Kammerton a', nach dem unsere Instrumente normalerweise gestimmt werden, hat eine Frequenz von 440 Hz. Seine Oktave nach oben hat demnach 880 Hz, nach unten sind es 220 Hz.

Das Ganze stelle ich auf der folgenden Seite noch grafisch dar.

Die Obertonreihe zweier Oktaven

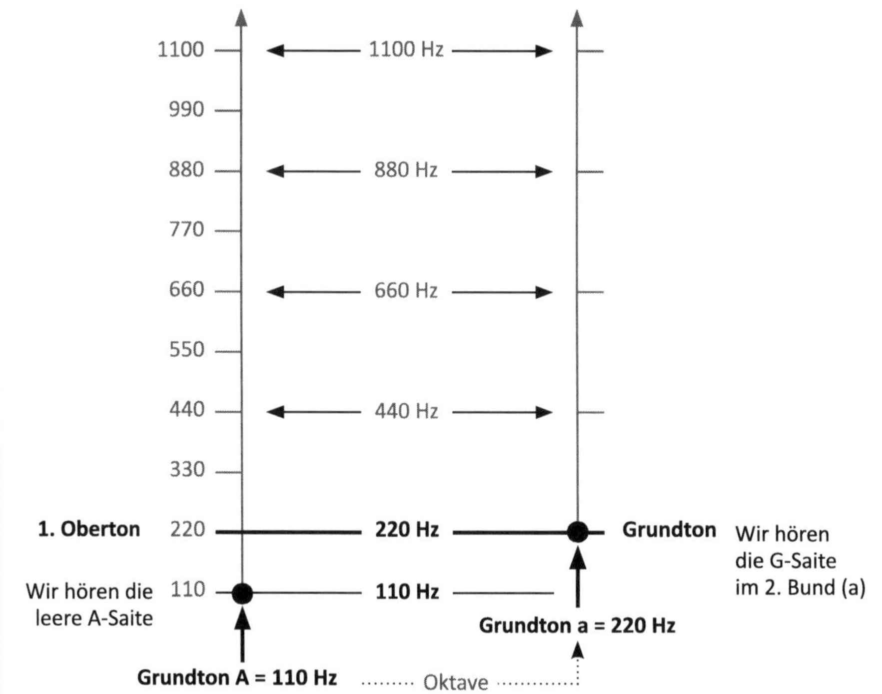

An diesem Diagramm können wir zwei grundlegende Dinge erkennen:

1. Der erste Oberton eines beliebigen Grundtones hat die gleiche Frequenz wie dessen Oktave.
2. Die Obertonreihe der Oktave enthält keine Frequenzen, die nicht schon in der Obertonreihe des Ausgangstones enthalten sind.

Ich gebe zu, das hört sich kompliziert an. Deshalb wieder zurück in die Praxis.

Wir schlagen also irgendeinen beliebigen Ton X auf der Gitarre an. Was wir hören, ist allerdings kein einzelner Ton – das wäre ein Sinuston, wie man ihn zum Beispiel als Telefonfreizeichen kennt – sondern ein Gemisch aus einem dominierenden Grundton und der Vielzahl seiner Obertöne.

Oktaven sind harmonisch austauschbar

Wenn wir nun zusätzlich die Oktave von Ton X anschlagen, ist in diesem Ton nicht eine neue Frequenz enthalten! Es kommt nicht ein Ton dazu! Nur einige Obertöne sind etwas lauter geworden. Aus diesem Grund sind Oktaven harmonisch austauschbar! Deswegen fängt unsere Tonleiter nach zwölf Halbtonschritten immer wieder von vorne an! Dieses Phänomen gilt aber nur für Oktaven! Bei jedem anderen Intervall wie z.B. der Terz oder der Quinte erklingen immer auch neue Frequenzen! Dazu mehr im Anschluss.

Welche Töne passen gut zusammen?

Die Oktave scheidet aus, sie ist in harmonischer Hinsicht der gleiche Ton. Wenn wir zu irgendeinem Ton X die Oktave Y spielen, haben wir ja nicht wirklich zwei verschiedene Töne, weil alle Frequenzen der Obertonreihe von Y auch zur Obertonreihe von X gehören.

Was wir also brauchen ist ein Ton, der in seinen Obertönen auch Frequenzen hat, die in der Obertonreihe des Grundtons nicht vorkommen. Es dürfen aber nicht zu viele sein, sonst passen sie nicht mehr gut zusammen!

Die Anzahl der Obertöne, die zwei Töne gemeinsam haben, im Verhältnis zu der Anzahl der nicht gemeinsamen Frequenzen, entscheidet darüber, wie harmonisch sich der zweite Ton zum ersten verhält. Das ist ja eigentlich auch logisch, oder?

Dabei gilt: Der tiefere Ton ist der Grundton, mit dem dann der höhere Ton verglichen wird.

Die Quinte

Nehmen wir z.B. zwei Töne mit den Grundschwingungen: 60 Hz (Ton 1, unser Grundton) und 90 Hz (Ton 2, die Quinte zu Ton 1) und vergleichen deren Obertonreihe.

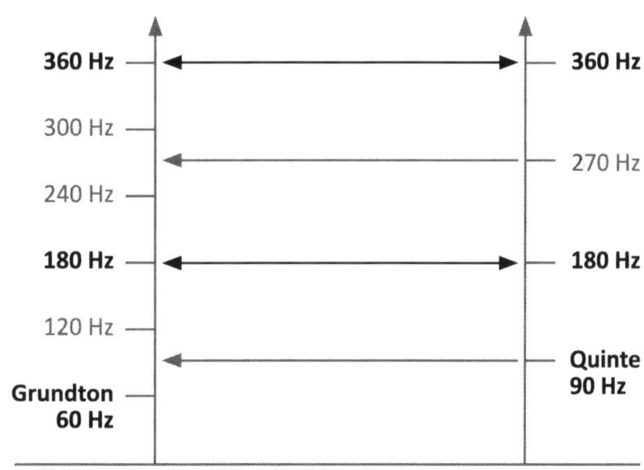

Wir sehen, dass jede zweite Frequenz aus der Obertonreihe der Quinte auch in der Obertonreihe des Grundtons vorkommt.

Diese beiden Töne klingen sehr gut zusammen. Man sagt, sie verhalten sich konsonant.

Genau genommen sind das sogar die Töne, die den engstmöglichen Verwandtschaftsgrad haben (wie bei den Personen einer großen Familie gibt es auch bei den Tönen unterschiedliche Verwandtschaftsgrade).

Woher wusste ich jetzt, dass das bei den Frequenzen 60 Hz und 90 Hz so ist? Das ist ein physikalisches Grundgesetz! Das ist zum Beispiel bei 100 Hz und 150 Hz auch so, oder bei 200 Hz und 300 Hz, ... 40 Hz und 60 Hz, ... 120 Hz und 180 Hz ...

Was haben alle diese Paare gemeinsam?

Frequenzen im Verhältnis 2:3

Alle diese Frequenzen stehen in dem Verhältnis 2 zu 3, und damit ist jeder 2. Ton aus der Obertonreihe von Ton 2 auch in der Obertonreihe von Ton 1 enthalten.

Das ist kein Zufall. Man kann wirklich an dem Frequenzverhältnis zweier Töne ihren Verwandtschaftsgrad ablesen! Bei einem Verhältnis von 3 zu 4 ist zum Beispiel jeder 3. Ton aus der Obertonreihe von Ton 2 auch in der Obertonreihe von Ton 1 enthalten. (Also z. B. 60 Hz und 80 Hz, oder 150 Hz zu 200 Hz, ...300 zu 400 ... usw.)

Das könnt ihr gerne mal ausprobieren, indem ihr die entsprechenden Obertonreihen aufschreibt und vergleicht. Das Gleiche gilt natürlich auch für Verhältnisse von 4 zu 5 (jeder 4. Ton), oder 5 zu 6 (jeder 5.) usw. Probiert es aus!

Aber das soll uns nur am Rande beschäftigen. Was wir wissen wollten, haben wir erfahren, nämlich welcher Ton zu einem anderen am besten passt.

Die beiden Töne, die am besten zusammen klingen, stehen im Frequenzverhältnis 2 zu 3.

Nun können wir natürlich nicht jedes mal wenn wir eine Saite anschlagen die Frequenz des Grundtons messen. Aber das brauchen wir auch nicht, um die Töne mit dem jeweils gewünschten Schwingungsverhältnis (zum Beispiel 2 zu 3) zu finden.

Die Frequenz einer schwingenden Saite ist nämlich indirekt proportional zu ihrer Länge! Was bedeutet das? Wenn ich den schwingenden Teil der Saite verkürze, indem ich sie in einem Bund abdrücke, erhalte ich einen höheren Ton (= höhere Frequenz).

Der Ton im Verhältnis zur Saitenlänge

Das ist ja nichts Neues für uns. Aber der Ton wird nicht irgendwie höher, sondern die Tonhöhe steht genau im Verhältnis zur Länge der Saite. Wenn ich also eine Saitenlänge halbiere, erhalte ich die doppelte Frequenz (Verhältnis 1 zu 2 = Oktave). Wenn ich zwei Drittel einer Saitenlänge zum schwingen bringe erhalte ich die 1 und 1⁄2-fache Frequenz (Verhältnis 2 zu 3). Das geht natürlich so weiter: Eine Saitenlänge 3⁄4 ergibt die Frequenz 4/3. Das entspricht dem Frequenzverhältnis 3 zu 4 usw.

Nun können wir als Gitarristen natürlich nicht jeden Ton auf der Saite mit einem Maßband suchen bevor wir ihn anschlagen.

Das müssen wir auch nicht. Das hat nämlich schon der freundliche Gitarrenbauer erledigt, indem er Bundstäbchen in das Griffbrett gesetzt hat.

Zunächst eines in die Mitte zwischen Sattel und Stegeinlage. Dort liegt die Oktave der Leersaite. Dann hat er weitere Bundstäbchen so verteilt, dass genau 12 gleich große Halbtonschritte innerhalb einer Oktave entstehen. Dabei fällt auf, dass der Abstand zwischen den Bundstäbchen langsam kleiner wird. Das liegt daran, dass sich mit jedem Halbtonschritt ja auch die Saitenlänge verkürzt, die diesen ganzen Verhältnissen zu Grunde liegt - aber das nur nebenbei.

Wir haben nun das Griffbrett mit den Bundstäbchen. Das Zwölfte befindet sich in der Mitte zwischen Sattel und Stegeinlage. Drücken wir an dieser Stelle ab, erhalten wir die Oktave des Tones der Leersaite (Längenverhältnis 1 zu 2).

Zu dem Ton der Leersaite verhält sich der Ton am harmonischsten, der auf zwei Dritteln der Leersaite erklingt (Verhältnis 2 zu 3).

An dieser Stelle befindet sich das siebte Bundstäbchen (wer will kann das gerne nachmessen). Das heißt also, der Ton nach sieben Halbtonschritten ist derjenige, der zum Ton der Leersaite am harmonischsten klingt. Oder anders ausgedrückt: *Die Quinte!*

Grundton und Quinte

Nun kommen wir zu unserer Grundfrage zurück, welche beiden Töne denn nun am besten zusammen passen? Es ist ein Grundton und seine Quinte! Es ist egal welchen Grundton wir wählen, da das Intervall der Quinte immer gleich ist (7 Halbtöne)!

Und warum passt die Quinte so gut zu ihrem Grundton? Richtig! Sie haben viele gemeinsame Obertöne (jeder zweite ist identisch).

Merke: *A. Ein Ton ist immer am engsten mit seiner Quinte verwandt.*
B. Die Quinte liegt 7 Halbtonschritte über dem Grundton.

Uff, das war eine ganze Menge Theorie. Deshalb möchte ich nun einen kleinen Ausflug in die Praxis machen (eigentlich paradox ... in einem Buch ...).

Einen einzelnen Ton auf der Gitarre zu spielen ist ja nun nicht das Problem. Aber so ein einsamer Ton ganz allein... der langweilt sich! Der braucht Gesellschaft! Also müssen andere Töne dazu. Aber nur solche, die er mag! Ist ja klar. Und mit wem versteht er sich am besten? Natürlich mit seiner Quinte!

Aha, Quinte dazu... 7 Halbtonschritte, also 7 Bünde weiter... Moment! Wir können doch auf einer Saite nicht gleichzeitig zwei verschiedene Töne anschlagen! Richtig, deswegen haben wir ja auch noch weitere Saiten zur Verfügung.

Und die sind so gestimmt, dass der Ton im 5. Bund einer Saite genau so hoch ist, wie der Ton der nächsten Leersaite. Mit einer Ausnahme: Die G-Saite hat im 4. Bund das H der nächsten Leersaite.

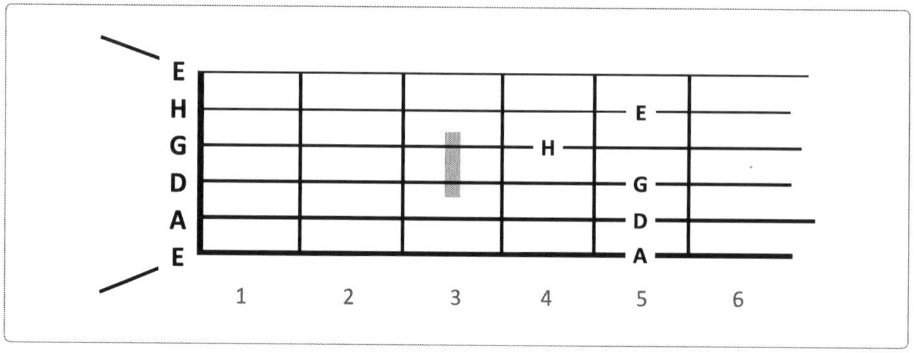

Wir können Grundton und Quinte gleichzeitig anschlagen, indem wir auf die nächst höhere Saite ausweichen. Dort haben wir im 2. Bund den gleichen Ton wie auf der tieferen Saite im 7. Bund.

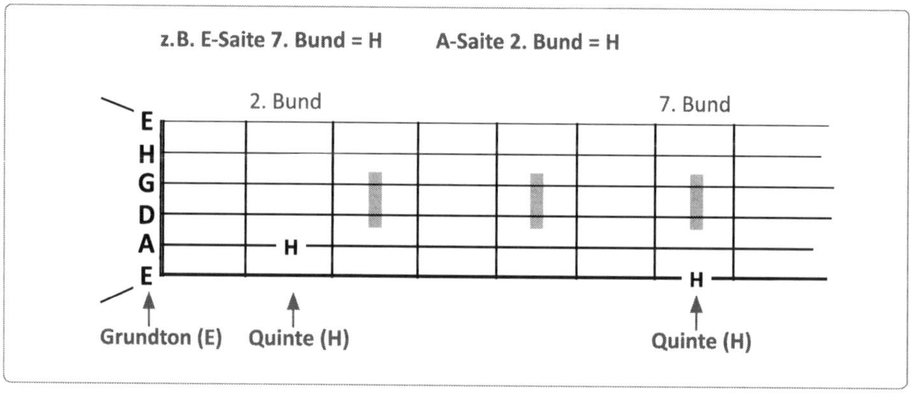

Hier lässt sich eine Regel ableiten, wonach die Quinte eines beliebigen Tones immer eine Saite höher und 2 Bünde weiter liegt. Lediglich von der G- auf die H-Saite müssen wir aufgrund des anderen »Stimmbundes« 3 Bünde weiter greifen.

Merke: *Quinte = 1 Saite höher und 2 Bünde weiter.*

Der Powerchord

Der Zusammenklang von Grundton und Quinte ist im Heavy Metal und überall, wo viel mit verzerrtem Gitarrensound gearbeitet wird, als Powerchord bekannt. Der Powerchord wird aufgeschrieben durch eine 5 hinter der Bezeichnung des Grundtons. Also z. B. D5, C5, oder A5.

Auf der folgenden Seite findet ihr einige Beispiele:

Powerchord E5

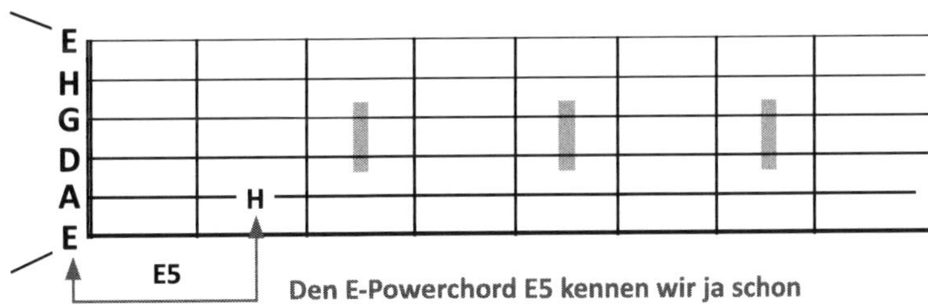

Powerchord G5

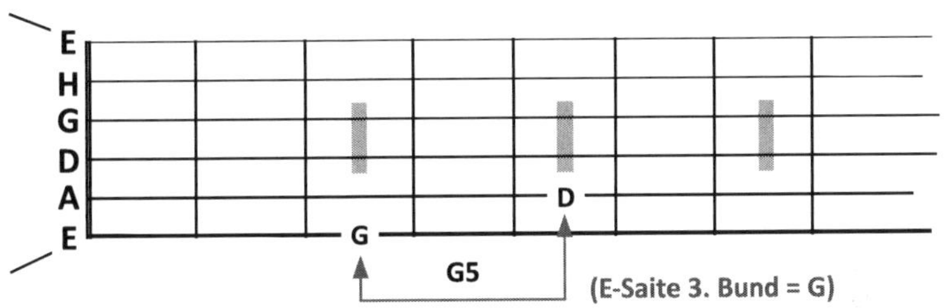

Powerchord A5

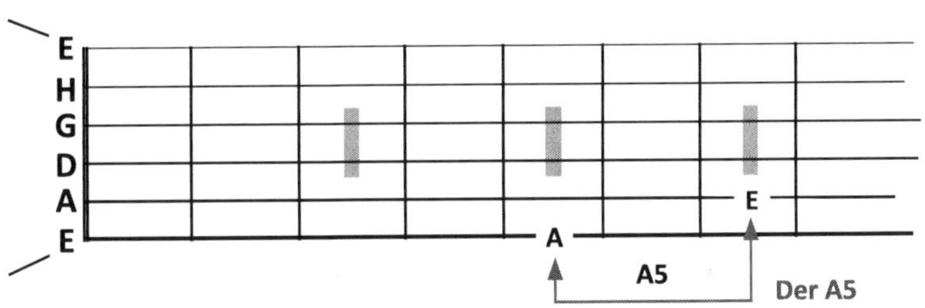

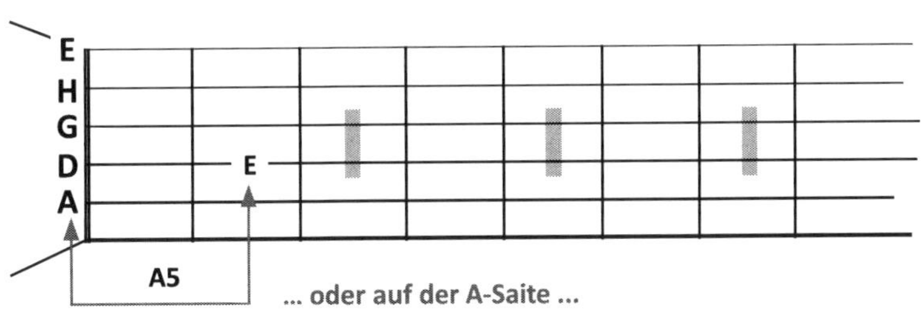

Powerchord C5

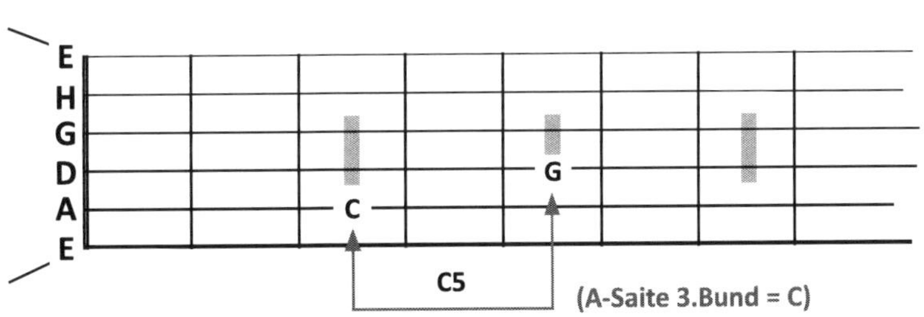

Der Powerchord wird auch gerne mit der Oktave des Grundtones ergänzt. Die Oktave eines Tones finden wir auf dem Griffbrett zwei Bünde weiter und zwei Saiten höher.

***Merke:** Oktave = 2 Bünde weiter und 2 Saiten höher!*

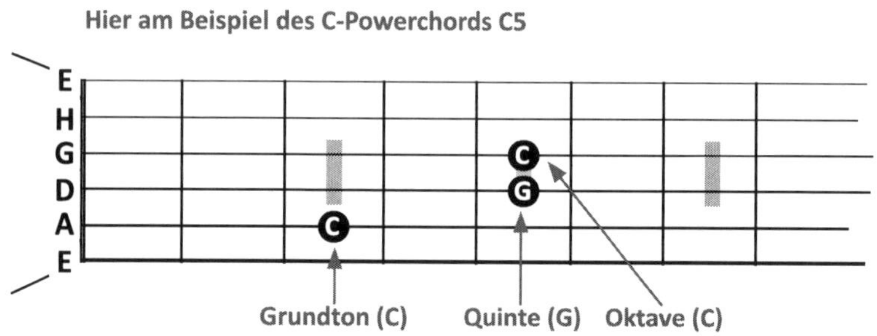

Zu beachten ist hier natürlich wieder, dass aufgrund des anderen »Stimmbundes« auf der H und hohen E-Saite sich alles um einen Bund verschiebt. Aber keine Angst. Powerchords werden in den meisten Fällen sowieso nur auf den tiefen Saiten gespielt.

Der Basisdreiklang (Dur und Moll)

Der Powerchord ist aber noch kein vollwertiger Akkord, da er nur aus zwei Tönen besteht (auch der erweiterte Powerchord besteht nur aus 2 und nicht aus 3 Tönen, da der Grundton lediglich gedoppelt ist). Für einen »richtigen« Akkord brauchen wir mindestens drei verschiedene Töne, die gut zusammen klingen. Zwei hätten wir ja schon. Einen Grundton und seine Quinte, aber welchen nehmen wir noch dazu? Gute Frage.

Der erste Gedanke ist meistens noch mal die Quinte von der Quinte zu nehmen, die beiden würden dann wieder sehr gut zusammen passen. Das ist richtig, aber dieser Ton passt dann wesentlich schlechter zum Grundton. Was wir brauchen ist ein Ton der gleich weit sowohl vom Grundton, als auch der Quinte entfernt ist. Also einen Ton der genau in der Mitte zwischen Grundton und Quinte liegt. Aber damit haben wir ein Problem. Wir erinnern uns, die Quinte umfasst sieben Halbtonschritte!!

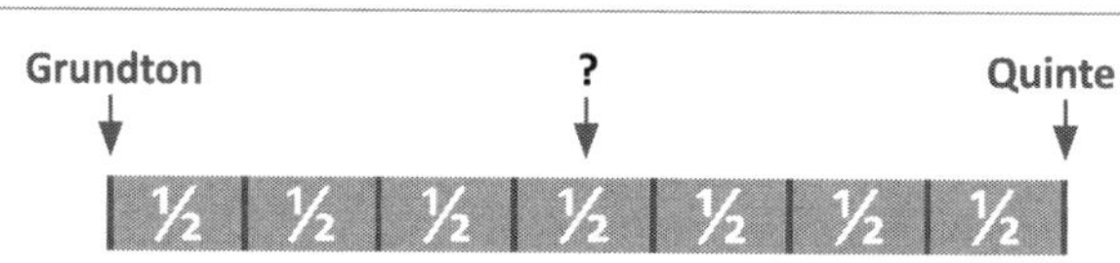

Wir haben keinen Ton der genau in der Mitte eines Quintintervalls liegt! (7:2=3,5)

Das würden dreieinhalb Halbtonschritte bedeuten und die gibt es nicht (zumindest in unserem traditionellen Tonsystem)! Wir müssen uns nun entscheiden. Entweder für den Ton, der näher am Grundton liegt oder für den, der weiter weg liegt. Also entweder für den dritten, oder für den vierten Halbton vom Grundton aus.

In beiden Fällen erhalten wir eine Terz. Also ein Intervall zwischen drei Tönen der Tonleiter. Die Terz ist immer das Intervall über drei Töne, kann aber sowohl aus drei, als auch aus vier Halbtonschritten bestehen.

Deswegen unterscheidet man zwischen: kleiner Terz (3 Halbtöne) und großer Terz (4 Halbtöne). Hier zwei Beispiele:

große Terz

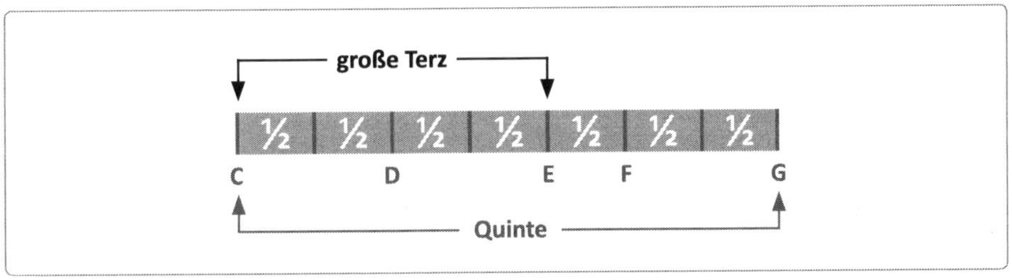

kleine Terz

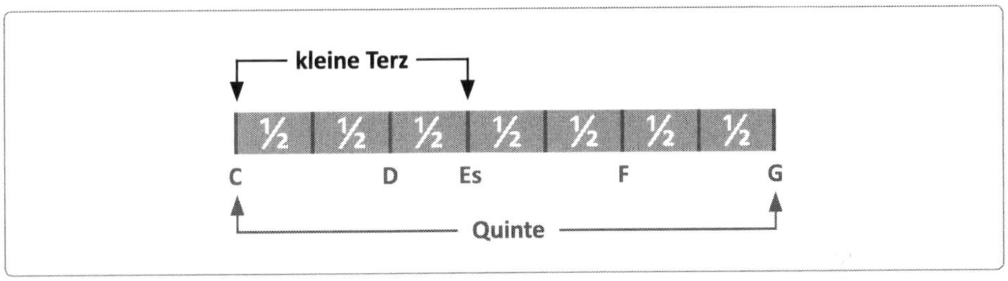

Die Quinte ist das Intervall zwischen fünf Tönen der Tonleiter. Damit die Quinte ihre harmonische Funktion als »engster Verwandter« erfüllen kann, muss sie wegen dem oben beschriebenen 2/3 Verhältnis sieben Halbtonschritte umfassen. Aus diesem Grund gibt es keine kleinen oder großen Quinten.

In einigen Tonreihen ist es aber so, dass der 5. Ton tatsächlich nach sechs oder auch nach acht Halbtonschritten kommt. Wegen ihrer rechnerischen Stellung wird er dann als »verminderte« oder »übermäßige« Quinte bezeichnet.

Die reine Quinte

In diesem Zusammenhang nennt man dann das Intervall über sieben Halbtöne eine reine Quinte. Die reine Quinte heißt deshalb so, weil sie harmonisch rein klingt.

(Ihr wisst ja, da jede zweite Frequenz der Obertonreihe der Quinte auch in der Obertonreihe des Grundtons vorkommt, haben wir hier den engstmöglichen Verwandtschaftsgrad.)

Die verminderte Quinte

Wenn jetzt eine Quinte nur sechs Halbtonschritte umfasst, verliert sie völlig ihre Funktion. Genau genommen kehrt sie sie sogar um. Wir erhalten dann den Ton, der am disharmonischsten zum Grundton klingt. Er heißt auch Tritonus, wegen der drei Ganztonschritte (= sechs Halbtonschritte), die er umfasst.

Die Quinte über 6 Halbtonschritte nennt man verminderte Quinte.

Für Mathematiker: Den Verwandtschaftsgrad zweier Töne kann man auch anhand ihres Frequenzverhältnisses ausdrücken. Dabei gilt je enger, umso verwandter.

Hier eine Übersicht über die Frequenzverhältnisse aller in einer Dur-Tonleiter vorkommenden Intervalle:

Frequenzverhältnisse

Prime	1 : 1
reine Oktave	1 : 2
reine Quinte	2 : 3
reine Quarte	3 : 4
große Terz	4 : 5
kleine Terz	5 : 6
große Sekunde	8 : 9
kleine Sekunde	15 : 16
große Sexte	3 : 5
kleine Sexte	5 : 8
große Septime	8 : 15
kleine Septime	9 : 16
Tritonus (übermäßige Quarte / verm. Quinte)	32 : 45

Konsonanzen und Dissonanzen

Nun können wir zwar den genauen Verwandtschaftsgrad zweier Töne anhand ihrer Frequenzverhältnisse bestimmen, aber in der Musik geht es ja in erster Linie darum, wie harmonisch wir den Zusammenklang zweier Töne wahrnehmen. Wir brauchen also eine Aussage, die einen gewissen Spannungsgrad zwischen Konsonanz und Dissonanz eines Intervalles beschreibt. Hierzu können wir die Intervalle vier Bereichen zuordnen, um ihren Zusammenklang zu beschreiben.

Vollkommene Konsonanzen	Prime, reine Oktave, reine Quinte, reine Quarte
Weiche Konsonanzen	große Terz, kleine Terz, große Sexte, kleine Sexte
Milde Dissonanzen	große Sekunde, kleine Septime
Scharfe Dissonanzen	kleine Sekunde, große Septime, Tritonus (übermäßige Quarte / verm. Quinte)

Es ist wichtig, die Intervalle nicht bloß mathematisch, sondern als Naturgesetz zu begreifen. Intervalle beschreiben ja nicht nur den Abstand zweier Töne, sondern in erster Linie den Spannungsgrad zwischen diesen! Dieser Spannungsgrad richtet sich nach dem Verhältnis gleicher und nicht gleicher Frequenzen in der Obertonreihe zweier Töne. Dieses Frequenzverhältnis ist ein Naturgesetz. *Damit beschreibt ein Intervall auch ein Naturgesetz!*

Die reine Quinte als konsonantestes Intervall zweier verschiedener Töne ist ebenso ein Naturgesetz wie der Tritonus als dissonantestes Intervall und alle anderen Intervalle und deren Spannungsgrade dazwischen.

Basis-Dreiklang: Grundton-Terz-Quinte

Kommen wir nun wieder zurück zum Akkord. Wir haben also nun unsere drei Töne zusammen: Grundton, Terz und Quinte. Die Terz ist je nach Lage des dritten Tones entweder groß oder klein.

Die Terz bestimmt den Klang

Grundton, Terz und Quinte ergeben zusammen den »Basis-Dreiklang«, gemeinhin als Akkord bezeichnet. Dabei bestimmt die Terz den Klang des Akkordes. Mit einer kleinen Terz klingt der Akkord »weicher« als mit einer großen Terz. Deswegen hat man den Akkorden ein »Geschlecht« zugewiesen. (Sagt man wirklich so.)

Moll

Akkorde, die aus Grundton, kleiner Terz und Quinte bestehen, heißen Moll (mollis: lat. = weich). Sie stehen für »weiblich«.

Dur

Akkorde die aus Grundton, großer Terz und Quinte bestehen heißen Dur (durus: lat. = hart). Diese stehen für »männlich«.

Hier noch einige Beispiele:

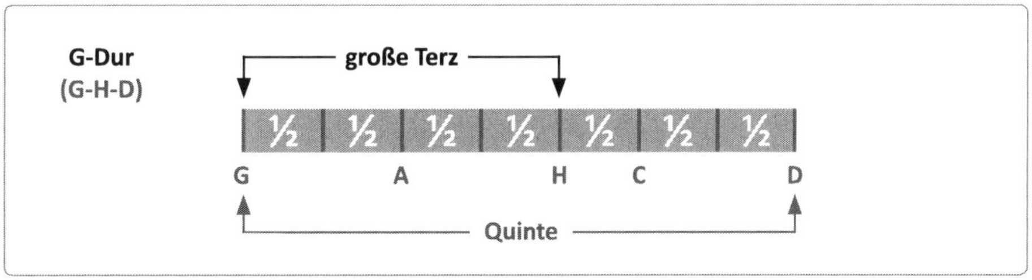

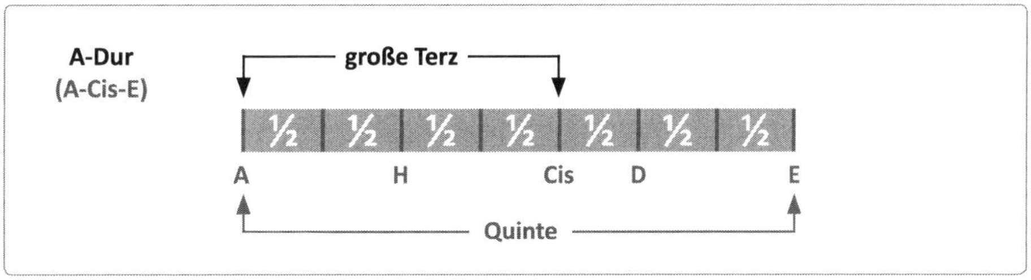

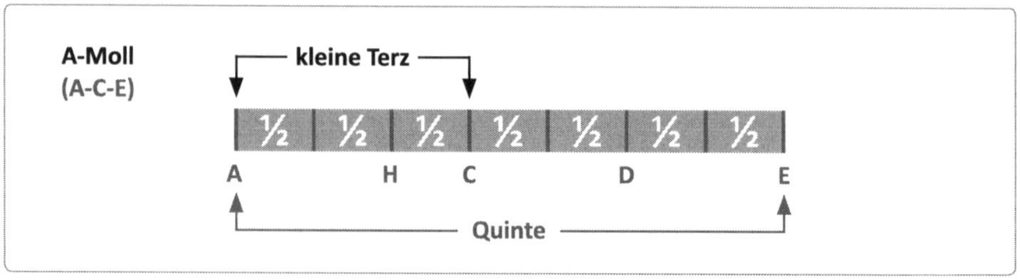

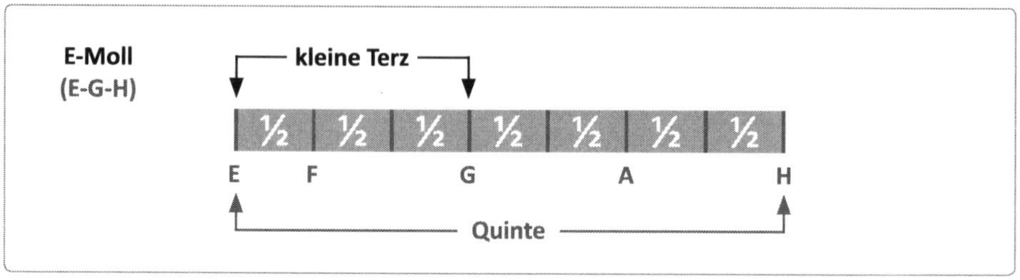

Moll- und Dur-Terz

Das Rahmenintervall der Quinte bleibt immer gleich. Lediglich die Stellung des dritten Tones entscheidet also darüber, ob es sich um einen Moll- oder einen Dur-Akkord handelt. Nicht umsonst wird die kleine Terz gerne auch Moll-Terz und die große Terz auch Dur-Terz genannt. An dieser Stelle möchte ich darauf hinweisen, dass die »Griffe«, die wir Gitarristen unter den Bezeichnungen C-Dur, E-Moll usw. kennen, nicht die Akkorde selbst sind! Die Griffbilder, die man in den Akkordtabellen findet, stellen lediglich dar, welche Saite man in welchem Bund drücken muss, um nur die Töne zu erhalten, aus denen der Akkord besteht. Manche Töne kommen dabei mehrmals vor (Oktaven), was aber aufgrund der Oktavengleichheit keine Rolle spielt, wie ihr ja mittlerweile wisst.

Beispiel 1: Der A-Moll-Akkord setzt sich immer aus den Tönen A-C-E zusammen (tut er das nicht, ist es kein A-Moll-Akkord). Wenn ich den Standard A-Moll-Griff greife und alle sechs Saiten anschlage, erhalte ich die Töne E-A-E-A-C-E = A-Moll.

Beispiel 2: Bei C-Dur sind es die Töne C-E-G. Beim C-Dur-Griff erhalte ich die Töne E-C-E-G-C-E = C-Dur

Tongeschlecht – Kennzeichnung

In Liederbüchern mit Begleitakkorden über dem Text wird das Tongeschlecht der Akkorde häufig durch große und kleine Buchstaben angegeben (a = A-Moll, C = C-Dur). ***Große Buchstaben bedeuten Dur, kleine Buchstaben Moll.***

Diese Begleitakkorde drücken die harmonische Struktur eines Liedes aus. Lieder stehen normalerweise in einer bestimmten Tonart. Ihr wisst ja, die Tonart sagt uns, welche Tonleiter der Komponist zugrunde gelegt hat. Um die Akkorde herauszufinden, die zu der Tonart passen, müssen wir die entsprechende Tonleiter »harmonisieren«.

TESTBOGEN KAPITEL 4

1. **Wenn zwei Töne gut zusammen klingen, sind sie dann Konsonant, oder Dissonant?**
2. **Wir hören einen Ton mit der Grundfrequenz 110 Hertz. Welche Frequenzen haben die ersten 4 Obertöne?**
3. **Warum sind Oktaven harmonisch austauschbar?**
4. **Welches ist das konsonanteste Intervall zweier verschiedener Töne und warum?**
5. **Die Grundfrequenz einer schwingenden A-Saite ist 110 Hz. Mit welcher Frequenz schwingt sie, wenn man sie im 12. Bund greift?**
6. **Die Grundfrequenz einer schwingenden A- Saite ist 110 Hz. Mit welcher Frequenz schwingt sie, wenn man sie im 7. Bund greift?**
7. **Was ist ein Powerchord?**
8. **Was bedeutet E5?**
9. **Gibt es einen Ton der genau in der Mitte zwischen Grundton und Quinte liegt?**
10. **Wie viele Halbtonschritte umfasst eine kleine Terz?**
11. **Wie viele Halbtonschritte umfasst eine große Terz?**
12. **Gibt es eine kleine oder eine große Quinte?**
13. **Was ist ein Tritonus?**
14. **Welche Intervalle zählen zu den vollkommenen Konsonanzen?**
15. **Welche Intervalle zählen zu den scharfen Dissonanzen?**
16. **Aus welchen Tönen besteht der Basisdreiklang?**
17. **Worin unterscheiden sich Dur- und Moll-Akkorde?**
18. **Was bedeuten große und kleine Buchstaben in der Akkordsymbolik?**

Stufenakkord Wie die Melodie, setzten sich auch die begleitenden Akkorde zunächst aus den Tönen der entsprechenden Tonleiter zusammen. Daher bezeichnet man sie als »leitereigene Stufenakkorde«. Jeder Ton der Tonleiter wird zum Grundton eines Akkordes. Daher der Ausdruck »Stufenakkord«.

Nehmen wir als Beispiel zunächst wieder die C-Dur-Tonleiter.

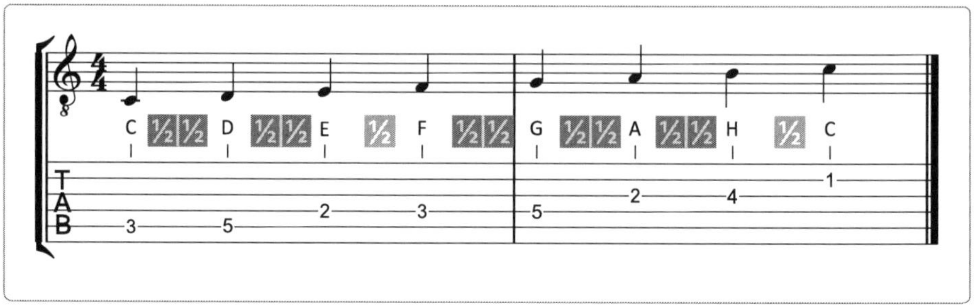

Die Entwicklung der Stufenakkorde von C-Dur

Jeder Ton der Tonleiter wird nun zum Grundton eines Akkordes. Ihr wisst, ein Akkord ist der Zusammenklang von Grundton, Terz und Quinte. Noten, die gleichzeitig angeschlagen werden, werden übereinander geschrieben. Um Akkorde darzustellen, ist die Notenschrift besser geeignet als die Tabulatur.

1. Stufe C-Dur Auf der ersten Stufe der Tonleiter liegt das *c*. Der 3. und 5. Ton von *c* aus sind *e* (große Terz) und *g* (Quinte).

Wir erhalten einen C-Dur-Akkord.

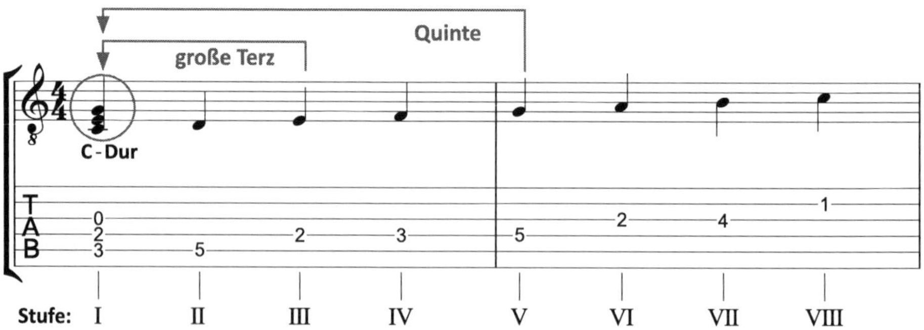

2. Stufe D-Moll Als nächster Ton ist das *d* dran. Der 3. und 5. Ton von *d* aus sind *f* (kleine Terz) und *a* (Quinte).

Wir erhalten einen D-Moll-Akkord.

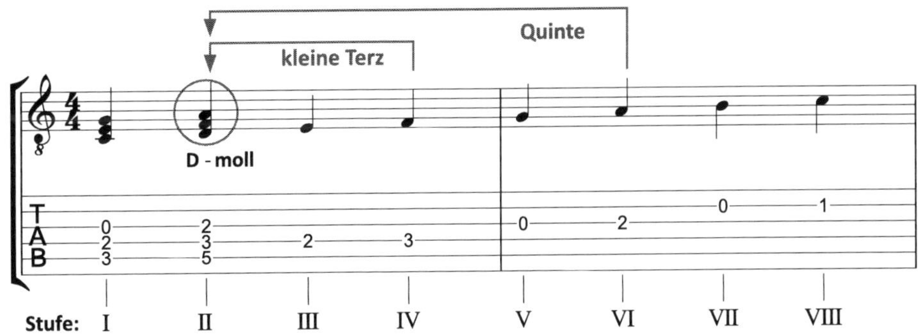

3. Stufe
E-Moll

Als nächster Ton ist das *e* dran. Der 3. und 5. Ton von *e* aus sind *g* (kleine Terz) und *h* (Quinte).

Wir erhalten einen E-Moll-Akkord.

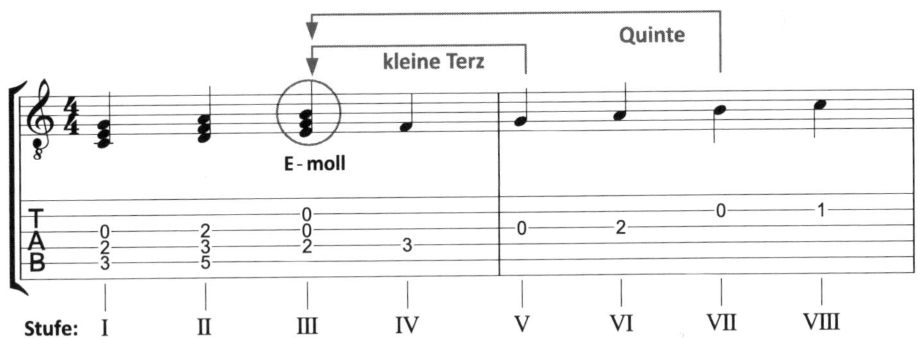

4. Stufe
F-Dur

Als nächstes kommt auf der 4. Stufe ein *f*. Der 3. und 5. Ton von *f* aus sind *a* (große Terz) und *c* (Quinte). Ab hier gehen die Akkordtöne teilweise in die nächste Oktave hinein aber, wie ihr ja wisst, stört uns das nicht.

Wir erhalten einen F-Dur-Akkord.

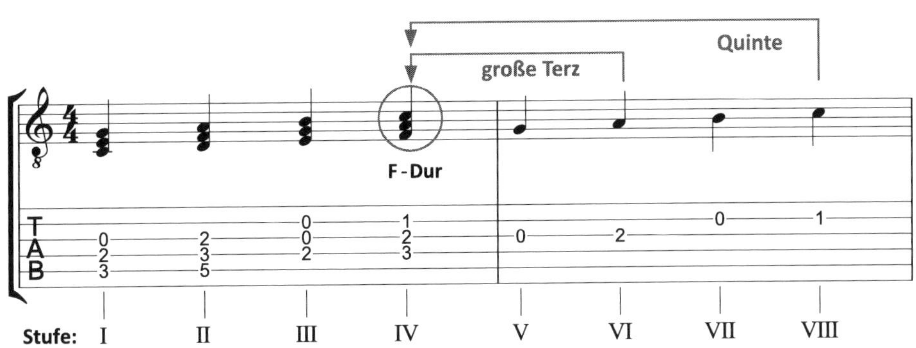

5. Stufe G-Dur Mit diesem Muster machen wir nun weiter. Auf der fünften Stufe erhalten wir einen G-Dur-Akkord. (*g-h* = große Terz)

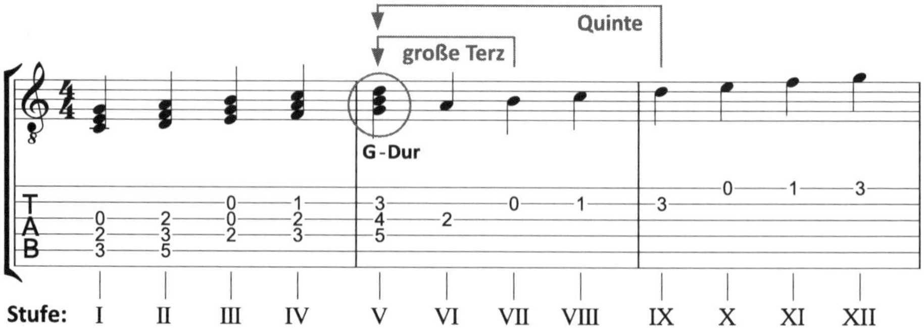

6. Stufe A-Moll Auf der sechsten Stufe der C-Dur-Tonleiter erhalten wir einen A-Moll-Akkord. (*a-c* = kleine Terz)

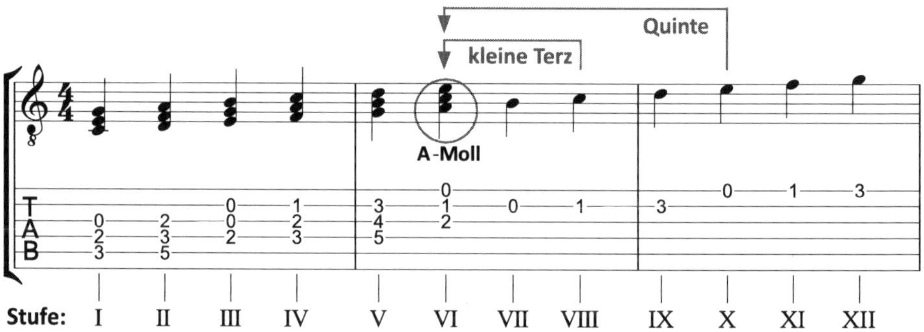

Über der siebten Stufe erhalten wir nun einen Akkord, der aus dem bekannten Muster von Dur und Moll heraus fällt. Bisher hatten wir Akkorde, deren Rahmen sich über 7 Halbtöne erstreckte (Grundton und reine Quinte) und die durch einen dritten Ton in eine kleine und eine große Terz geteilt waren.

Hatten wir zuerst eine kleine und dann eine große Terz, handelte es sich um einen Moll-Akkord!

Hatten wir zuerst eine große und dann eine kleine Terz, handelte es sich um einen Dur-Akkord!

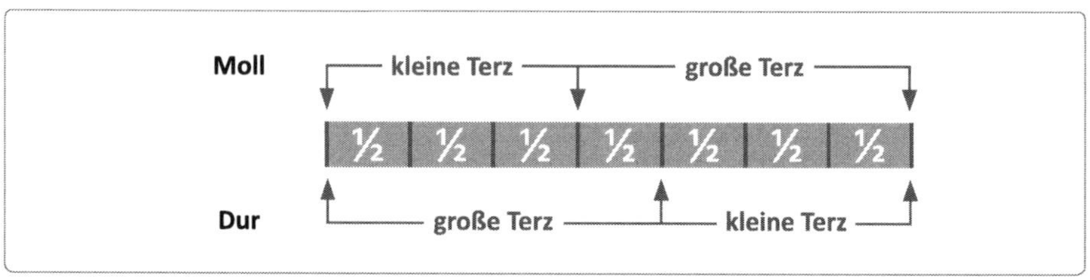

7. Stufe Hm-5

Der siebte Stufenakkord besteht aber aus zwei kleinen Terzen!

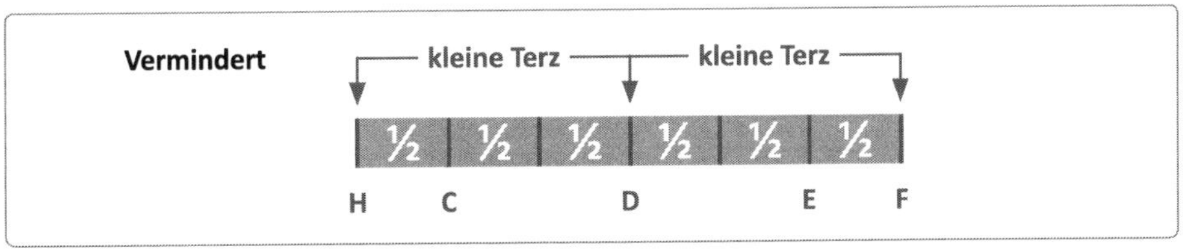

Vom *h* aus sind der erste, dritte und fünfte Ton: *h, d* und *f.* Ihr wisst ja, zwischen *h* und *c* liegt ein Halbtonschritt und zwischen *e* und *f* ebenfalls!

Daraus ergibt sich, dass zwischen dem *h* und dem *f* nur *sechs!* Halbtonschritte liegen. Dennoch ist das *f* der fünfte Ton vom *h* aus und damit seine Quinte.

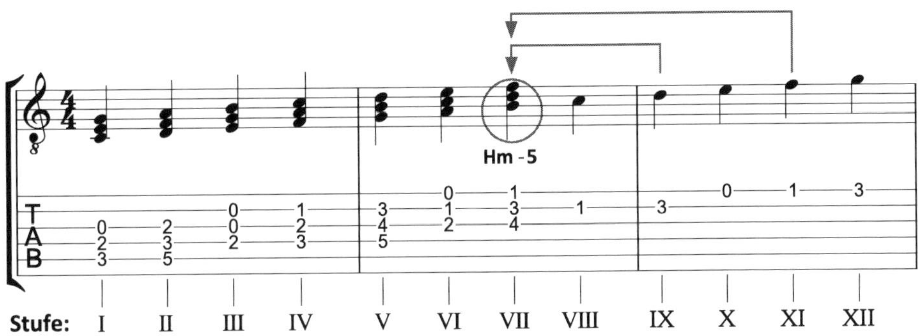

Verminderter Akkord

Das -5 (auch ♭5) in der Akkordbezeichnung gibt uns an, dass die Quinte (5) in diesem besonderen Fall nicht sieben, sondern nur sechs Halbtonschritte groß ist. Sie heißt nun »verminderte Quinte«! Achtung: Nicht etwa kleine Quinte, wie das bei den Terzen der Fall ist. Deshalb nennt man den VII. Stufenakkord auch »verminderten Akkord«.

In C-Dur: H-vermindert. Oder abgekürzt: H-verm (oder B-dim im Englischen). Dieser Akkord klingt ziemlich »schräg« oder besser »scharf« (Dissonant) und nimmt harmonisch gesehen eine Sonderstellung ein. Er kommt in Pop- und Rock Songs eher selten vor.

Zusammenfassung

Wir erhalten also auf der ersten, vierten und fünften Stufe einer Dur-Tonleiter Dur-Akkorde. Auf der zweiten, dritten und sechsten Stufe Moll-Akkorde. Auf der siebten Stufe einen verminderten Akkord. Die einzelnen Stufen einer Tonleiter werden mit römischen Ziffern bezeichnet.

Merke: *Für alle Dur Tonarten gilt:*

I. IV. und V. Stufe = Dur-Akkord
II. III. und VI. Stufe = Moll-Akkord
VII. Stufe = verminderter Akkord

Die elementaren Funktionsbezeichnungen

Die Dur-Akkorde gelten als »Hauptakkorde«, sie genügen, um fast jedes Stück zu begleiten. Das liegt daran, dass in ihnen jeder Ton der Tonleiter mindestens einmal vorkommt. Sie werden nach ihrer harmonischen Funktion benannt.

Die Akkorde in einem Musikstück haben immer eine bestimmte Funktion. Das ist sozusagen der »Job« der Akkorde. Damit solltet ihr euch aber jetzt noch nicht belasten. Vorerst genügt es völlig, ihre Namen zu kennen.

Die Funktionen der Dur-Akkorde

*Der Akkord über der **I. Stufe** heißt **Tonika (Akkord über dem Grundton)***
*Der Akkord über der **IV. Stufe** heißt* **Subdominante**
*Der Akkord über der **V. Stufe** heißt **Dominante***

Die Moll Akkorde gelten jeweils als »Nebenakkorde« eines bestimmten Dur-Akkordes.

Funktion Moll-Akkorde

*Der Akkord über der **II. Stufe** heißt **Subdominantparallele***
*Der Akkord über der **III. Stufe** heißt **Dominantparallele***
*Der Akkord über der **VI. Stufe** heißt **Tonikaparallele***

Warum man die Mollakkorde als »Parallelen« bezeichnet, erfahrt ihr im nächsten Kapitel. An dieser Stelle möchte ich euch nun bitten, das Ganze noch einmal alleine zeichnerisch nachzuvollziehen. Nehmt euch zunächst noch mal die C-Dur-Tonleiter mit der dazugehörigen Intervallstruktur und sucht euch die einzelnen Stufenakkorde zusammen.

Macht das anschließend noch einmal mit den Tonarten G-Dur, D-Dur, A-Dur und E-Dur. Ihr wisst ja, einmal selbst machen bringt mehr als 10-mal lesen. Also bitte erst weiter lesen, wenn ihr diese Tonleitern einmal selbst harmonisiert habt!!

Die Stufenakkorde weiterer Dur-Tonarten

Wenn ihr alles richtig gemacht habt, habt ihr folgende Stufenakkorde gebildet:

	I	II	III	IV	V	VI	VII
C-Dur:	C	Dm	Em	F	G	Am	Hm-5
G-Dur:	G	Am	Hm	C	D	Em	F♯m♭5
D-Dur:	D	Em	F♯m	G	A	Hm	C♯m♭5
A-Dur:	A	Hm	C♯m	D	E	F♯m	G♯m♭5
E-Dur:	E	F♯m	G♯m	A	H	C♯m	D♯m-5

(»m-5« und »m♭5« sind verschiedene Schreibweisen für den verminderten Dreiklang!)

TESTBOGEN KAPITEL 5

1. **Wie bezeichnet man Akkorde, die ausschließlich aus den Tönen einer bestimmten Tonart bestehen?**

2. **Was ist ein Stufenakkord?**

3. **Was ist ein verminderter Akkord?**

4. **Auf welchen Stufen einer Dur-Tonleiter stehen Dur-Akkorde?**

5. **Auf welchen Stufen einer Dur-Tonleiter stehen Moll-Akkorde?**

6. **Benenne die drei Hauptstufen einer Tonleiter.**

7. **Welcher Akkord ist die Tonikaparallele in der Tonart G-Dur?**

8. **Welcher Akkord ist die Subdominante in der Tonart C-Dur?**

9. **Welcher Akkord ist die Dominante in der Tonart A-Dur?**

10. **Nenne den III. Stufenakkord in D-Dur.**

11. **Nenne den II. Stufenakkord in E-Dur.**

12. **Nenne den VI. Stufenakkord in A-Dur.**

13. **Nenne den VII. Stufenakkord in C-Dur.**

Die Dur-Parallele

Jede Dur-Tonleiter trägt gewissermaßen eine Moll-Tonleiter in sich, die aus genau denselben Tönen wie die Dur-Tonleiter besteht.

Beide Tonarten benutzen die gleichen Töne, haben also auch den gleichen Ablauf in der Intervallstruktur. Sie fangen mit unterschiedlichen Tönen an, laufen dann aber sozusagen parallel.

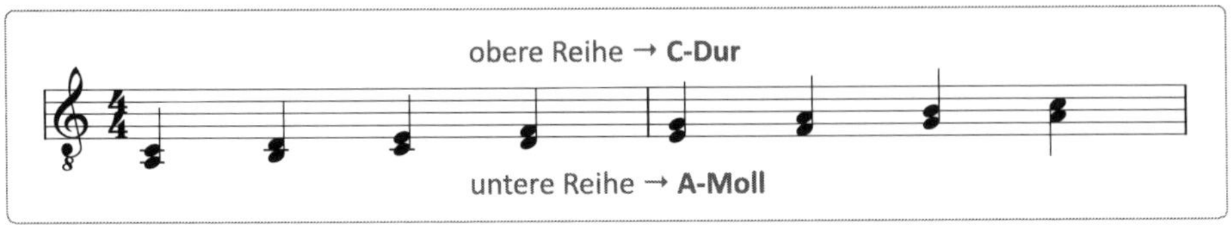

Um das nochmals zu verdeutlichen, nehme ich zunächst unsere C-Dur-Tonleiter. Diesmal aber über zwei Oktaven.

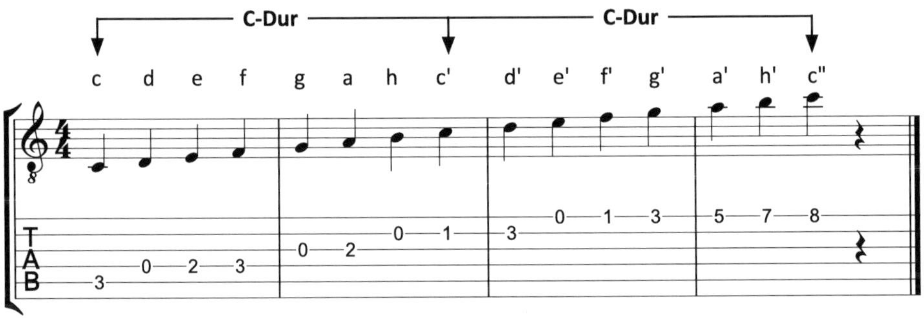

Wenn man zwei Oktaven der C-Dur-Tonleiter aufschreibt, kann man aus ihnen die A-Moll-Tonleiter quasi »herausstanzen«.

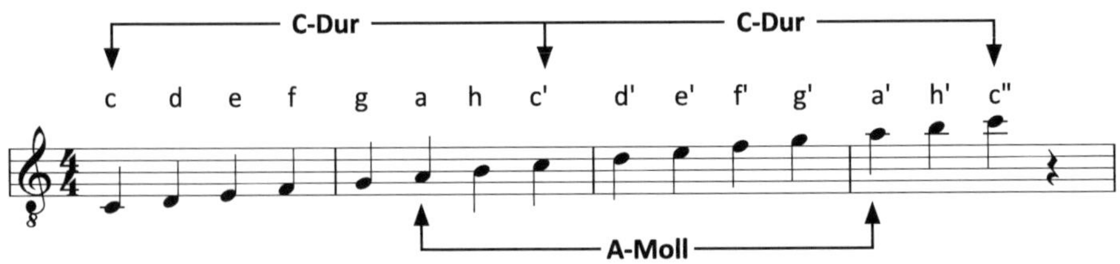

Schiebe ich nun die A-Moll-Tonleiter nach rechts unter die C-Dur-Tonleiter, erhalt ich zwei parallele Tonreihen.

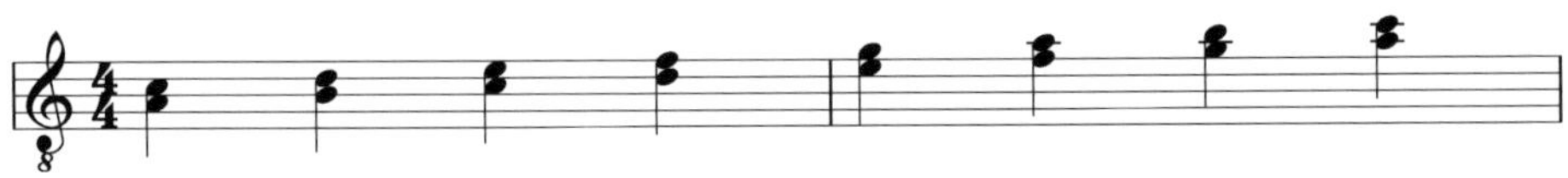

Jede Dur-Tonart hat ihre parallele Moll-Tonart. Sie sind harmonisch eng verwandt – logisch, sind ja die gleichen Töne!

Die Mollparallele von C-Dur ist A-Moll. A ist der sechste Ton der C-Dur Tonleiter. Die Moll-Parallele beginnt also auf der sechsten Stufe der C-Dur Tonleiter. Das gilt auch für alle anderen Dur-Tonarten.

Merke: • *Jede Dur-Tonart hat ihre dazugehörige Moll-Parallele!*
• *Der Grundton der Moll-Parallele befindet sich immer auf der sechsten Stufe der Dur-Tonleiter!*

Die Moll-Intervallstruktur

Schreiben wir nun die Intervallstruktur einer parallelen Moll-Tonleiter auf. Wie wir ja wissen, ist die Intervallstruktur einer Dur-Tonleiter immer gleich. Deswegen erhalten wir über der sechsten Stufe die allgemeingültige Intervallstruktur aller Moll-Parallelen.

Die Intervallstruktur von A-Moll (Parallele zu C-Dur)

A		H		C		D		E		F		G		A
1	½ ½	2	½	3	½ ½	4	½ ½	5	½	6	½ ½	7	½ ½	8

Und zum Vergleich:

Die Intervallstruktur von E-Moll (Parallele zu G-Dur)

E		Fis		G		A		H		C		D		E
1	½ ½	2	½	3	½ ½	4	½ ½	5	½	6	½ ½	7	½ ½	8

Da die Intervallstruktur der Moll-Parallele immer den gleichen Ausschnitt der Dur-Intervallstruktur wiedergibt, ist auch sie immer gleich.

Ihr braucht euch diese aber nicht unbedingt zu merken! Nehmt einfach die Dur-Intervallstruktur von der sechsten Stufe an, und ihr erhaltet die Moll-Parallele. Das gilt auch für das Akkordspiel. Wenn ich über jedem Ton einer Moll-Tonleiter den Basisdreiklang bilde, erhalte ich die gleichen Akkorde wie in der parallelen Dur-Tonart.

Tonikaparallele

Auch beim Akkordspiel ist der sechste Stufenakkord die Parallele der Tonika (erster Stufenakkord). Deswegen heißt er »Tonikaparallele« und ist im harmonischen Sinn ebenfalls eng mit der Tonika verwandt.

Er wird gerne genutzt, um die Tonika zu ergänzen oder auch zu ersetzen.

Übrigens schadet es nicht wenn man die Moll-Parallelen der gängigen Tonarten auswendig kann:

C-Dur / A-Moll	D-Dur / H-Moll	E-Dur / Cis-Moll
G-Dur / E-Moll	A-Dur / Fis-Moll	

Vergleichen wir nun die Intervallstruktur einer Dur- mit der Intervallstruktur einer Moll-Tonleiter:

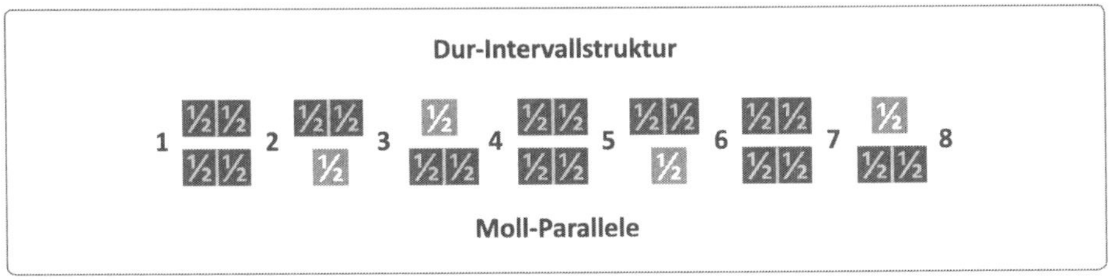

Hier können wir sofort den unterschiedlichen Aufbau erkennen.

Betrachten wir zunächst die Unterschiede beim Aufbau des Tonika-Dreiklangs mit Grundton (1), Terz (3) und Quinte (5), vom ersten Ton der Tonleiter ausgehend.

In Dur ist das Intervall zwischen 1 und 3 eine große Terz, besteht also aus 4 Halbtonschritten. Das Intervall zwischen 3 und 5 ist eine kleine Terz, also 3 Halbtonschritte.

In Moll ist das Verhältnis umgekehrt. Zwischen 1 und 3 haben wir eine kleine Terz und von 3 bis 5 eine große Terz.

Der einzige Unterschied zwischen einem Dur- und einem Moll-Akkord liegt in der Stellung des 3. Tones!

- *Ist er 4 Halbtonschritte über dem Grundton, haben wir einen Dur-Akkord!*
- *Ist er 3 Halbtonschritte über dem Grundton, haben wir einen Moll-Akkord! (Aus diesem Grund wird die kleine Terz auch Mollterz genannt.)*

Im weiteren Verlauf einer Moll-Tonleiter liegt ein Halbtonschritt zwischen dem 5. und 6., und nicht mehr zwischen dem 7. und 8. Ton wie bei der Dur-Tonleiter. Dadurch ergeben sich noch weitere Besonderheiten. Doch dazu später.

Wir kennen nun die Dur-Tonarten und ihre Moll-Parallelen.

Die Stufenakkorde von natürlich Moll

Nun können wir auch die leitereigenen Akkorde einer Moll-Tonart bestimmen, indem wir auf die gleiche Weise wie bei den Dur-Tonarten die Tonleiter harmonisieren.

Nehmen wir als Beispiel die A-Moll-Tonleiter als Parallele von C-Dur:

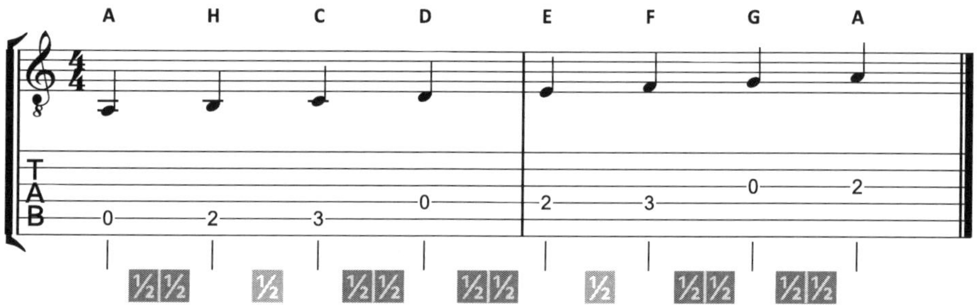

Terzschichtung Nun nehmen wir wieder von jeder Stufe den 1., 3. und 5. Ton (Terz und Quinte) um den Basisdreiklang zu bilden. Wenn wir das tun, »schichten« wir sozusagen zwei Terzen aufeinander. Man spricht daher in diesem Zusammenhang von »Terzschichtung«.

Wenn ich die Stufenakkorde einer Moll-Tonleiter bilde, erhalte ich die gleichen Akkorde wie in der parallelen Dur-Tonart, nur in einer anderen Reihenfolge, ist ja klar.

Stufenakkorde A-Moll (natürlich)

3-Klang

	I	II	III	IV	V	VI	VII
A-Moll:	Am	Hm♭5	C	Dm	Em	F	G

In Moll habe ich also auf der I., IV. und V. Stufe einen Moll-Akkord. Auch diese gelten als Tonika, Subdominante und Dominante. Nur, dass es Moll-Akkorde sind. Jetzt werden die jeweiligen Dur-Akkorde auf der III., VI. und VII. Stufe als Parallelen betrachtet.

Beispiel: Die Tonika ist Am. Auf der dritten Stufe steht die Tonikaparallele C-Dur.

Was es mit dem »natürlich« auf sich hat, und auf weitere Besonderheiten der Moll-Tonarten gehe ich später noch ein. Kehren wir zunächst wieder zur Dur Tonart zurück und schauen, was passiert, wenn wir über den Dreiklang hinausgehen.

TESTBOGEN KAPITEL 6

1. **Welche Moll-Tonart besteht aus den gleichen Tönen wie C-Dur?**

2. **Der wievielte Ton einer Dur-Tonleiter ist der Grundton der dazugehörigen Moll-Parallele?**

3. **Was ist die Moll-Parallele von E-Dur?**

4. **Was ist die Moll-Parallele von A-Dur?**

5. **Was ist die Moll-Parallele von D-Dur?**

6. **Was ist die Moll-Parallele von G-Dur?**

7. **Was ist die Moll-Parallele von F-Dur?**

8. **Was ist die Moll-Parallele von Eb-Dur?**

9. **Was ist die Moll-Parallele von As-Dur?**

10. **Was ist die Dur-Parallele von Am?**

11. **Gibt es in zwei parallelen Tonarten unterschiedliche Stufenakkorde?**

7. LEITEREIGENE SEPTAKKORDE

Die Terzschichtung

Wir haben bisher nur Akkorde behandelt, die aus Grundton, Terz und Quinte bestanden. Also dem so genannten Basisdreiklang. Oft werden die Akkorde aber um einen Ton erweitert, so dass wir nun einen Vierklang erhalten. Der Basisdreiklang besteht, wie wir wissen, aus zwei Terzen, die quasi »aufeinander« liegen. Welchen weiteren Ton spielen wir denn nun dazu? Logisch, wir nehmen noch eine Terz dazu, also den 7. Ton. Nun haben wir drei Terzen übereinander gelegt.

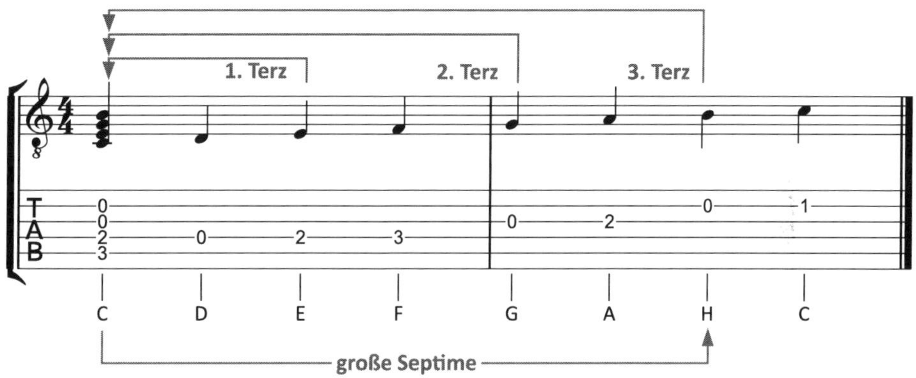

Das könnte man übrigens so weiter fortsetzen, und würde dann Fünf- oder Sechsklänge erhalten. Daraus ergibt sich die Regel für den Akkordaufbau.

Merke: *Akkorde werden mittels Terzschichtung aufgebaut.*

Große und kleine Septime

Richten wir nun unsere Aufmerksamkeit auf den siebten Ton, also die Septime. Bedingt durch die Ganz- und Halbtonschritte innerhalb einer Tonleiter kann die Septime je nach Stellung zehn oder elf Halbtonschritte umfassen. Man unterscheidet deshalb, ähnlich wie bei einer Terz auch, zwischen großen- und kleinen Septimen.

In unserem Beispiel ist der siebte Ton von *c* aus das *h*. Zwischen *c* und *h* liegen elf Halbtonschritte. Hier handelt es sich also um eine große Septime.

Akkordsymbolik große Septime

In der Akkordsymbolik wird sie mit »maj7« abgekürzt. (Lat: »maior« = größer, stärker, bedeutender). Heutzutage oft auch englisch ausgesprochen (wie bei »Major« Tom). Gelegentlich findet man auch einfach ein »j7«, nur ein »j« oder ein kleines Dreieck als Abkürzung.

In allen Fällen bedeutet es »große Septime«. In unserem Beispiel handelt es sich also um einen Cmaj7 Akkord.

Wenn wir den Vierklang auf der zweiten Stufe der C-Dur-Tonleiter, also über dem Ton *d* bilden, ist der siebte Ton ein *c*.

Zwischen *d* und *c* liegen zehn Halbtonschritte. Das ist eine »kleine Septime«.

Akkordsymbolik kleine Septime

In diesem Fall wird einfach nur eine »7« an die Bezeichnung des Grundakkordes (hier Dm) gehängt. In unserem Beispiel wird aus »Dm« ein »Dm7«.

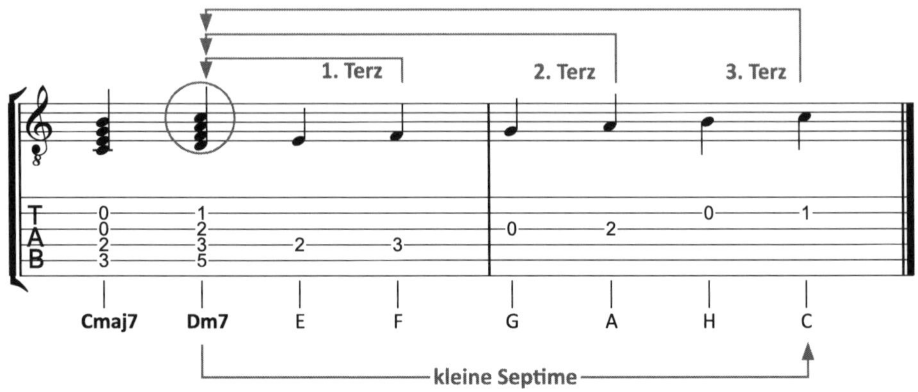

Manche von euch werden jetzt einwerfen, dass es ziemlich umständlich ist, jedes Mal zehn oder elf Halbtonschritte vom Grundton bis zu seiner Septime abzuzählen, und da haben sie Recht.

Bestimmen der Septime

Wesentlich einfacher ist es, sich den Abstand vom 7. zum 8. Ton anzuschauen. Der achte Ton ist ja die Oktave. Hier wiederholt sich der Grundton. Ich schaue also welcher Ton sich vor dem Grundton befindet und wie groß dieses Intervall ist.

Nun geht man von folgender Überlegung aus: Die Oktave umfasst 12 Halbtonschritte. Die Septime ist der Ton vor der Oktave.

- Habe ich hier einen Ganztonschritt, muss die Septime klein sein (12 – 2 = 10).
- Habe ich hier einen Halbtonschritt, muss die Septime groß sein (12 – 1 = 11).

Kommt jetzt aber nicht auf den Gedanken, das Intervall zwischen dem siebten und achten Ton als Septime zu bezeichnen! Dieses Intervall erstreckt sich über zwei Töne und ist damit eine Sekunde!

Komplementärintervall

Hier kommt das Komplementärintervall zum Tragen. Zwei Intervalle, die zusammengenommen eine Oktave ergeben, nennt man komplementär (Lat: complementum = Erfüllung, Ergänzung). Komplementärintervalle haben einen sehr ähnlichen Spannungsgrad.

Hier findet ihr eine Übersicht der Komplementärintervalle: In den Kästchen steht die Anzahl der Halbtonschritte. Zusammengezählt ergeben sie immer 12 (Oktave). (Vergl. auch Seite 46 – Spannungsgrad der Intervalle)

kleine Sekunde	1	+	große Septime	11
große Sekunde	2	+	kleine Septime	10
kleine Terz	3	+	große Sexte	9
große Terz	4	+	kleine Sexte	8
reine Quinte	7	+	reine Quarte	5
verminderte Quinte	6	+	übermäßige Quarte	6

Die verminderte Quinte und die übermäßige Quarte werden oft auch als »Tritonus« bezeichnet, da sie Intervalle über drei Ganztonschritte sind. Hier fällt auf, dass das Komplementärintervall des Tritonus wieder der Tritonus ist. Der Tritonus ist also mit sich selbst komplementär!

Harmonisierung Wir gehen also bei einer Harmonisierung mit Septakkorden folgendermaßen vor:

1. Stufe: Cmaj7 In der Tonart C-Dur liegt vor dem *c* ein *h*. Vom *h* zum *c* ist es ein Halbtonschritt. Daraus folgern wir: Es handelt sich um eine große Septime. Die Akkordbezeichnung des I. Sufenakkordes lautet dementsprechend Cmaj7.

2. Stufe: Dm7 Vor dem *d* wiederum liegt das *c*. Vom *c* zum *d* sind es zwei Halbtonschritte. Daraus folgern wir: Es liegt eine kleine Septime vor. Die Akkordbezeichnung des II. Stufenakkordes lautet also Dm7.

Wenn ihr alles richtig verstanden habt, könnt ihr nun für alle Töne der C-Dur-Tonleiter die Septim-Akkorde aufschreiben:

- An die Akkorde mit großen Septimen hängt ihr ein maj7 an.
- Bei den Akkorden mit kleinen Septimen ergänzt ihr einfach eine 7.

Macht dies bitte einmal für die ganze C-Dur-Tonleiter. Nehmt euch Papier, zieht fünf Notenlinien, tragt die C-Dur-Tonleiter ein (das *c* liegt auf der ersten Hilfslinie unterhalb des Notensystems) und legt los.

Die Stufenvierklänge

Fertig? Gut! Wenn ihr zu den folgenden Akkorden gekommen seid, habt ihr alles richtig gemacht:

Stufen:	I	II	III	IV	V	VI	VII
Akkorde:	Cmaj7	Dm7	Em7	Fmaj7	G7	Am7	Hm7♭5

Da in der erweiterten Akkordbezeichnung immer zuerst die 7 stehen soll, wird die »♭5« (auch -5) als Bezeichnung der verminderten Quinte hinten angesetzt.

Alles okay? Prima!

Dann schreibt bitte auch noch die Stufenvierklänge für die G-Dur-, D-Dur-, A-Dur- und E-Dur-Tonleiter auf. Übung macht den Meister!

So sollte das Ergebnis aussehen:

Stufen:	I	II	III	IV	**V**	VI	VII
G-Dur:	Gmaj7	Am7	Hm7	Cmaj7	**D7**	Em7	Fism7-5
D-Dur:	Dmaj7	Em7	Fism7	Gmaj7	**A7**	Hm7	Cism7-5
A-Dur:	Amaj7	Hm7	Cism7	Dmaj7	**E7**	Fism7	Gism7-5
E-Dur:	Emaj7	Fism7	Gism7	Amaj7	**H7**	Cism7	Dism7-5

Wen ihr nun die Tabelle betrachtet, fällt euch bestimmt auf, dass wir in jeder Tonart nur einen Dur-Akkord mit einer kleinen Septime haben, nämlich auf der V. Stufe bei der Dominante.

Ansonsten haben nur noch die Moll-Akkorde kleine Septimen. Die beiden anderen Dur-Akkorde – die Tonika und die Subdominante – haben jeweils eine große Septime.

Wir können also allein schon an der Dominante erkennen, um was für eine Tonart es sich handelt.

Merke: *Der Dominantseptakkord legt die Tonart fest.*

TESTBOGEN KAPITEL 7

1. **Wie entsteht ein Septakkord?**

2. **Was bedeutet Terzschichtung?**

3. **Was bedeutet das Kürzel »maj7«?**

4. **Was bedeutet eine 7 am Akkordsymbol?**

5. **Wie viele leitereigene Dur-7-Akkorde finden wir in einer Dur-Tonart?**

6. **Auf welchen Stufen entstehen maj7-Akkorde?**

7. **Wie erkennt man schnell, ob eine Septime groß oder klein ist?**

8. **Was sind Komplementärintervalle?**

9. **Aus welchen Tönen besteht ein G7-Akkord?**

10. **Aus welchen Tönen besteht ein Gmaj7-Akkord?**

11. **Aus welchen Tönen besteht ein A7-Akkord?**

12. **Aus welchen Tönen besteht ein Amaj7-Akkord?**

13. **Aus welchen Tönen besteht ein C7-Akkord?**

14. **Aus welchen Tönen besteht ein Cmaj7-Akkord?**

15. **Aus welchen Tönen besteht ein Am7-Akkord?**

16. **Aus welchen Tönen besteht ein Em7-Akkord?**

8. DER DOMINANTSEPTAKKORD

Der Leitton Nicht nur die Septime ist ein wichtiger Ton im Dominant-Akkord, sondern auch seine Terz! Was ist an der jetzt so wichtig? Das ist doch nur eine ganz normale große Terz! Ja, aber nicht nur, sie ist auch die große Septime vom Grundton der Tonleiter. Die Terz des Dominant-Akkordes hat damit noch eine weitere Funktion als nur dem Akkord einen Familiennahmen zu geben. Sie liegt einen Halbtonschritt vor dem Grundton der Tonika und ist damit der Leitton der Tonart.

Funktion des Leittones Die Funktion eines Leittones begreift ihr am besten, wenn ihr die C-Dur-Tonleiter langsam durchspielt und nach dem *h* aufhört – das klingt irgendwie unbefriedigend. Unsere Ohren wollen jetzt das *c* hören. Das liegt daran, dass hier eine musikalische Spannung aufgebaut wird, die im Grundton aufgelöst werden will. Diese musikalische Spannung findet ihren Höhepunkt in dem Halbton unterhalb des Grundtones. Das *h* leitet also zum *c*.

In der Tonart G-Dur leitet das *fis* zum *g*, bei D-Dur das *cis* zum *d* usw. Passiert das nicht, ist das so ähnlich wie bei einem Kriminalroman, bei dem die letzte Seite fehlt.

Der Dominant-Sept-Akkord legt also nicht nur die Tonart fest, sondern er hat auch eine zur Tonika hinstrebende Wirkung im Klang. Probiert das ruhig mal aus, indem ihr einige Dominant-Sept-Akkorde mit den jeweils dazugehörenden Tonika-Akkorden vergleicht. Achtet dabei darauf, wie die Terz der Dominante zum Grundton der Tonika führt. Vergleicht den G7-Akkord mit C-Dur, den D7 mit G-Dur, den A7 mit D-Dur. Hört ihr die Dissonanz, die in den Dominanten mitschwingt? – Und wie sie verschwindet wenn die Tonika erklingt? Das ist regelrecht ein erlösendes Gefühl. Ein Effekt aus Spannung und Entspannung.

Faktoren Für diesen Effekt sind drei Faktoren verantwortlich:

1. In einem Dur-Sept-Akkord haben wir zwischen Terz und Septime einen Tritonus. Der ist für die Dissonanz, also die Spannung im Akkord verantwortlich. Diese Spannung gibt dem Klang des Akkordes einen treibenden Charakter. Im Krimi sorgt die Spannung dafür, dass wir unbedingt wissen wollen, wie es weitergeht. Wir verlangen eine Auflösung. In der Musik ist es genau so.

2. Die Terz der Dur-Dominanten ist der Leitton zum Grundton der Tonart. Sie gibt sozusagen die Richtung vor, in der sich die Spannung auflösen soll.

3. Die Grundtöne von Tonika und Dominante bilden ein Quint-Intervall. In der Akkordfolge Dominante – Tonika fällt die Quinte des Grundtones quasi wieder zurück. Man spricht dabei von einem »Quintfall« (Quinte nach unten).

Die Dominante in Moll

Schauen wir uns nun einmal den V. Stufenakkord einer Moll-Tonleiter an. Wir erinnern uns: Die Moll-Tonleiter steht auf der sechsten Stufe einer Dur-Tonleiter.

Betrachten wir noch mal als Beispiel unsere so beliebte A-Moll Toneiter. Stellvertretend für irgendeine Moll-Parallele irgendeiner Dur-Tonart.

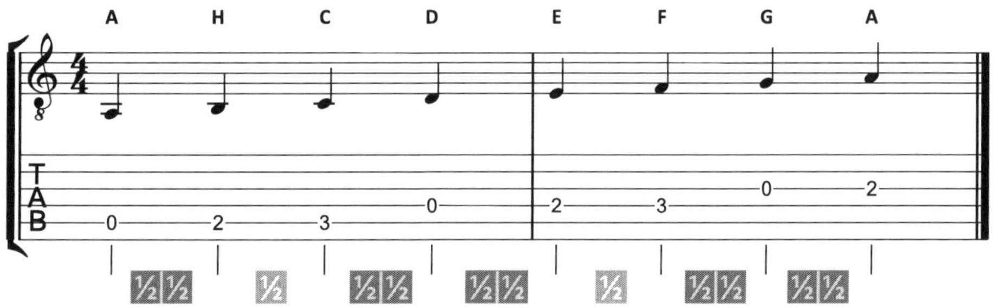

Ihr dürft sie auch gerne mal langsam durchspielen...

Dabei werdet ihr feststellen, dass das *g* vor der Oktave *a* keine Leittonwirkung hat. Das liegt daran, dass nur das Intervall einer kleinen Sekunde (Halbtonschritt) diese Wirkung hat.

Die Stufenakkorde in Natürlich Moll

Rufen wir uns noch einmal die Stufenakkorde von A-Natürlich-Moll in Erinnerung. Diesmal als Drei- und Vierklänge:

Stufe	I	II	II	IV	V	VI	VII
3-Klang:	Am	Hm♭5	C	Dm	Em	F	G
4-Klang:	Am7	Hm7♭5	Cmaj7	Dm7	Em7	Fmaj7	G7

In Moll haben wir auf der V. Stufe einen einfachen Moll- oder Moll7-Akkord. Damit fehlt uns auf dem V. Stufenakkord die Dominantfunktion. Wir haben hier weder die Dissonanz des Tritonus, noch den Effekt des Leittones im Akkord. Diese beiden Faktoren machen aber die Funktion der Dominanten erst aus. Der »Job« der Dominanten ist es ja, eine Spannung aufzubauen, die sich zur Tonika hin wieder auflöst. Diesen Job kann der V. Stufenakkord aber nur ausführen, wenn er eine große Terz hat. Nur die große Terz hat die Leittonfunktion und sorgt außerdem für den Tritonus zwischen Terz und Septime. Der V. Stufenakkord muss also ein Dur-Akkord sein, wenn er die Funktion der Dominanten auch erfüllen soll! In Moll haben wir aber auf der V. Stufe einen Moll Akkord. Was tun? Ganz einfach! Wir erhöhen den siebten Ton der Molltonleiter um einen Halbtonschritt. Vor das *g* setzen wir ein Kreuz. Indem der siebte Ton um einen Halbtonschritt erhöht wird, bekommt er die Funktion als Leitton der Tonart und macht aus dem Moll-Akkord der V. Stufe einen Dur-Akkord.

Nun erhält auch die V. Stufe in Moll eine Dominantfunktion! Im Umkehrschluss bedeutet das, dass die Tonika einer Dominante sowohl ein Dur-, als auch ein Moll-Akkord sein kann! So ist G7 die Dominante von C-Dur *und* von C-Moll. Oder E7 von A-Dur *und* A-Moll.

Harmonisch Moll

Damit haben wir aber auch in die Intervallstruktur eingegriffen und so eine neue Tonleiter geschaffen. Diese Tonleiter braucht auch einen neuen Namen. Die ursprüngliche Moll-Tonleiter aus den Dur-Parallelen heißt »Natürlich Moll« oder auch »Reines Moll«. Die neue Moll-Tonleiter mit dem künstlich erzeugten Leitton nennt man »Harmonisch Moll«.

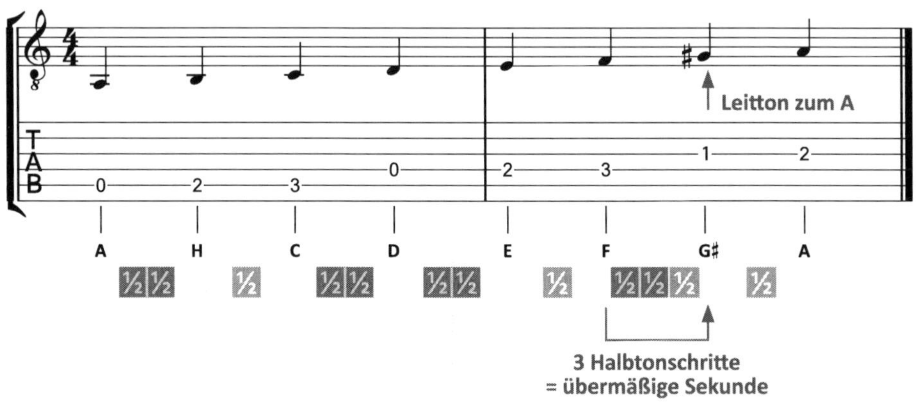

Wenn ihr mit den Tönen dieser Tonleiter ein wenig improvisiert/herumspielt, werdet ihr feststellen, dass sie irgendwie »orientalisch« klingt. Das liegt an dem Intervall der »übermäßigen Sekunde« (drei Halbtonschritte) zwischen dem sechsten und dem siebten Ton.

Melodisch Moll

Um diesen orientalischen Charakter wieder wegzunehmen, und dennoch einen Leitton zu haben, hat man auch die Sexte um einen Halbtonschritt erhöht. In unserem Beispiel wird also aus dem *f* ein *fis*. Damit erhalten wir noch eine weitere Tonleiter, die man »Melodisch Moll« nennt.

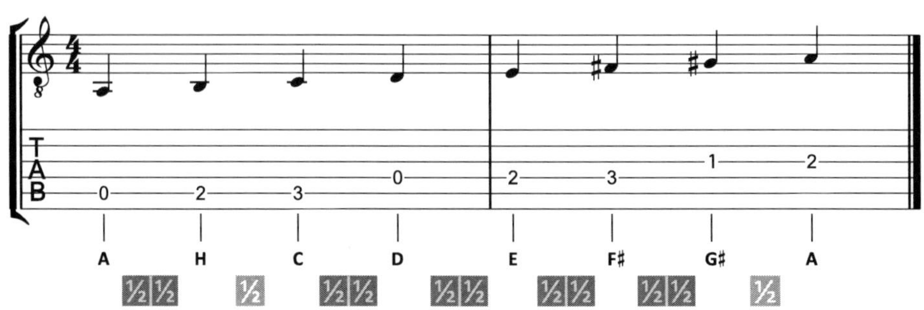

In Melodisch Moll fällt auf, dass der erste Tetrachord eine Moll-Struktur aufweist, während der zweite Tetrachord eine Dur-Struktur hat. Das macht sich natürlich auch im Höreindruck bemerkbar. Man kann mit einigem Recht sagen, dass Melodisch Moll in der ersten Hälfte nach Moll, aber in der zweiten Hälfte nach Dur klingt.

Zusammenfassung der Moll-Tonarten

Wir haben also drei verschiedene Moll- Tonleitern:

1. Natürlich Moll *ohne Leitton (kleine Septime)*

2. Harmonisch Moll *mit Leitton (große Septime), klingt orientalisch*

3. Melodisch Moll *mit Leitton (große Septime) und großer Sexte. (natürlich Moll = kleine Sexte). Klingt in der ersten Hälfte nach Moll, in der zweiten Hälfte nach Dur)*

In der Klassik werden die Moll-Tonarten normalerweise vermischt.

Der Leitton erfüllt seine Funktion nur bei aufsteigender Melodielinie. Das ist ja logisch. Absteigend kommt er erst nach dem Zielton. Bei aufsteigender Melodie wird daher gerne Melodisch Moll wegen der Leitton-Wirkung und bei absteigender Melodie wieder Natürlich Moll verwendet.

Ein gutes Beispiel dafür sind die ersten beiden Takte der berühmten »Bourrée« von Johann Sebastian Bach.

J. S. Bach: Bourrée (Anfang)

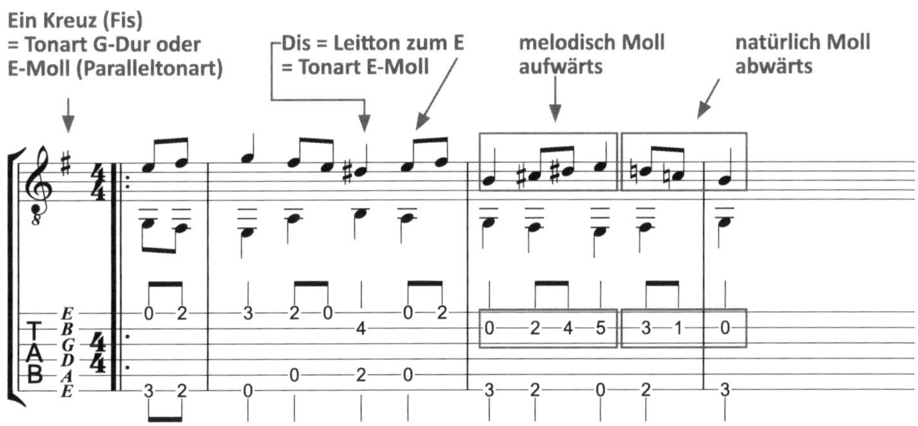

TESTBOGEN KAPITEL 8

1. **Welche Wirkung hat ein Leitton?**

2. **Welches Intervall bilden Leitton und Grundton der Tonart?**

3. **Warum spielt im Dominantakkord die Terz eine wichtige Rolle?**

4. **Welches Intervall liegt zwischen Terz und Septime eines Dur7-Akkordes, und welche Wirkung hat es auf dessen Klang?**

5. **Welches Intervall liegt zwischen Terz und Septime eines Moll7-Akkordes, und welche Wirkung hat es auf dessen Klang?**

6. **Welche Faktoren sorgen für eine Dominantwirkung?**

7. **Warum erhöht man gerne die Septime einer natürlichen Moll-Tonleiter, und wie heißt die Tonleiter die damit ensteht?**

8. **Warum wird zusätzlich zur Septime gerne auch die Sexte einer Moll-Tonleiter erhöht?**

9. **Wie heißt die Moll-Tonart in der Septime und Sexte erhöht sind?**

10. **Kommt der Effekt eines Leittones bei einer abwärts führenden Melodielinie zum tragen?**

9. DIE AKKORDSYMBOLSCHRIFT

Wie die Stufenakkorde einer bestimmten Tonart symbolisiert werden, habt ihr in den letzten Kapiteln eher beiläufig erfahren. Die meisten von euch werden auch kein Problem mit der Deutung der gängigen Akkordkürzel haben. Was aber, wenn der Akkord aus dem Rahmen der einfachen Stufenakkorde fällt? Wer kann genau sagen welche Töne sich hinter solchen Begriffsmonstern wie z. B. $D7^{(b9/\#9/b13)}$ oder $G^{7/9}$sus4 verbergen?

Terzschichtung als Grundlage der Akkordsymbolschrift

Ihr wisst ja, dass Akkorde im Prinzip dadurch gebildet werden, dass man in einer bestimmten Tonleiter von einem bestimmten Ton aus, Töne in Terzabständen hinzufügt. Der Ausgangston bildet den Grundton des Akkordes. Dadurch entstehen die so genannten »Leitereigenen« Akkorde. Durch diese Terzschichtung erreiche ich nacheinander alle Töne der Tonleiter.

Die Töne 1 – 3 – 5 – 7 – 9 – 11 – 13 entsprechen allen sieben Tönen der Tonleiter. Ab dem 9. Ton geht es in die nächste Oktave hinein. Der 15. Ton wäre wieder der Grundton. Die arabischen Ziffern drücken in diesem Zusammenhang die Intervalle aus. Die None (9), die Undezime (11) und die Tredezime (13) entsprechen dabei der Sekunde (2), der Quarte (4) und der Sexte (6) oktavversetzt!

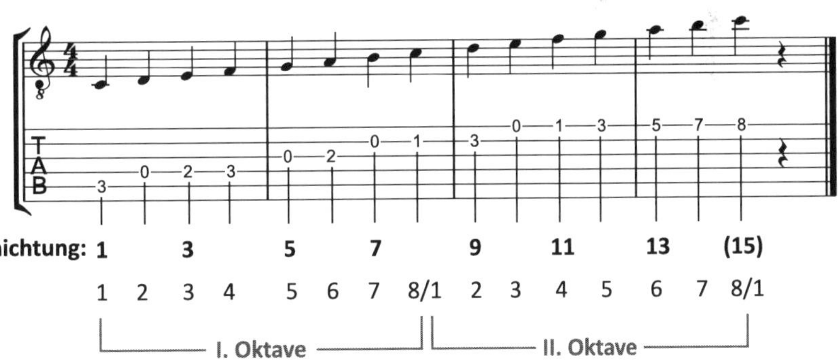

Nach diesem Prinzip der Terzschichtung funktioniert auch die Akkordsymbolschrift. Wie bereits erwähnt, stehen die Zahlen für das Intervall vom Grundton aus und bezeichnen im Akkordsymbol die Töne die nicht bereits im Basisdreiklang enthalten sind.

Das Intervall-system

Die korrekte Bezeichnung der Intervalle ist eine wichtige Säule der Kommunikation unter Musikern. (Man sollte auf die Aufforderung: »Hey, spiel doch mal die *Kreuz - Neun* dazu« nicht mit »Hä?« antworten müssen!)

Mit den arabischen Ziffern als Intervallkürzel sind immer große, oder gegebenenfalls reine Intervalle gemeint! Durch Versetzungszeichen werden diese Intervalle dann klein, bzw. vermindert (♭), oder übermäßig (♯). Kleine oder große Intervalle können auch noch einmal verkleinert oder vergrößert werden und bilden dann verminderte oder übermäßige Intervalle (z.B. ♭♭7 im verminderten Akkord). Man kann mit diesem System sogar mehrfach verminderte oder mehrfach übermäßige Intervalle ausdrücken, die in der Praxis allerdings unsinnig sind.

Grundlage des Intervallsystems ist die Struktur der C-Dur-Toneiter mit ihren Stammtönen. Die Benennung eines bestimmten Intervalls richtet sich zunächst nach dem Abstand der jeweiligen Stammtöne! Etwaige Versetzungszeichen werden dabei *noch nicht* berücksichtigt! Dabei schauen wir immer vom tieferen zum höheren Ton.

Einige Beispiele (ohne Berücksichtigung der Versetzungszeichen):

Töne	Abstand der Stammtöne	Grund-Intervall	Notation
C - C♯	1	Prime	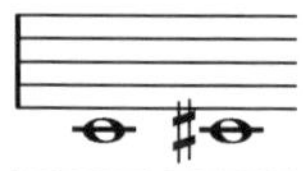
C - D	2	Sekunde	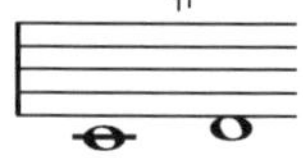
C - D♯	2	Sekunde	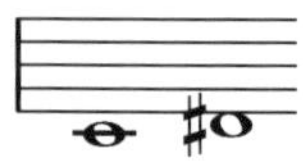
C♯ - D♭	2	Sekunde	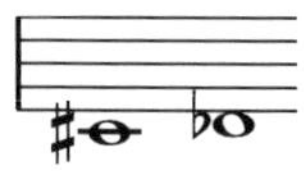
A - C	3	Terz	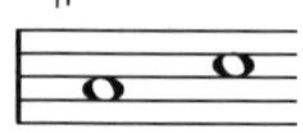
A♭ - C♯	3	Terz	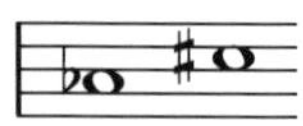
A - C♭	3	Terz	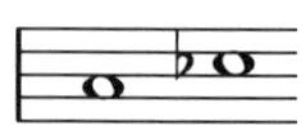
G - D	5	Quinte	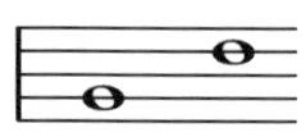
G - D♯	5	Quinte	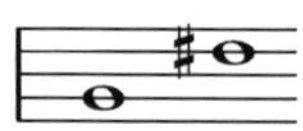

Durch Berücksichtigung der Vorzeichen wird die Intervallbezeichnung dann konkret. Dabei gilt: Alle Intervalle entsprechen in Ihrer Grundform den Intervallen der C-Dur-Tonleiter über dem C. Das heißt: Prime, Quarte, Quinte und Oktave sind in ihrer Grundform »rein«, Sekunde, Terz, Sexte, und Septime sind in ihrer Grundform »groß«.

Beispiele:

6 = große Sexte
♭6 = kleine Sexte
♭♭6 = verminderte Sexte
♯6 = übermäßige Sexte
9 = None = Oktave + 2 Halbtonschritte (gr. Sekunde)
♭9 = kleine None = Oktave + 1 Halbtonschritt (kl. Sekunde)
♯9 = übermäßige None = Oktave + 3 Halbtonschritte (übermäßige Sekunde)

Zur Veranschaulichung hier noch einmal die obigen Beispiele:

Töne	Abstand der Stammtöne	Abstand in Halbtonschritten	Genaue Intervallbezeichnung
C - C♯	1	1	übermäßige Prime
C - D	2	2	große Sekunde
C - D♯	2	3	übermäßige Sekunde
C♯ - D♭	2	0	verminderte Sekunde
A - C	3	3	kleine Terz
A♭ - C♯	3	5	übermäßige Terz
A - C♭	3	2	verminderte Terz
G - D	5	7	Quinte
G - D♯	5	8	übermäßige Quinte

Ihr seht, dass die Anzahl der Halbtonschritte allein nicht immer ausreicht um ein Intervall korrekt zu benennen. Es gibt in der Praxis tatsächlich Tonarten in denen b-chen *und* Kreuze vorkommen.

Optionstöne

Optionstöne sind Spannungstöne (engl. *tensions*) mit denen sich unterschiedliche Färbungen im Klang des Grundakkordes darstellen lassen. Im Akkordsymbol tauchen sie als Töne auf, die über den Basis-Vierklang hinausgehen. Als Optionstöne gelten die 9, 11 und 13. Gängig ist eine Schreibweise, die die Optionstöne in Klammern setzt, zum Beispiel $A^{7(\flat 9)}$.

Übersicht der Akkordsymbole

Die Akkordsymbolschrift ist international nicht einheitlich geregelt, so dass immer wieder Missverständnisse zu Fehldeutungen führen. Daher hier eine Tabelle mit allen Intervallen zum Grundton und den gängigen, dazugehörenden Akkordsymbolen.

Intervallabstand zum Grundton (und Kürzel)	**Halbtonschritte zum Grundton**	**Bezeichnung im Akkordsymbol** verschiedene Varianten durch »/« getrennt
Prime (1)	0	Grundton, Großbuchstabe für den Dur-Dreiklang / Kleinbuchstabe für den Molldreiklang, z.B. C; c / Cm
kleine Sekunde (♭2)	1	♭9
große Sekunde (2)	2	9 (schließt die 7 mit ein) / add9 (schließt die 7 aus) / sus2
übermäßige Sekunde (♯2)	3	♯9
kleine Terz (♭3)	3	m / – / Moll, in »0« enthalten (Null steht für den verminderten Dreiklang)
große Terz (3)	4	In Dur und »+« enthalten (Plus steht für den übermäßigen Dreiklang)
Quarte (4)	5	11 / sus4
übermäßige Quarte (♯4)	6	♯11
verminderte Quinte (♭5)	6	♭5 / -5 / 0 (null)
Quinte (5)	7	in reinem Dur oder Moll enthalten
übermäßige Quinte(♯5)	8	♯5, bei »+« enthalten
kleine Sexte (♭6)	8	♭6 / ♭13
große Sexte (6)	9	6 / 13
verminderte Septime (♭♭7)	9	07
kleine Septime (♭7)	10	7
große Septime (7)	11	Maj7 / j7 / j / M / Δ
Oktave (8)	12	siehe Prime

Sonderfall Septime

Der Unterschied zwischen Intervallkürzel und Akkordsymbol der Septime führt immer wieder zu Missverständnissen. Der Zusatz »7« meint historisch bedingt die kleine Septime. Man benutzte früher keine Akkorde mit einer großen Septime. Die kleine Septime wurde aber gerne im Dominantakkord benutzt um ihm eine stärkere Wirkung zu geben, oder auch als Klangfarbe im Moll-Akkord eingesetzt. Daher genügte es, einfach nur eine 7 im Akkordsymbol zu haben. Es gab schlicht noch keinen Bedarf an einem Kürzel der großen Septime. Daher steht die 7 im Akkordsymbol für die kleine, aber im Intervallsystem für die große Septime.

Zusatzbezeichnungen

Zusatzbezeichnungen	Symbol	Bedeutung
suspension	sus	Terz wird weggenommen und durch Sekunde (sus2) oder durch Quarte (sus4) ersetzt
alteriert	alt	Erweiterungen sollen ausschließlich alteriert erfolgen, aber keine Festlegung. Oft: ♯9 ♭13
Omit / no	omit / om / no	weglassen, wegnehmen z.B. omit 3 oder no3 (die Terz erklingt nicht)
augmentet / übermäßig	aug / + / überm.	übermäßig, steht für den Dreiklang mit großer Terz und übermäßiger Quinte
diminished / vermindert	dim / 0 / verm.	vermindert, steht für den verminderten Dreiklang (0) oder den verminderten Vierklang (07)
add	add	Wird zum Basisdreiklang hinzugefügt. Oft: add9 =Dreiklang und None aber keine Septime
slash	/	Der Ton (Großbuchstabe) nach dem Slash soll als Basston gespielt werden. z.B. Dm/G = Dm-Akkord über dem Basston G

Zusatzbezeichnungen erscheinen im Akkordsymbol in Reihenfolge der Terzschichtung unabhängig von der tatsächlichen Stellung der Töne im Akkord. Ausnahme ist die 7, die aus historischen Gründen immer zuerst erscheint. Sind in einem Akkord Septime und Sexte enthalten, wird die 6 zur 13, unabhängig von ihrer tatsächlichen Stellung im Akkord. Die Zusatzbezeichnungen »#5«, »b5« und »sus« gehören immer ans Ende des Akkordsymbols.

Praxistipps

1. Beachtet, dass es hier eine kleine Falle gibt. Man darf nicht einfach nur die Töne anhand der Tonleiter abzählen. Wenn man beim Am6 zum Beispiel, die Töne der Am-Tonleiter nimmt und abzählt, erhält man die Töne *a - c - e - f* und ist prompt in die Falle getappt. Das Intervall *a - f* ist nämlich eine kleine Sexte und müsste dann als »♭6« beziffert sein. Also *a - c - e - f* = Am♭6. Die richtigen Akkordtöne des Am6-Akkordes lauten *a - c - e - fis*.

2. Aus dem Akkordsymbol können wir zwar exakt die Akkordtöne ableiten, aber umgekehrt geht das leider nicht. Aus einzelnen Tönen das korrekte Akkordsymbol abzuleiten, ist nur im musikalischen Zusammenhang möglich. Zum Beispiel kann aus den Tönen *a - c - e - g* ein Am7-Akkord, aber auch ein C6 entstehen. Umso komplexer der Akkord ist, desto mehr spielt auch die Lage (Reihenfolge) der Akkordtöne eine Rolle.

In der Praxis werden außerdem oft »unwichtige« Akkordtöne aus spieltechnischen Gründen weggelassen. Die von Anfängern immer wieder gerne gestellte Frage: »Ich habe diese und jene Töne. Was ist das für ein Akkord?«, ist also unsinnig.

Die internationale Bezeichnung B (= H)

An dieser Stelle wird es auch Zeit, uns umzugewöhnen. In der Praxis stoßen wir nämlich weitaus häufiger auf das international gültige »B« anstelle des deutschen »H«. Ich habe das H bisher benutzt, weil die meisten von uns irgendwann in der Schule die C-Dur-Tonleiter mit H gelernt haben, und alles andere zunächst verwirrend gewesen wäre. Im Zuge der musikalischen Globalisierung wird jedoch zunehmend auch im deutschsprachigen Raum das B verwendet. In der modernen Rock/Pop-Literatur findet man das H im Akkordkürzel so gut wie nicht mehr und die klassische Gitarre kommt völlig ohne Akkordkürzel aus.

(An dieser Stelle spreche ich mich auch dafür aus, das B♭ (engl. *B-flat*) in die deutsche Sprache als »Bes« zu übernehmen. Einfach weil das logisch ist. Die Kritik konservativer Kräfte, die damit eine der letzten Bastionen abendländischen Kulturgutes fallen sehen, nehme ich billigend in Kauf!)

Achtung!

Achtung! Ab jetzt gelten für uns nur noch die internationalen Bezeichnungen:

!

deutsch		international
H-Dur	=	**B-Dur**
B-Dur	=	**B♭-Dur**
h (Ton)	=	**b**
b (Ton)	=	**b♭**
g - h - d	=	**g - b - d**

Aufgabe: Nenne Intervalle und Töne folgender Akkorde:

Akkord	Intervalle	Töne	Notation
Em			
G7			
Am			
Fmaj7			
C7			
E			
A			
Cmaj7			
Am7			
Am♭5			
Dm			
D			
Bm			
Gm			
F♯m			
C♯m			
D♯m♭5			

TESTBOGEN KAPITEL 9 - b

Wer möchte kann sich auch an folgenden Akkorden versuchen.
Ein wenig sportlicher Ehrgeiz kann dabei nicht schaden. Achtet auch auf enharmonische Verwechslungen. Es ist im musikalischen Alltag viel praktischer an Stelle von ungewöhnlichen Alterationen, deren enharmonische Verwechslung ein Stammton ist, gleich den Stammton zu notieren. So wird zum Beispiel aus einem B♭♭ ein A, oder aus einem F♭ ein E.

Akkord	Intervalle	Töne	Notation
Emmaj7			
G7/9			
F7sus4			
C7(♭9)			
Em7/9/B			
C7(♯11)			
A07			
Dsus2			
Dm6			
G07			
B7♭9			
G7(♭13)			
E7♯9			
C♯sus4			
D♯m7			
C07			

Teil 2

Musiktheorie in der Praxis

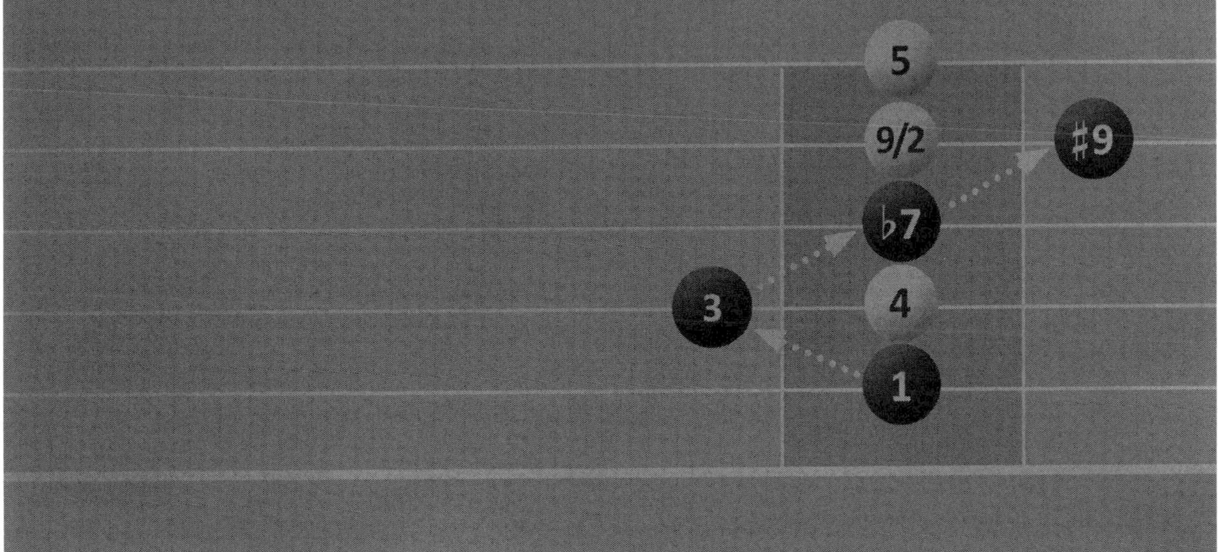

10. WARUM ÜBERHAUPT MUSIKTHEORIE?

Gerade unter Gitarristen wird oft die Frage nach dem Nutzen der Musiktheorie gestellt. Die Gitarre ist ein sehr populäres Instrument, doch gleichzeitig auch eine Domäne der Autodidakten. Nirgendwo finden wir so viele Menschen, die sich das Instrument mehr oder weniger selbst beigebracht haben! Für kein anderes Instrument gibt es so eine Fülle von Büchern, DVDs, Internet-Seiten und sonstigen Angeboten für den Selbstunterricht. Anhand der bekannten Griffbilder, ein wenig Rhythmusgefühl und ein paar Songbooks oder Tabulaturen, kann man also durchaus lernen, richtig gut Gitarre zu spielen, ohne jemals etwas von einer Tonika gehört zu haben.

Was aber, wenn man sich nicht mehr auf das reine »Nachspielen« beschränken will? Was, wenn die Akkorde aus dem Internet nicht stimmen? Was, wenn man selbst eine gut klingende Akkordfolge gefunden hat und diese »ausbauen« will? Sobald etwas nicht stimmt oder nur ein wenig Kreativität gefragt ist, zeigt es sich, welcher Gitarrist auch versteht, was er da überhaupt macht. Anders ausgedrückt, wer sich mit Musiktheorie ein wenig auskennt, ist klar im Vorteil. Ich vergleiche das gerne mit dem Unterschied zwischen einem Ortsfremden und einem Einheimischen. Der Ortsfremde kann zum Beispiel den Weg vom Bahnhof zu seinem Arbeitsplatz kennen. Aber wenn er aus irgendeinem Grund diesen einen Weg nicht gehen kann, weiß er nicht mehr weiter. Der Einheimische kennt sich aus und nimmt einfach einen anderen Weg.

Die Aufgabe der Musiktheorie

Der Sinn und die Aufgabe jeder Theorie ist es, Phänomene, die wir real wahrnehmen, zu erklären und vorauszusagen. Die Musiktheorie dient also dazu, das was wir in der Musik hören und empfinden, zu erklären! Dazu müssen wir uns mit Klangerlebnissen innerhalb unserer Musik beschäftigen. Wir fragen wir uns: »Was führt zu diesem Sound und was muss ich tun um diesen Sound wieder zu bekommen?« Wir betrachten sozusagen die Baupläne musikalischer Phänomene um dann zu wissen: »Wenn ich das so und so mache, dann erreiche ich diese und jene Wahrnehmung.«

Die Theorie muss sich also nach der Musik richten und nicht die Musik nach der Theorie! Das dürfen wir nie vergessen, wenn wir uns in die Musiktheorie vertiefen. Keinesfalls dient die Musiktheorie als eine Art Gesetzestext, in dem steht, was »richtig« und »falsch« ist! (Auch wenn das manche gerne so sehen ...)

Modelle und Begriffe

Zunächst sei gesagt, dass es hier ausschließlich um abendländische Musik geht. Der fachlich versierte Leser wird bei einigen der geschilderten Sachverhalte, einen entsprechenden Zusatz vermissen. Dieser sei hiermit gegeben.

Wo immer Musiker zusammenkommen, entsteht auch eine sprachliche Kommunikation. Es werden Begriffe mit einer bestimmten Bedeutung gebildet. Kurzformen für immer wiederkehrende oder sperrige Formulierungen bürgern sich ein. Bestimmte Ausdrucksweisen und Redewendungen entstehen. Der Mensch ist ein soziales Wesen und wo immer sich eine soziale Gruppe bildet, entsteht auch so etwas wie ein eigener Dialekt mit eigenen Begriffswelten. So haben oft die Mitarbeiter eines Betriebs untereinander einen eigenen »Betriebs-Slang«. Eine Sprache, die sich durch den gemeinsamen Umgang mit den gleichen (Betriebs-) Inhalten und -vorgängen gebildet hat. Von Neulingen wird erwartet, dass sie sich diese Sprache aneignen, wenn sie mitreden wollen.

Wie Sprache unterliegt auch Musik einer fortwährenden kulturellen Entwicklung. Es sei denn, man schreibt sie einmal fest und konserviert ihre Inhalte. Jedes erklärende Modell oder musikalische System sollte man auch immer vor dem Hintergrund der dazugehörenden Musik sehen (Epoche, Stilistik, Instrumentierung etc.). Wenn man sich mit verschiedenen Modellen beschäftigt, fällt schnell auf, dass gleiche musikalische Phänomene oft lediglich unterschiedliche Namen tragen. Auf der anderen Seite findet man aber auch Begriffe, die unterschiedlich interpretiert werden. Vorwiegend dort, wo lediglich im Modell herumgerechnet wird, ohne damit eine Klangvorstellung zu verbinden. Es ist aber auch nicht immer sinnvoll, jeder einzelnen Klangnuance bis in die letzte Verästelung nachzuspüren, um sie dann mit einer möglichst genauen Bezeichnung zu belegen. Ich versuche einen Mittelweg zu finden, der euch einerseits eine Klangvorstellung der beschriebenen musikalischen Elemente gibt, euch aber andererseits von Begriffsmonstern wie: »Dominantseptnonenakkord mit tiefalterierter Quinte ohne Grundton« verschont.

Wenn wir uns also hier über Musik, über musikalische Phänomene und Klangerlebnisse unterhalten, dürfen wir als erstes nicht vergessen, dass unsere subjektive Wahrnehmung ähnlichen Veränderungen und Modeströmungen unterworfen ist wie die Sprache. Mein Vater empfand den Klang einer verzerrten E-Gitarre grässlich, ich fand den Klang »saugeil«. Unser aller musikalisches Empfinden ist also stark kulturell geprägt.

Ordnung

Alle akustischen Wahrnehmungen finden in einer Art persönlichen, übergeordneten Klangwelt statt, in die wir das, was wir hören, instinktiv einordnen. Diese Einordnung geschieht zunächst entwicklungsgeschichtlich bedingt in dem Spannungsfeld zwischen Sicherheit und Gefahr. Diese Einordnung ist bei allen Menschen gleich. Der Alarmschrei signalisiert Gefahr, das Wiegenlied der Mama signalisiert Sicherheit. Wobei Gefahr, bis zu einer gewissen Grenze, auch positiv wahrgenommen wird. Auf Gefahr reagieren wir nämlich mit Aufmerksamkeit und (An)Spannung. Erst durch Spannung wird eine Geschichte interessant. In der Musik ist das ganz ähnlich. Eine weitere Einordnung findet zwischen schön und hässlich auf der Ebene des ästhetischen Empfindens statt. Hier geht es hauptsächlich um Proportion und Symmetrie der einzelnen Elemente. Sowohl in sich selbst, als auch in der Ordnung mit der sie zusammen das Ganze ergeben. Welche Proportionen aber nun als »schön«, und damit erstrebenswert gelten, ist sehr stark von Kultur und Zeitgeist abhängig. Wenn man die musikalische Entwicklung durch die Jahrhunderte verfolgt, erkennt man, dass sie fortwährend komplexer wird – einhergehend mit zunehmender Toleranz dissonanter Intervalle. Im Mittelalter drehte sich noch alles um den Wohlklang der Quinte. Scharfe Dissonanzen wie die verminderte Quinte waren als »Teufelsintervall« sogar regelrecht verboten. Im Zuge der musikalischen Weiterentwicklung hielten dann viele leichte, aber auch einige scharfe Dissonanzen als »interessante Reibung« Einzug in das musikalische Empfinden der Menschen. Man könnte sagen, die Musik wird durch die Jahrhunderte zunehmend »spannender«. Heute tummeln sich in der modernen Musik zahlreiche Dissonanzen, die wir als spannend, oder sogar als schön empfinden, während sich unseren Vorvätern bei derartigen Klangerlebnissen die Zähne gelockert hätten.

Prinzipien der Wahrnehmung

Wenn wir uns mit der Wahrnehmung und Einordnung von musikalischen Phänomenen beschäftigen, ist es wichtig, eine Vorstellung davon zu bekommen, wie unser Gehirn eine solche Ordnung vornimmt.

Dazu erst einmal ein kleines Experiment. Versucht diesen Text einigermaßen flüssig zu lesen:

Gmäeß eneir Sutide eneir elgnihcesn Uvinisterät, ist es nchit witihcg in wlecehr Rneflogheie die Bstachuebn in eneim Wrot snid. Das ezniige, was wcthiig ist, ist, dsas der estre und der leztte Bstabchue an der ritihcegn Pstoiion snid. Der Rset knan ein ttoaelr Bsinöldn sien, tedztorm knan man ihn onhe göreßre Pemoblre rleativ flissüg lseen.

Das funktioniert, weil unser Gehirn vom ersten Sinneseindruck im Mutterleib an alles, was wir wahrnehmen, in Beziehung zueinander setzt und so ein Abbild seiner Umwelt bekommt. Wir lernen uns in ihr zu bewegen und mit ihr umzugehen. Es bildet sich ein Erfahrungsschatz mit dem unsere Wahrnehmung (auch die musikalische) permanent abgeglichen wird. Sobald wir eine entsprechende Ordnung (wieder-)erkennen können, werden selbst bruchstückhafte Informationen intuitiv sinnvoll zusammengesetzt. Auf der Ebene der akustischen Wahrnehmung bilden die natürlichen Schwingungsverhältnisse der Ober- bzw. Naturtonreihe das oberste Ordnungsprinzip. In unserer Klangwelt sind wir permanent von Obertonreihen mit ihren natürlichen Schwingungsverhältnissen umgeben. Das erklärt, warum unser Gehör »Dur-geprägt« ist.

Dur und Moll

In den Intervallen der Obertonreihe erscheint die Dur-Terz (Schwingungsverhältnis 4:5) vor der Moll-Terz (Schwingungsverhältnis 5:6). Es schwingt quasi in jeder Obertonreihe immer ein Dur-Akkord mit! – und zwar mit dem 4., 5. und 6. Ton. Anders ausgedrückt: Wir nehmen mit jedem Ton, den wir auf natürlichem Wege erzeugen, in der Klangfarbe immer auch einen Dur-Akkord wahr.

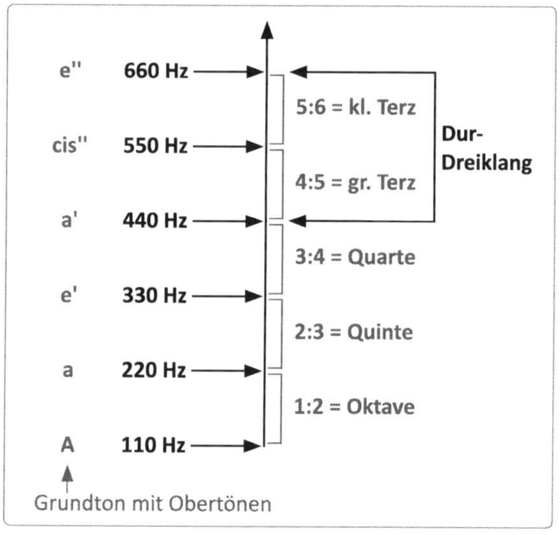

Anders ausgedrückt: Wir können machen was wir wollen, wir können in der Musik dem Dur-Klang nicht ausweichen. Mit jedem Ton den ich anschlage kommt im Hintergrund wieder ein Dur-Akkord dazu. (In jedem Moll-Dreiklang schwingen in den Obertonreihen *drei!* Dur-Akkorde mit.)

Der Dur-Dreiklang ist also relativ direkt in der Obertonreihe eingebettet. Daher nehmen wir ihn als spannungsarm war. Er klingt irgendwie sauber, klar und stabil. Dies belegt, warum wir ein Dur-orientiertes Gehör haben und Dur-Akkorde als »Hauptakkorde« und Moll-Akkorde als »Nebenakkorde« gelten. Außerdem tragen die ersten 4 Obertöne bereits die Gliederung in Ganz- und Halbtonschritten in sich (Quarte - Quinte und Durterz - Quarte). Das Diatonische System unserer Tonleitern ist also auch ein Naturprinzip und wurde nicht irgendwann einmal »erfunden«.

Das tonale Zentrum

Unsere musikalische Wahrnehmung funktioniert also in erster Linie tonal. Das bedeutet, auf einen Grundton bezogen. Man spricht in diesem Zusammenhang von dem »tonalen Zentrum«. Um diesen Grundton herum ordnet unser Gehirn die wahrgenommenen Intervalltöne je nach Spannungsgrad in ein diatonisches System ein. Das sind in der Regel die heute gebräuchlichen Dur- und Moll-Tonarten. Dabei ist unser Gehirn auch lernfähig. Mangelhafte oder unvollständig wahrgenommene Klangerlebnisse werden im Hinblick auf die wahrgenommene Tonart automatisch korrigiert. Gelingt dies nicht, z.B. bei tonartfremden Tönen, akzeptiert unser Gehör bis zu einem gewissen Maß auch andere Ordnungen als »gut klingend«, sobald diese erkannt werden. Es kann also durchaus sein, dass sich eine Akkordfolge schlüssig anhört, obwohl man sie keiner bestimmten Tonart zuordnen kann. Unser Gehirn ist sehr gut darin, sinnvolle Zusammenhänge zu erkennen. Meistens handelt es sich dabei um Fortschreitungen in Quint- oder Halbtonschritten. (z.B. »Hey Joe« von Jimi Hendrix. Die Akkordfolge lautet C, G, D, A, E – alles Dur-Akkorde und das tonale Zentrum des Songs ist E!) Diese Fortschreitungen können sowohl aufwärts als auch abwärts gehen. Quintschritte abwärts entsprechen allerdings rein rechnerisch Quarten, daher ist auch in der entsprechenden Literatur oft von Quartfortschreitungen die Rede. Diese Bezeichnung führt allerdings zu einer falschen Klangvorstellung, weil unser Gehör Quinten nach unten eben tatsächlich als Quinten nach unten wahrnimmt. Der klassische Begriff »Quintfall« ist hier viel treffender!

Akkordprogression G – C

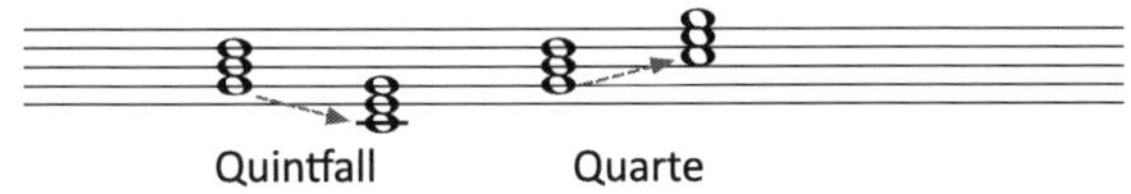

Da wir gerade bei Begriffen sind: Der Fachausdruck für Fortschreitungen in Halbtonschritten ist »chromatisch«. (Die »chromatische Tonleiter« besteht also aus 12 Halbtönen. Sie bildet die Grundlage der so genannten Zwölftontechnik die auf den Komponisten Arnold Schönberg zurückgeht. Alle 12 Halbtonschritte werden dabei gleichberechtigt eingesetzt, so dass keine bestimmte Ordnung zu einem Bezugston entsteht. Allgemein bezeichnet man Musik ohne tonales Zentrum als »atonal«.

TESTBOGEN KAPITEL 11

1.	**Was bildet der 4., 5. und 6. Oberton der Naturtonreihe ab?**	
2.	**Was ist das tonale Zentrum?**	
3.	**Was ist ein Quintfall?**	
4.	**Wann bezeichnet man eine Tonfolge als »chromatisch«?**	

12. DER SPANNUNGSBOGEN

Der Auflösungsdrang

Als wir uns mit der Verwandtschaft zweier Töne beschäftigt haben, haben wir die Intervalle in vollkommene und weiche Konsonanzen und in milde und scharfe Dissonanzen unterteilt. Das hören von Dissonanzen erzeugt Unruhe, Spannung und ein Gefühl der Instabilität. Wir fühlen: Das kann so nicht bleiben. Wir möchten die Spannung nicht »stehen« lassen. Das hat gefälligst konsonant zu klingen, bevor wir zufrieden sind. Konsonanzen erzeugen das Gefühl von Ruhe und Stabilität. Alles ist, wie es sein soll. Ich vergleiche den Effekt in meinem Unterricht gerne mit einem Kriminalroman in dem die letzte Seite fehlt und man so nicht erfährt, wer der Mörder war. Das ist sehr unbefriedigend. Die Spannung, die sich beim Lesen aufgebaut hat, muss sich am Ende auch wieder abbauen. In der Musik spricht man dann von Auflösung.

Wie stark so ein Auflösungszwang sein kann, könnt ihr mit einem kleinen Experiment herausfinden. Sucht euch ein williges Opfer und singt zusammen »Alle meine Entchen«, wobei einer einen Halbtonschritt höher anfängt als der andere. Dann versucht, während des ganzen Liedes konsequent den Halbtonabstand beizubehalten. (Mal sehen wie weit ihr kommt ...) Selbst professionelle Sänger haben Schwierigkeiten damit, weil sich die Stimmen permanent angleichen wollen.

Ihr wisst, dass unterschiedliche Intervalle auch einen unterschiedlichen Spannungsgrad haben (sozusagen von »langweilig« bis »Hochspannung«). Komplementärintervalle (also die, die zusammen eine Oktave ergeben) haben einen ähnlichen Spannungsgrad.

Spannundsgrad im Komplementärintervall

Das liegt daran, dass schon zusammen mit dem ersten Oberton des Grundtons auch das jeweilige Komplementärintervall »entsteht«.

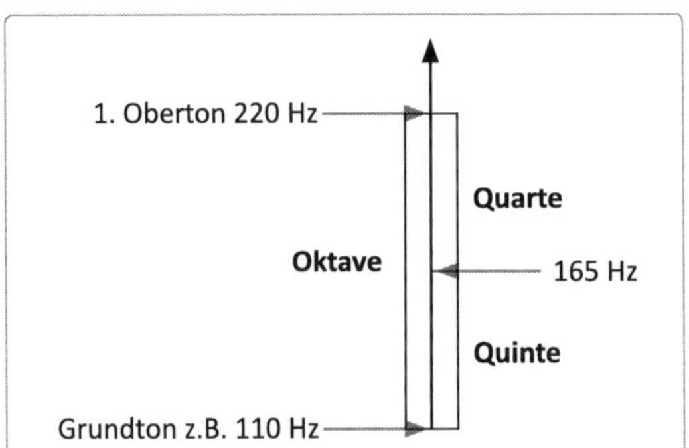

Wenn wir einen Beispiel-Grundton von 110 Hz zusammen mit seiner Quinte anschlagen, erklingt schon im ersten Oberton des Grundtons (220 Hz) ein Quartintervall mit.

Was hier für Quinte und Quarte gilt, gilt natürlich ebenso für alle anderen Intervalle, die zusammen eine Oktave ergeben, z.B. große Terz und kleine Sexte.

Schauen wir uns nun die leitereigenen Akkorde innerhalb eines Musikstückes an. Das Prinzip der Stufenakkorde kennt Ihr ja schon. Die Töne der Tonleiter bilden die Grundtöne der Stufenakkorde, und der Akkord wird dann durch Terzschichtung der leitereigenen Töne gebildet, klar.

Das heißt aber auch, dass der Grundton der Tonleiter (Tonart) *DER* zentrale Bezugston ist, um den sich alles dreht! Auch wenn wir uns dessen normalerweise nicht bewusst sind, messen wir jeden einzelnen Ton in der Musik an seiner Beziehung (Intervall/Spannungsgrad) zu diesem tonalen Zentrum. Hat sich beim Hören eines Musikstücks erst einmal das tonale Zentrum etabliert – das geschieht spätestens mit dem ersten Dominantakkord – bringen wir alles, was wir anschließend hören, in Bezug zu diesem tonalen Zentrum. Alle Spannungsverhältnisse eines Musikstücks streben letztlich der Entspannung in Grundton bzw. in der Tonika zu. Die Spannung löst sich auf.

Empfinden der Spannung

Dazu jetzt in die Praxis:

Schnappt euch nun eure Gitarre. Spielt einige Male die Akkordfolge C-Dur / F-Dur / G-Dur. Streicht dabei jeden Akkord zweimal sauber durch und hört genau zu. Nachdem ihr diese Folge ein paar Mal wiederholt habt, hört mit dem G-Dur-Akkord auf. Welchen Eindruck habt ihr jetzt? Ist das nicht irgendwie unbefriedigend? Wie klingt es, wenn ihr mit einem C-Dur aufhört?

Macht das gleiche auch mit G-Dur / C-Dur / D-Dur (zuerst mit D-Dur aufhören, dann mit G-Dur), und mit D-Dur / G-Dur / A-Dur (zuerst mit A-Dur aufhören, dann mit D-Dur)

Das waren jeweils Tonika, Subdominante und Dominante der Tonarten C-Dur, G-Dur und D- Dur.

Habt ihr gespürt, dass ihr immer die Tonika als Schlussakkord hören wolltet? Wenn wir unsere Akkordfolge mit einem anderen Akkord beenden, erweckt das den Eindruck, noch nicht »fertig« zu sein. Spürt ihr die Unruhe, die in der Dominante steckt, wie sie nach der Tonika verlangt?

Dieser Effekt ist noch deutlicher wahrzunehmen, wenn wir die Dominante als Septakkord spielen. Also G7, D7, oder A7. Hier reicht sogar allein der Dominantseptakkord, (so heißt der Dur-Akkord mit kleiner Septime), um den Auflösungsdrang zur Tonika hin zu spüren.

Spannungsverhältnisse der Dur-Hauptakkorde

Hier seht ihr die Spannungsverhältnisse, die die einzelnen Töne der Dur-Stufenakkorde mit dem Grundton der Tonart (hier: C-Dur) bilden.

G	reine Quinte	C	Grundton	D	gr. Sekunde
E	gr. Terz	A	gr. Sexte	B	gr. Septime
C	Grundton	F	reine Quarte	G	reine Quinte
C-Dur	keine Spannung	**F-Dur**	wenig Spannung	**G-Dur**	viel Spannung

Spielt die obigen Akkordfolgen noch einige Male und lauscht aufmerksam mit spitzen Ohren. Achtet bewusst auf Spannung und Auflösung. Es ist sehr hilfreich, ein gutes Gefühl für das tonale Zentrum einer Tonart zu entwickeln.

Spannungsbogen

Letztlich dreht sich alles in der Musik um Spannungen und Auflösungen. Also um Spannungsbögen. So ein Spannungsbogen sieht etwa so aus:

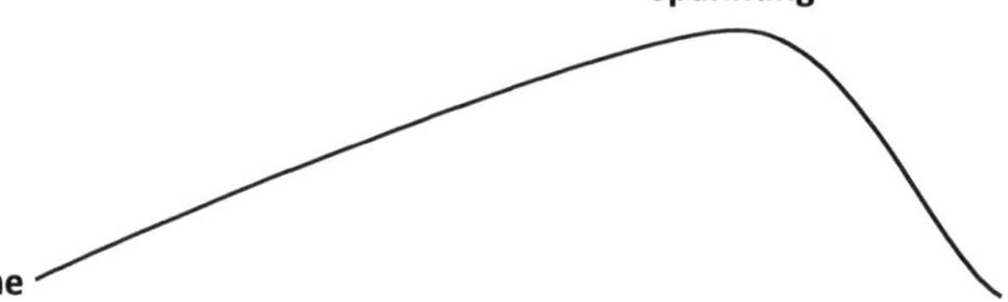

Wie eine gute Geschichte, besitzt auch ein Musikstück eine Vielzahl von Spannungsbögen.

- *Es gibt zunächst einen große Spannungsbogen, der das ganze Stück umfasst.*
- *Dieser teilt sich in mehrere kleinere, die in der Regel eine sich wiederholende Akkordfolge mit Schlusswirkung (Auflösung) umfassen (Kadenz).*
- *Innerhalb der kleinen Spannungsbögen gibt es wiederum einzelne Spannungstöne in Melodie oder Akkord, die sich sofort wieder auflösen.*

Ich schildere das so ausführlich, weil die Spannungsbögen der Schlüssel für das Verstehen sämtlicher harmonischer Vorgänge in der Musik sind. Wer die Sache mit dem Spannungsgehalt von Intervallen sowohl zum Grundton des Akkordes, als auch zum Grundton der Tonart wirklich verstanden hat, der hat im Grunde schon die gesamte Harmonielehre verstanden! Doch, wirklich. Alles andere sind nämlich nur (Aus)Wirkungen, deren Ursache genau in diesen Spannungsverhältnissen liegt. Besonders wichtigen, prägnanten oder oft vorkommenden Auswirkungen hat man Namen gegeben und sozusagen als einzelne Elemente der Musik katalogisiert.

Wie bereits erwähnt, liegt der Sinn der Harmonielehre in der Reproduzierbarkeit klanglicher Phänomene. Das erste dieser Phänomene, das wir uns näher anschauen wollen ist das Substitut. Ein Substitut ist ein Akkord, der einen bestehenden Akkord ergänzen oder ersetzen kann (von lat. *substituere* »ersetzen«).

TESTBOGEN KAPITEL 12

1. Welche Wirkung haben Dissonanzen in unserer Wahrnehmung?	
2. Warum haben Komplementär-Intervalle einen ähnlichen Spannungsgrad?	
3. Beschreibe die Spannungsverhältnisse innerhalb der Tonika und der Dominante (Dreiklang) zum tonalen Zentrum der Tonart.	
4. Was ist ein Spannungsbogen?	
5. Was ist ein Substitut?	

13. DIE TERZVERWANDTSCHAFT

Funktion der Akkorde

Ihr wisst ja, dass man Lieder mit den drei Dur-Akkorden der Tonart begleiten kann, weil in ihnen alle Töne der jeweiligen Tonleiter enthalten sind. (Das funktioniert sogar mit einer Brahms-Sinfonie wie der österreichische Musiktheoretiker Heinrich Schenker bereits zu Beginn des letzten Jahrhunderts bewiesen hat.) Dur-Akkorde sind so gesehen die »Hauptakkorde«. Aber natürlich kann man diese nicht einfach wahllos zu einem Song spielen. Jeder der Dur-Hauptakkorde hat nämlich eine Funktion, sozusagen einen »Job« innerhalb eines Musikstückes.

Auf der I. Stufe steht die Tonika (die Tongebende). Sie bildet das tonale Zentrum, um das sich alles dreht. Auf der V. Stufe steht die Dominante (die Bestimmende). Sie ist durch den ihr innewohnenden Auflösungsdruck eine antreibende, weiterstrebende Komponente. Auf der IV. Stufe steht die Subdominante. Sie stellt das Bindeglied zwischen Tonika und Dominante dar.

Unterteilung des Spannungsbogens

Das wird sehr anschaulich wenn wir den Spannungsbogen in drei Bereiche unterteilen, die Tonika, Subdominante, Dominante entsprechen. Die Übergänge sind natürlich fließend.

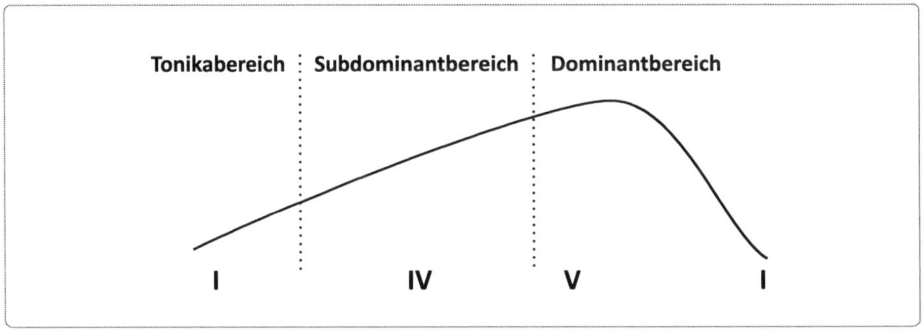

Jedem Bereich werden nun die Stufenakkorde zugeordnet, die den jeweiligen Hauptakkord ergänzen oder ersetzen können (Leitereigene Substitute).

Parallele

Als erstes haben wir die Gruppe der terzverwandten Akkorde. Als terzverwandt gelten alle Akkorde die eine gemeinsame Terz haben. Also zum Beispiel: Der C-Dur-Akkord beinhaltet die Terzen: *c-e* und *e-g*. Die Terz *c-e* ist auch im Am enthalten. Die Akkorde C-Dur und Am sind durch die gemeinsame Terz *c-e* terzverwandt.

Die Terz *c-e* ist die »wichtige« (weil Geschlechtsgebende) Terz über dem Grundton C des Hauptakkordes. Daher handelt es sich hierbei um eine Terzverwandtschaft 1. Grades, sie wird »Parallele« genannt.

C-Dur		C	E	G
Am	A	C	E	

gemeinsame Terz

Gegenklang

Die Akkorde C-Dur und Em sind durch die gemeinsame Terz *e-g* terzverwandt. Die Terz *e-g* ist die 2. Terz des C-Dur-Akkordes. Der Grundton C des Hauptakkordes fällt weg. Daher handelt es sich hierbei um eine Terzverwandtschaft 2. Grades, sie wird »Gegenklang« genannt.

C-Dur	C	E	G	
Em		E	G	B

gemeinsame Terz

Terzverwandtschaft der Stufen

- **Die Tonika C-Dur**
  ist also terzverwandt mit **Am** (=Tonikaparallele) und **Em** (=Tonikagegenklang)
- **Die Subdominante F-Dur** (*f-a-c*)
  ist also terzverwandt mit **Dm** (*d-f-a*) und **Am** (*a-c-e*).
- **Die Dominante G-Dur** (*g-b-d*)
  ist also terzverwandt mit **Em** (*e-g-b*) und **Bm♭5** (*b-d-f*).

(Wir bleiben zunächst bei den Stufenakkorden mit den leitereigenen Tönen. Wenn wir diesen Bereich verlassen, kommen natürlich weitere Akkorde dazu.)

Wir wollen jetzt aber auch zu anderen Tonarten gehen. (Damit ihr nicht immer in C-Dur spielen müsst...). Dazu benutzen wir die allgemeingültige Stufenbezeichnung.

Stufe	terzverwandt mit Stufe:
I	**VI** und **III**
IV	**II** und **VI**
V	**III** und **VII**

praktische Anwendung

Wie man Substitute verwenden kann, zeige ich euch an einigen Beispielen. Zunächst das bekannte Spiritual Kumbaya:

Kumbaya

Spiritual

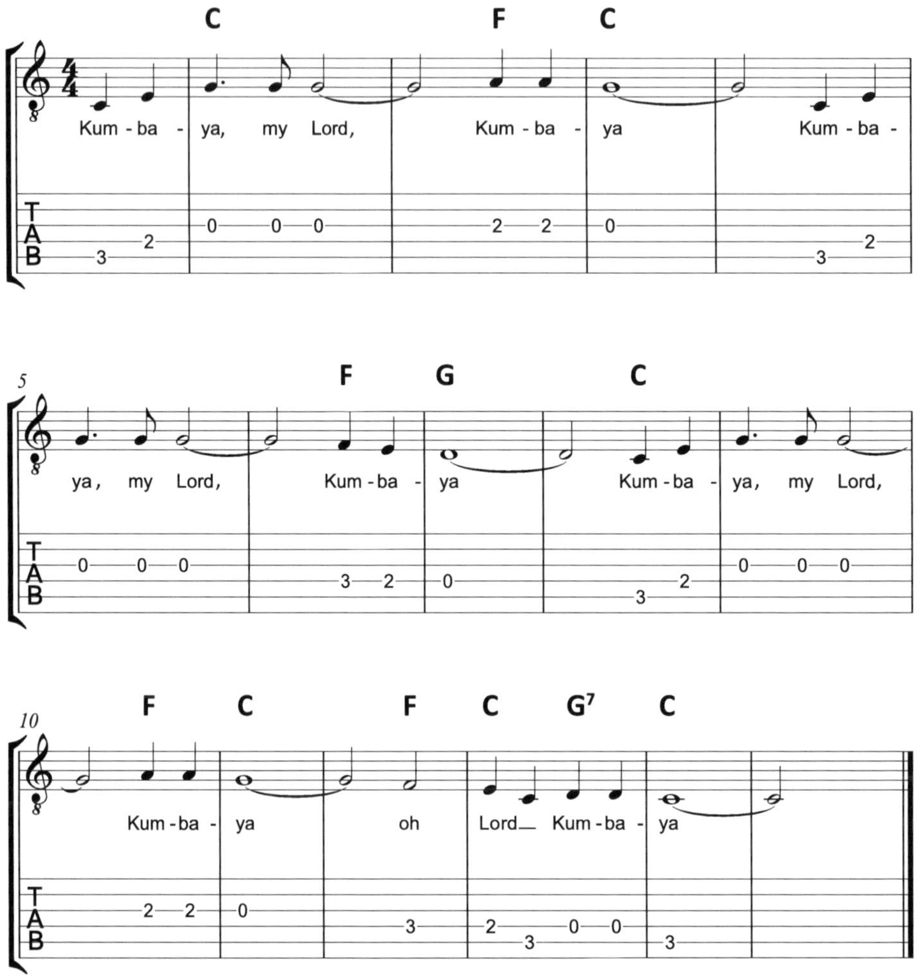

Spielt dies zunächst einige Male durch, damit sich Melodie und Harmonie einprägen. Beachtet dabei unbedingt, dass es hier nicht um ein tolles Strumming geht. Schlagt in einem 4/4 Takt nur die 1. und die 3. Zählzeit an und lasst die Akkorde klingen! Am besten pfeift oder summt ihr die Melodie dazu. So nehmt ihr die Harmonien am deutlichsten wahr.

Versucht nun, die Hauptakkorde mit Substituten zu ergänzen oder zu ersetzen. Bei mir kommt zum Beispiel diese Version heraus:

Kumbaya (mit Substituten)

Spiritual

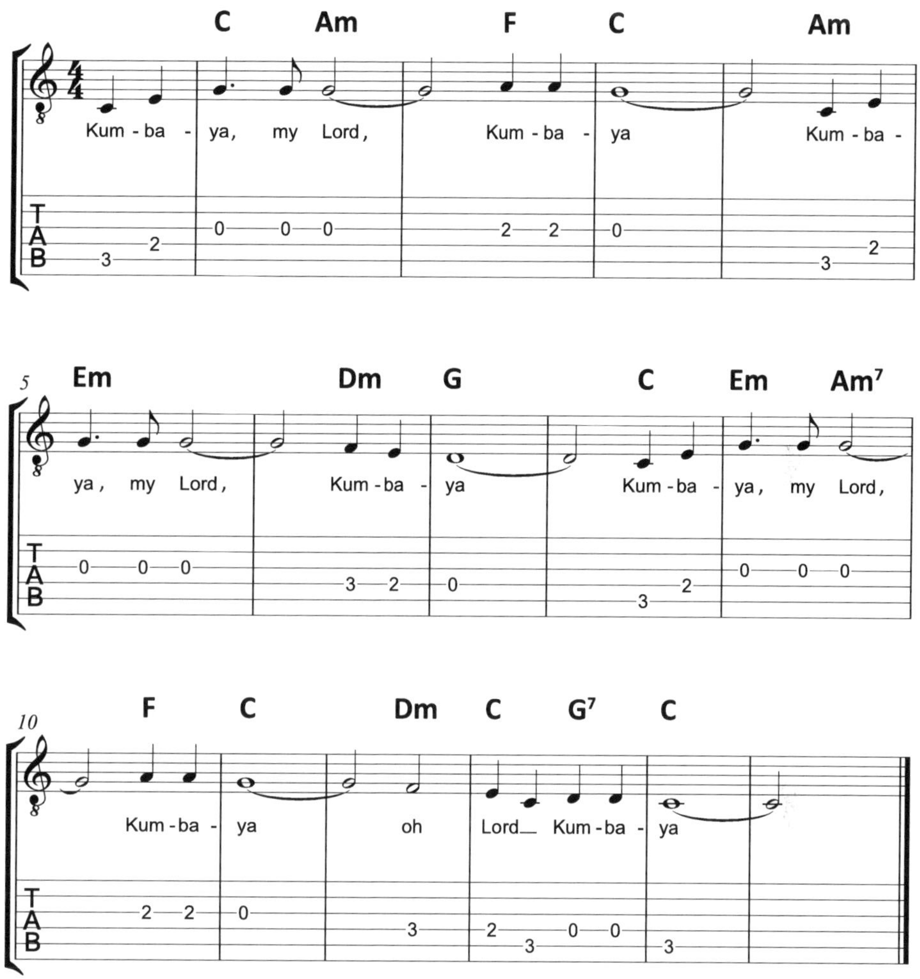

Das funktioniert auch mit einem Weihnachtslied:

Melodie: Aus England, 19. Jh.
Text: Heinrich von Fallersleben

Fröhliche Weihnacht überall

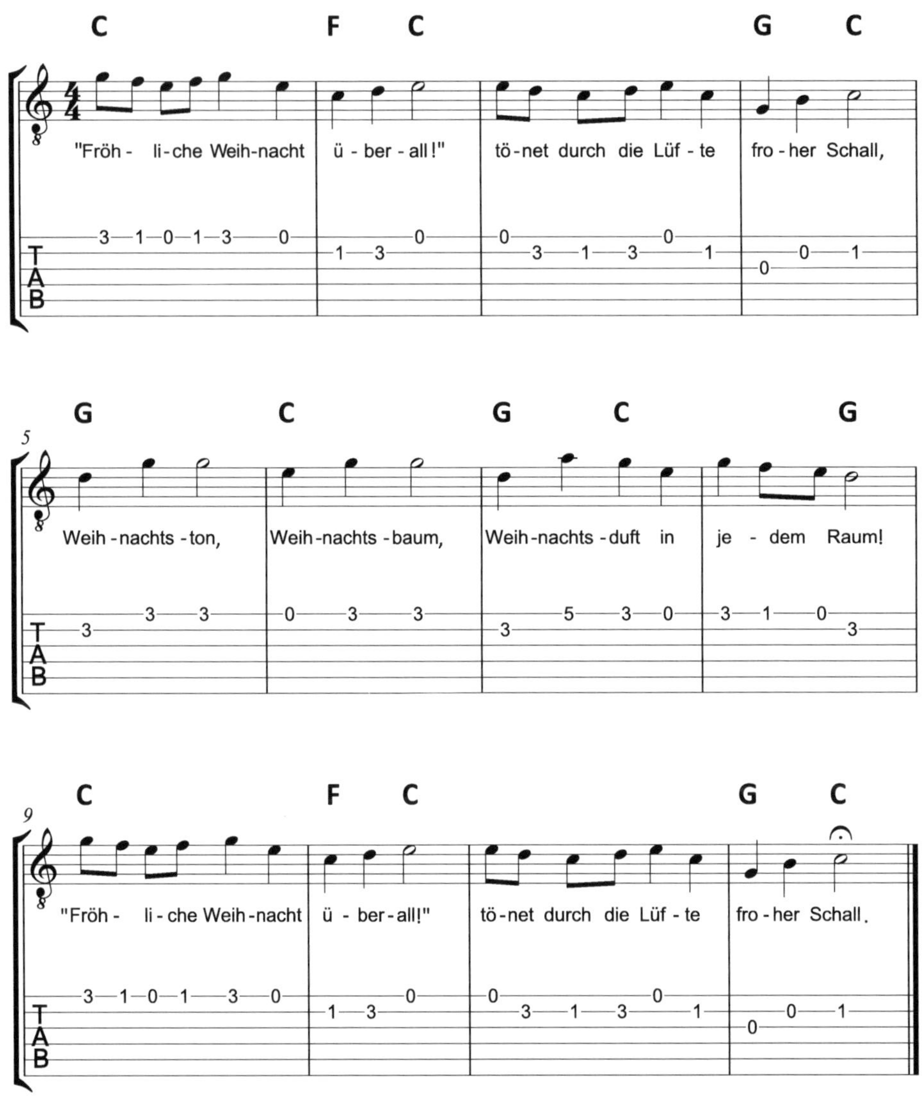

Fröhliche Weihnacht überall (mit Substituten)

Melodie: Aus England, 19. Jh.
Text: Heinrich von Fallersleben

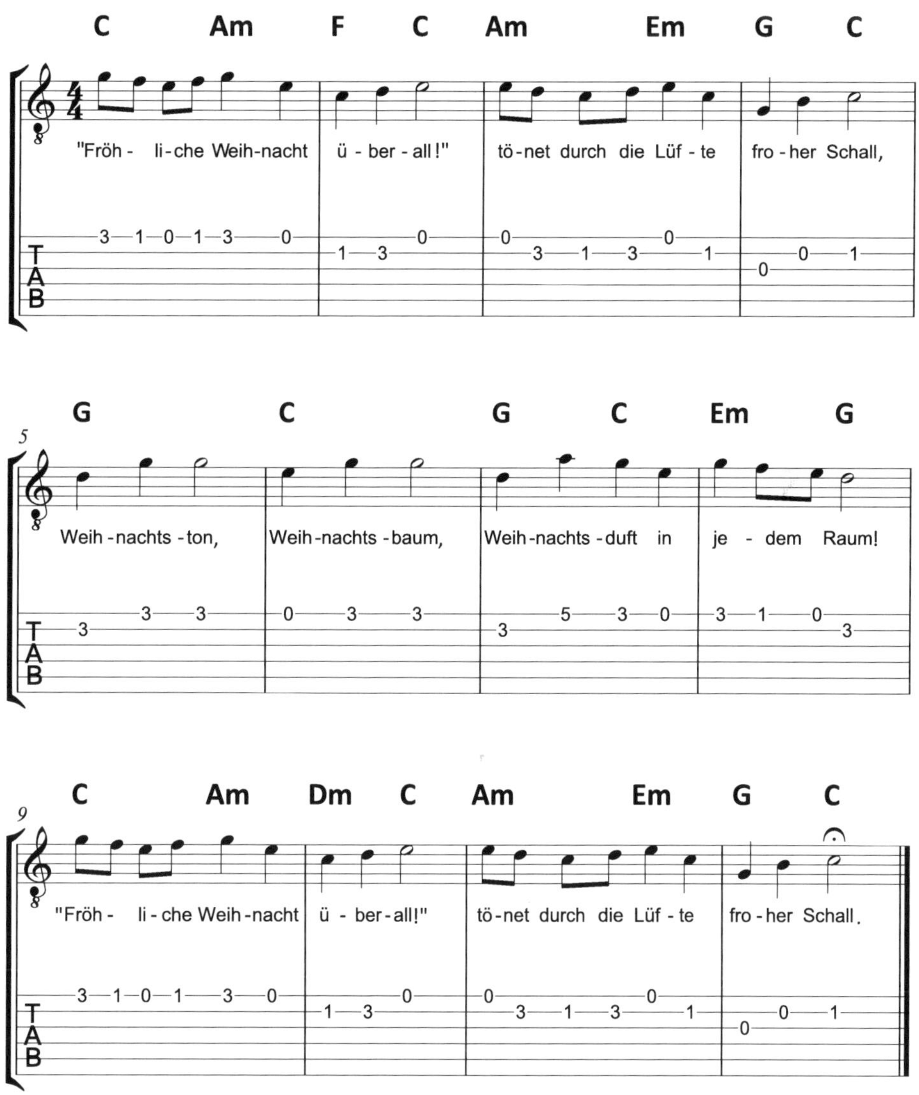

...oder mit einem Volkslied im 3/4 Takt:

Die Gedanken sind frei Volkslied

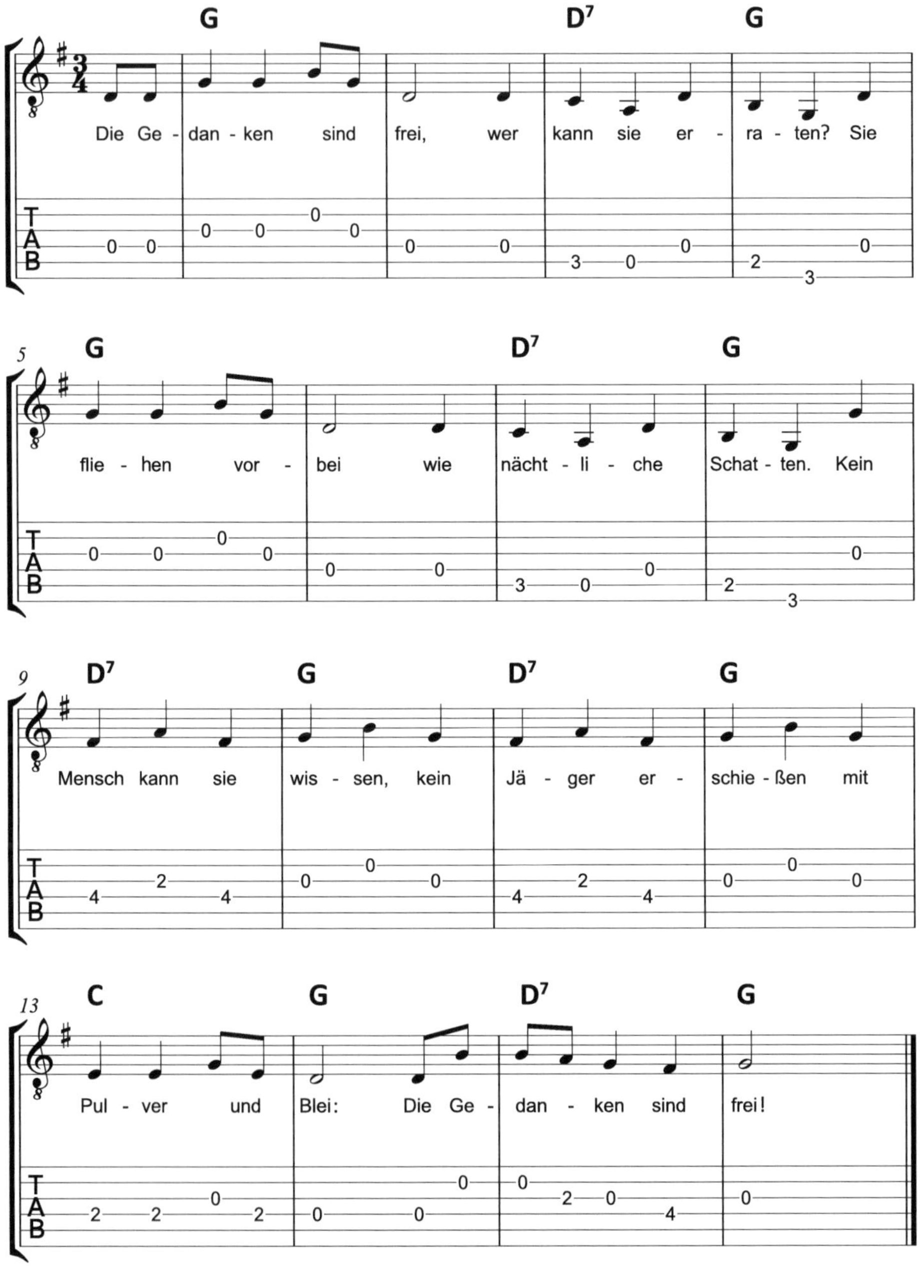

(In einem 3/4 Takt ist es eine gute Idee nur auf die 1, oder auf die Zählzeiten 1 und 3 zu schlagen, um die jeweilige Harmonie gut wahrzunehmen.)

Die Gedanken sind frei (mit Substituten)

Volkslied

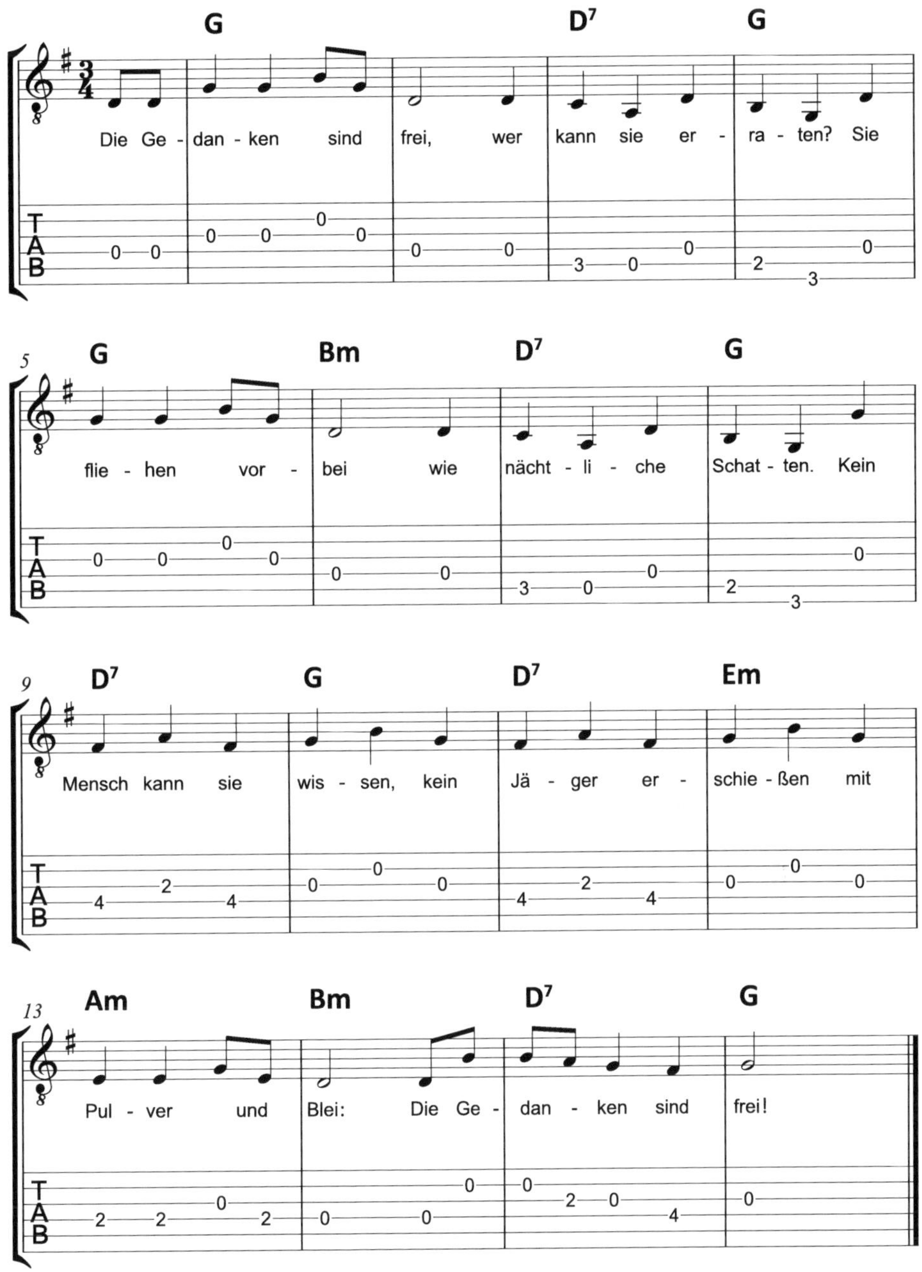

TESTBOGEN KAPITEL 13

Aufgabe 1: Schreibt alle Dur-Hauptakkorde und ihre terzverwandten Moll-Akkorde auf, und zwar in den Tonarten G-, D-, A- und E-Dur.

Hauptakkorde (Tonart: G-Dur)	terzverwandt mit:	

Hauptakkorde (Tonart: D-Dur)	terzverwandt mit:	

Hauptakkorde (Tonart: A-Dur)	terzverwandt mit:	

Hauptakkorde (Tonart: E-Dur)	terzverwandt mit:	

Aufgabe 2: Sucht euch unter den Songs auf den nächsten Seiten drei aus und versucht, die Akkorde der Songs mit Substituten zu ergänzen.

Beachtet, dass es dabei immer mehrere Möglichkeiten gibt, also kein »richtig« oder »falsch«. Jeder hat ein unterschiedliches Empfinden. Was für den einen sehr interessant klingt, ist in den Ohren des anderen schlicht falsch.

Auch lassen manche Songs mehr Möglichkeiten der Reharmonisation (das ist der Fachausdruck für das, was wir gerade tun) zu als andere. Wenn ein Akkord sich z.B. über mehrere Takte erstreckt, habe ich immer mehr Möglichkeiten als wenn er sofort wieder wechselt. Manche Songs »vertragen« auch mehr Reharmonisation als andere. Das heißt, ich kann tiefer in das harmonische Gefüge eingreifen ohne dem Song damit seinen Charakter zu nehmen.

Ihr kommt dabei nicht ums Pfeifen, Singen oder Summen herum. Man muss immer hören, wie sich Melodie und Akkord zusammenfügen. Nicht alles, was ich verändere, hört sich anschließend besser an als der Ursprung! Letztlich bleibt alles Geschmackssache. So, und jetzt ran an die eigenen Bearbeitungen. Denkt daran, dass es hier um Harmonien, und nicht um Rhythmik geht. Spielt eine möglichst einfache Begleitung, setzt Substitute ein und spitzt die Ohren.

Aufgabe 3: Lernt die Akkordtöne aller Stufenakkorde der Tonart C-Dur AUSWENDIG!
(Also C = *c-e-g*, Dm = *d-f-a* usw.) Damit habt ihr ein Fundament aus dem ihr auch die Töne aller anderen Akkorde schnell ableiten könnt. Z.B. Dm = *d-f-a*, also ist D-Dur = *d-fis-a*.
Oder: C-Dur = *c-e-g*, also ist Cm = *c-es-g*.

Careless Love

Traditional

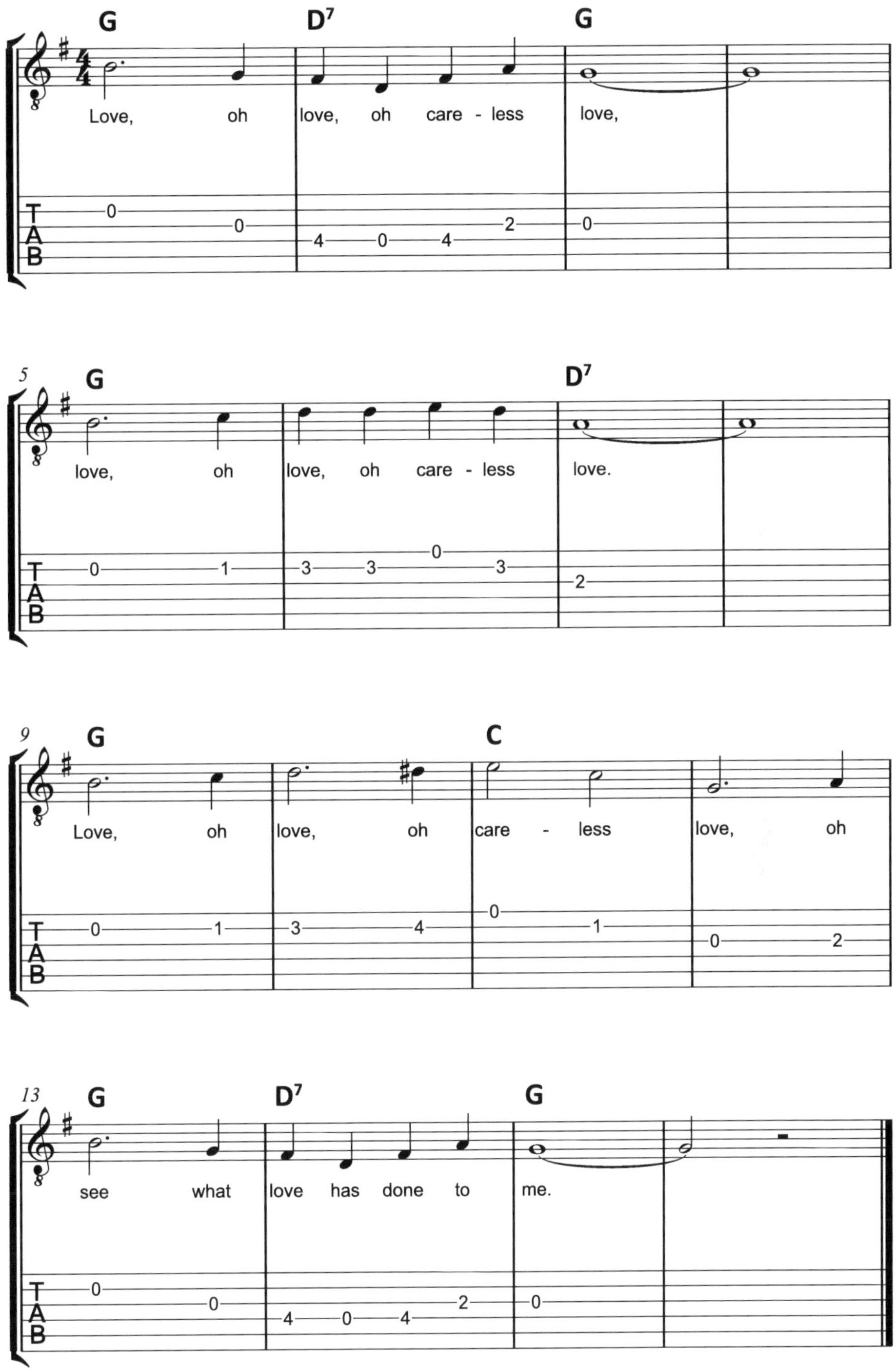

Zogen einst fünf wilde Schwäne

Volks- und Antikriegslied

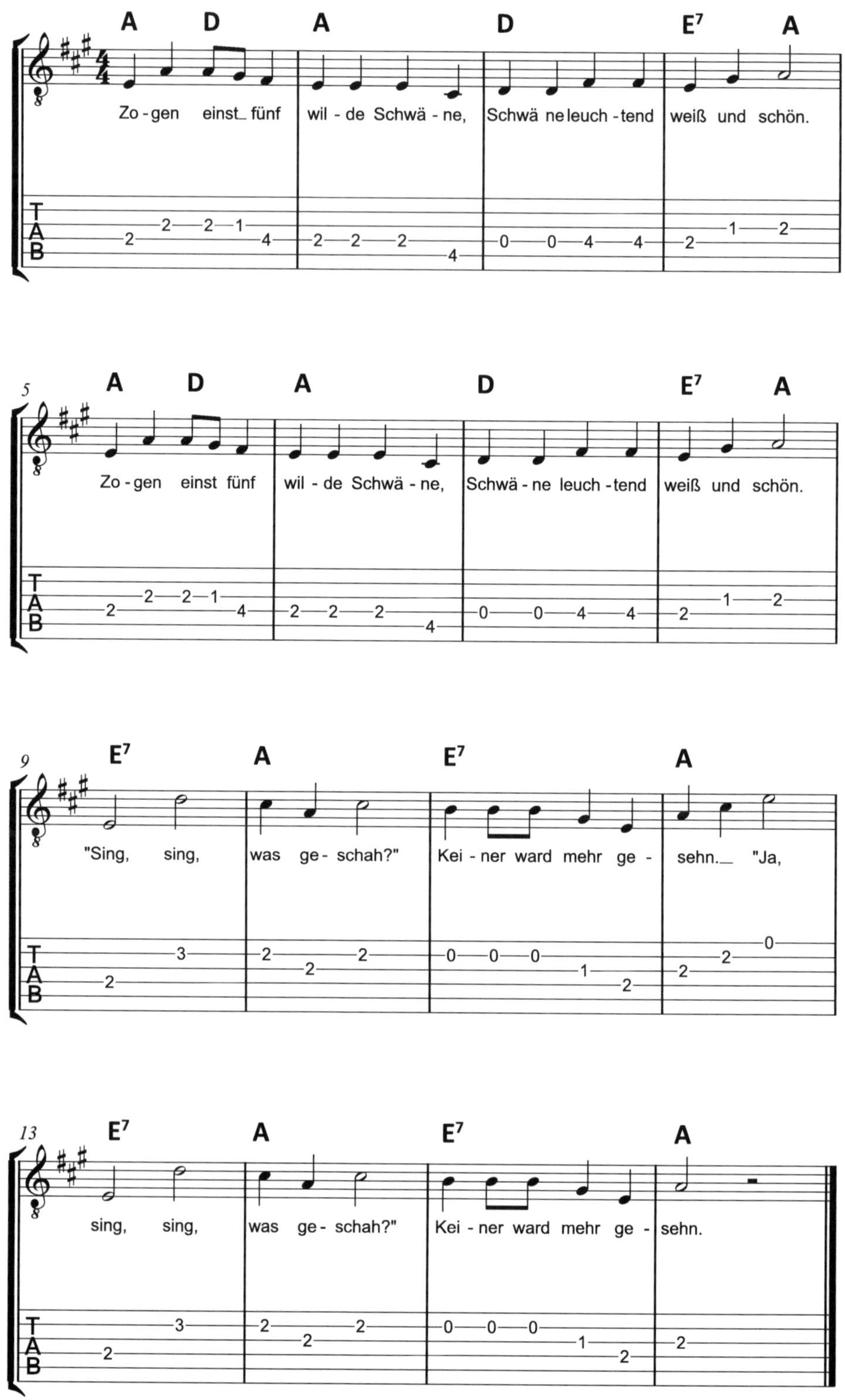

I'm Going To Leave Old Texas Now

Folksong aus den USA

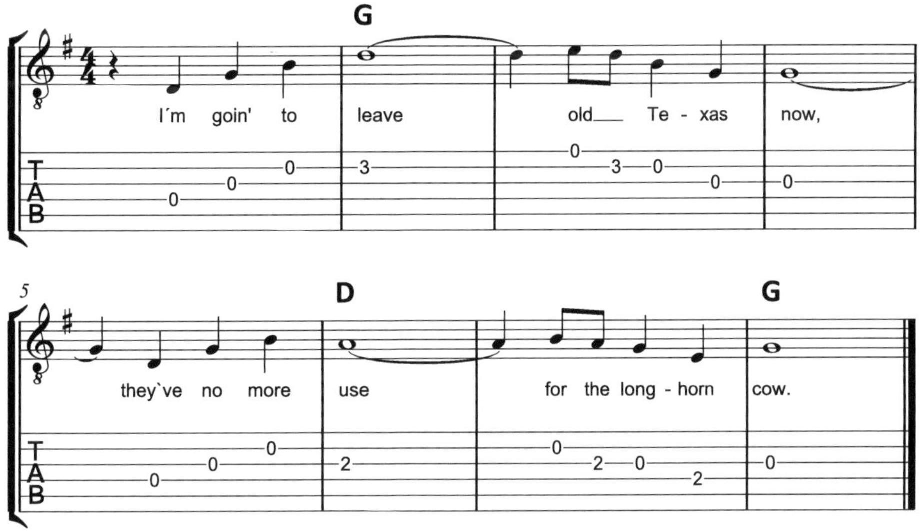

He's Got The Whole World In His Hands

Spiritual aus den USA

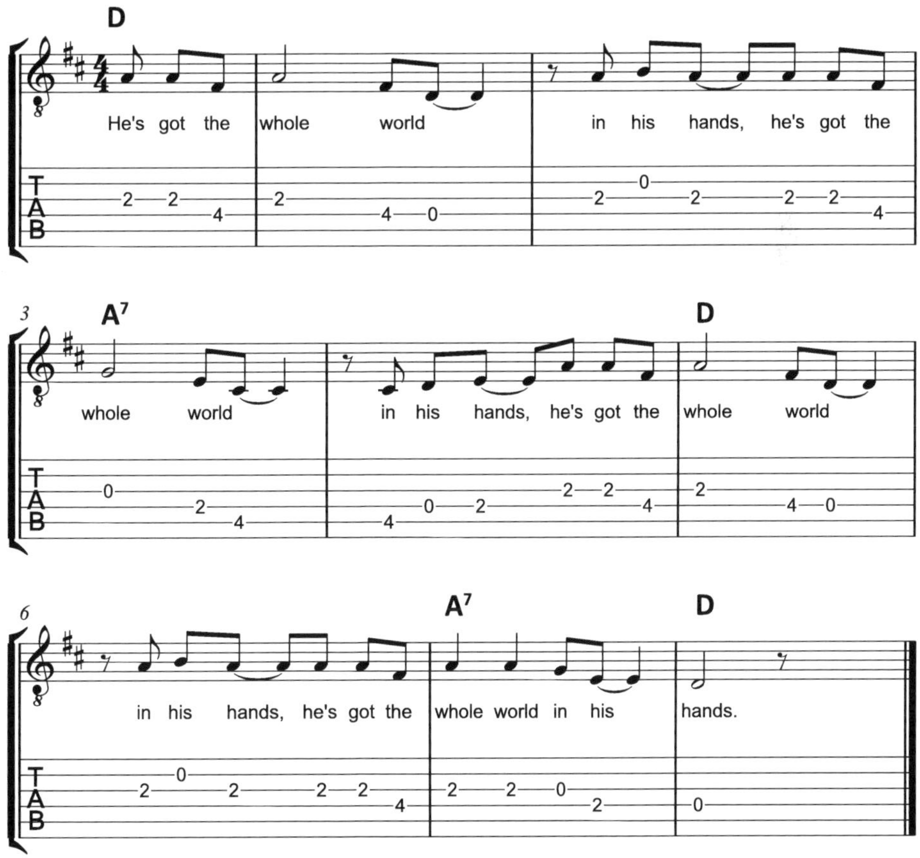

Oh My Darling, Clementine

Western Folk Ballad

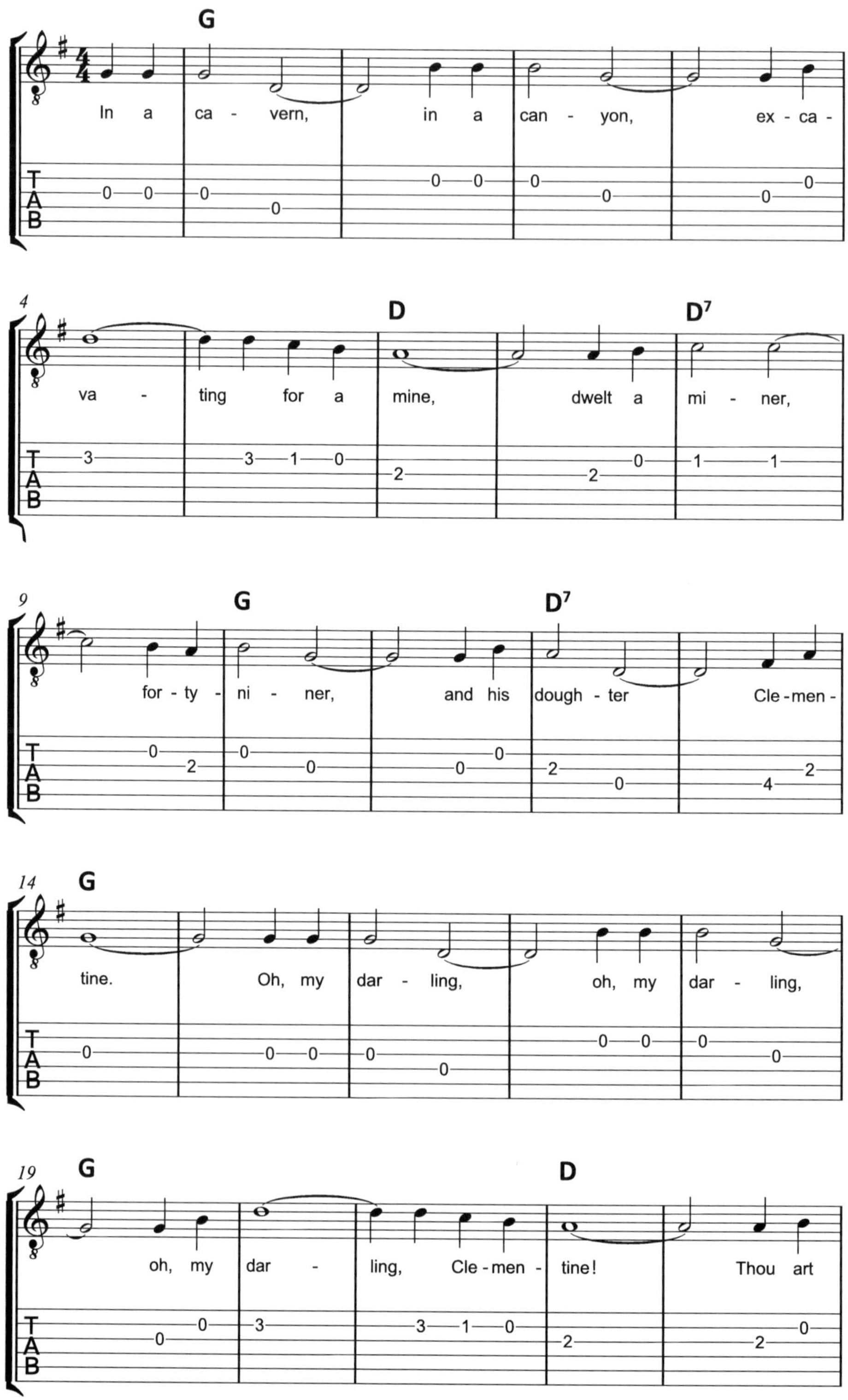

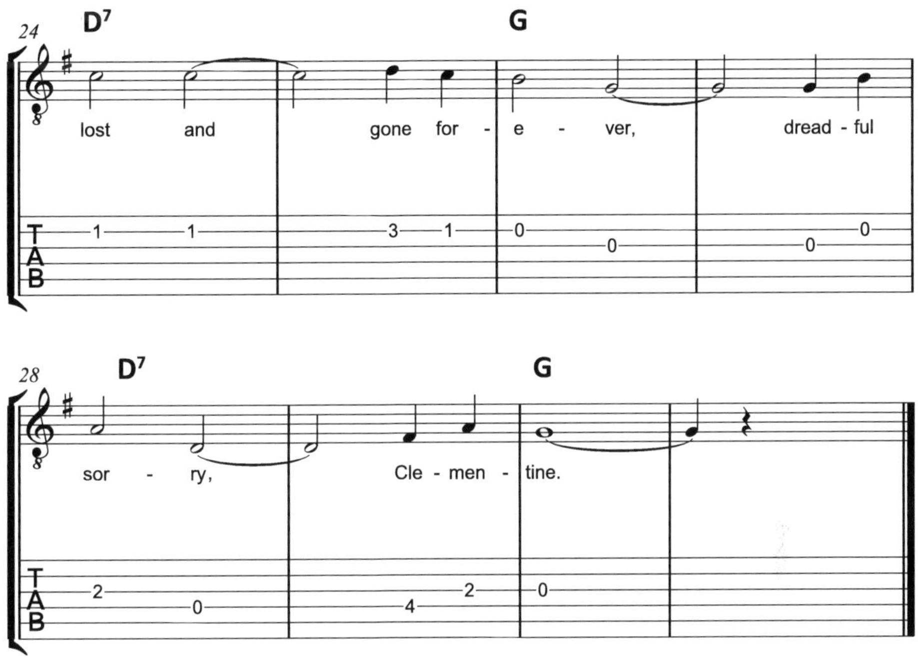

Tom Dooley

Traditional

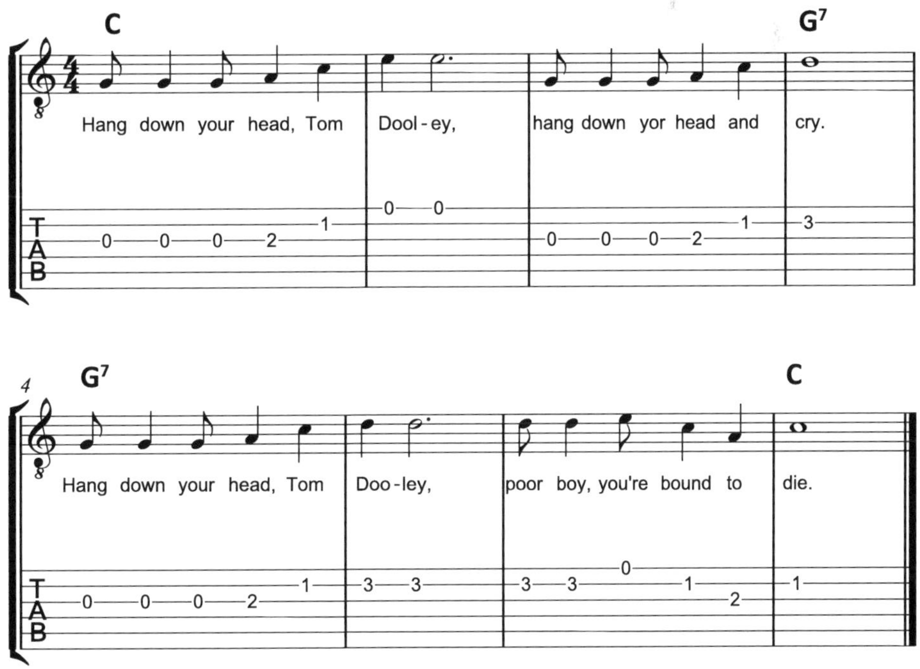

Oh, Susanna

Stephen Collins Foster

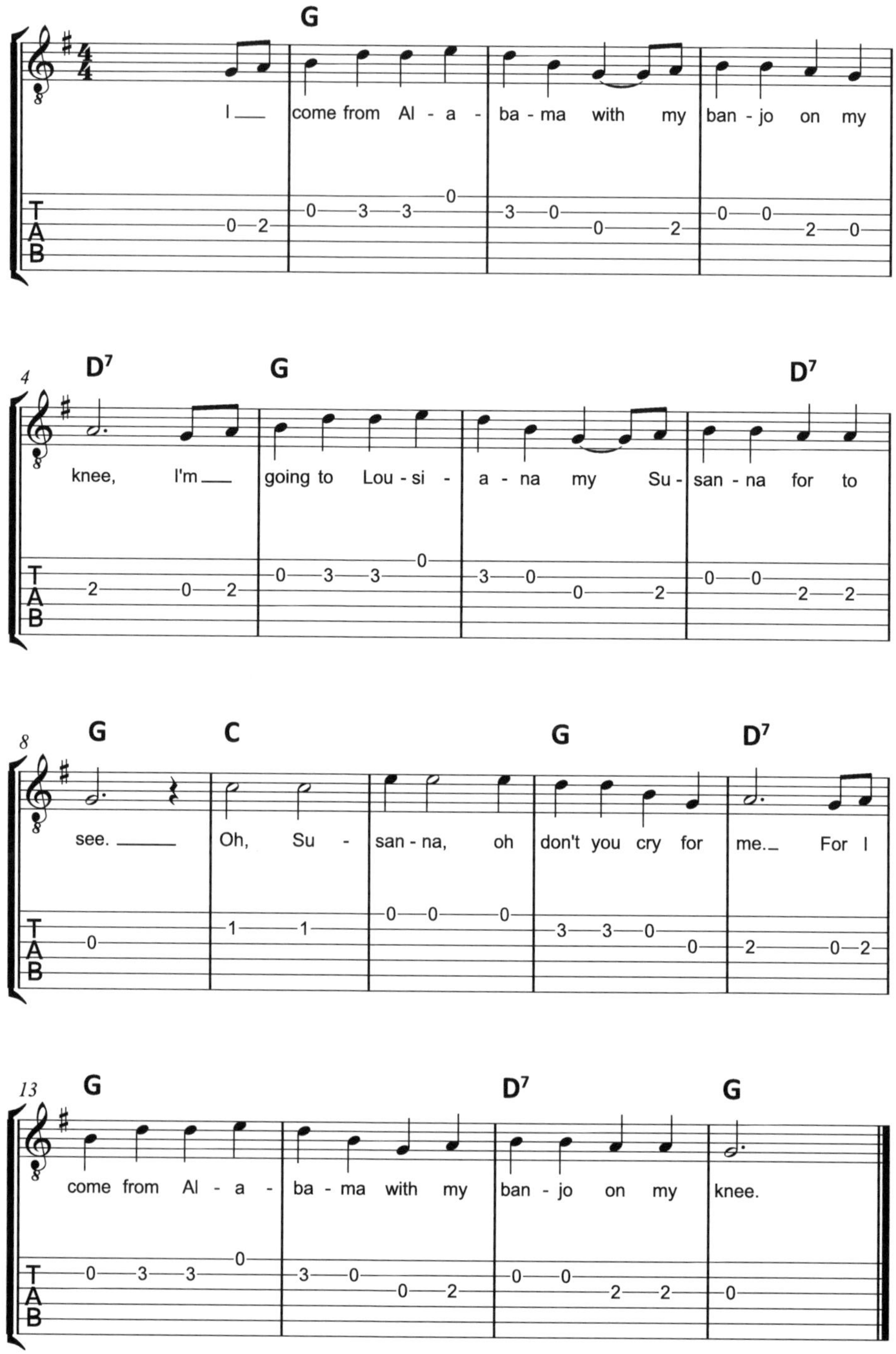

Guten Abend, gut' Nacht

Wiegenlied von Johannes Brahms

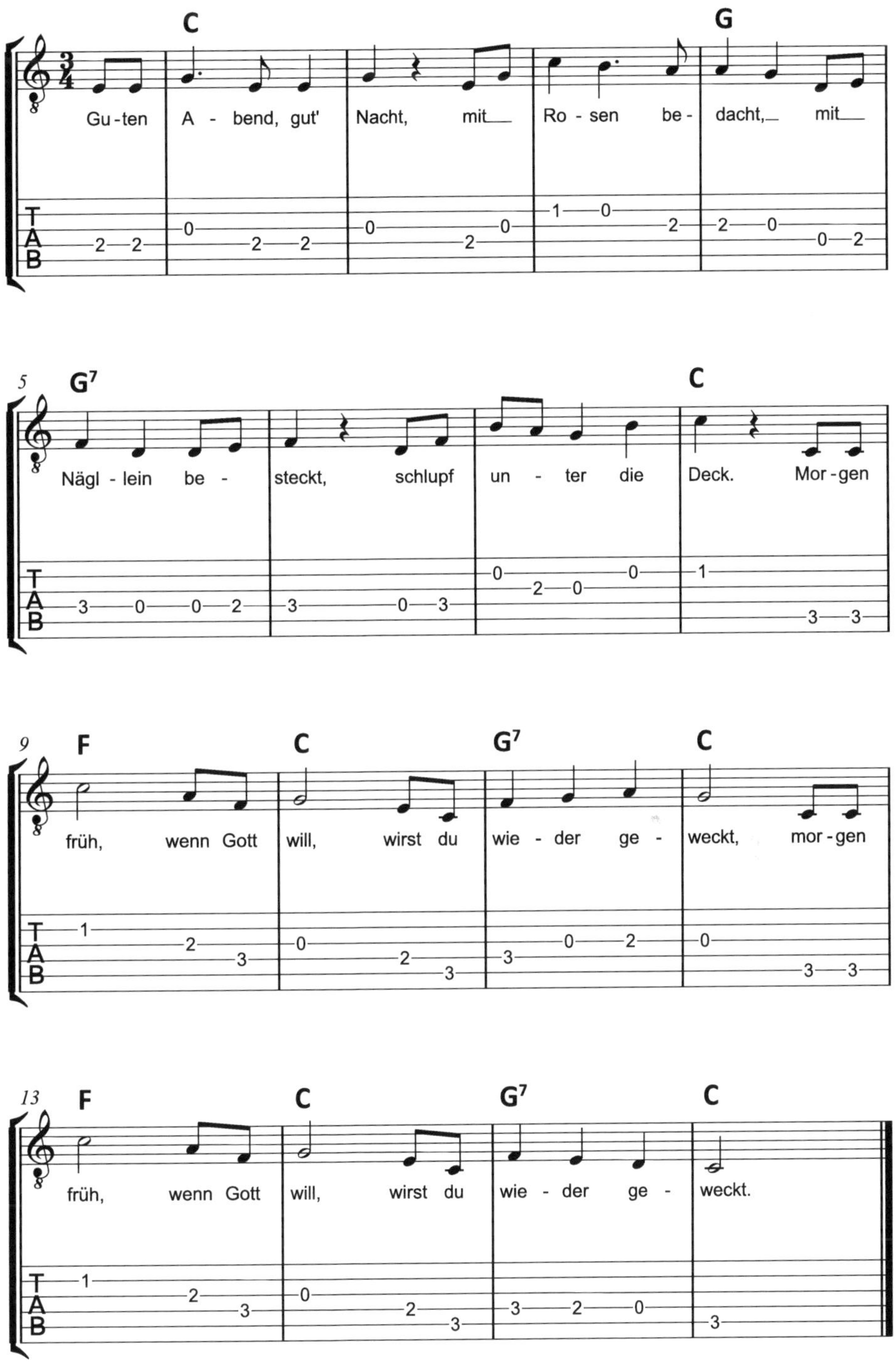

Leise rieselt der Schnee

Eduard Ebel

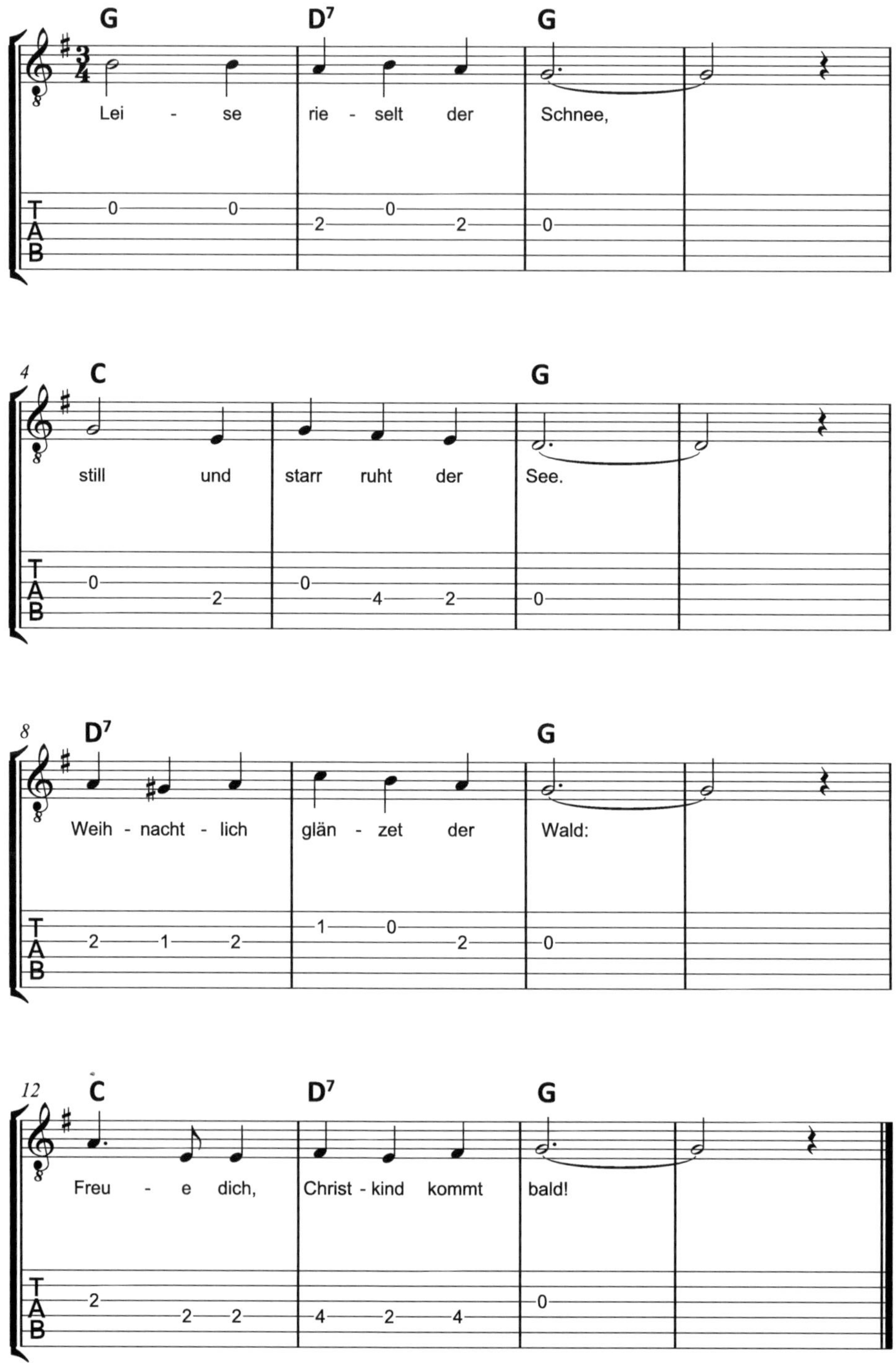

Glory, Glory Hallelujah (John Brown's Body)

Traditional

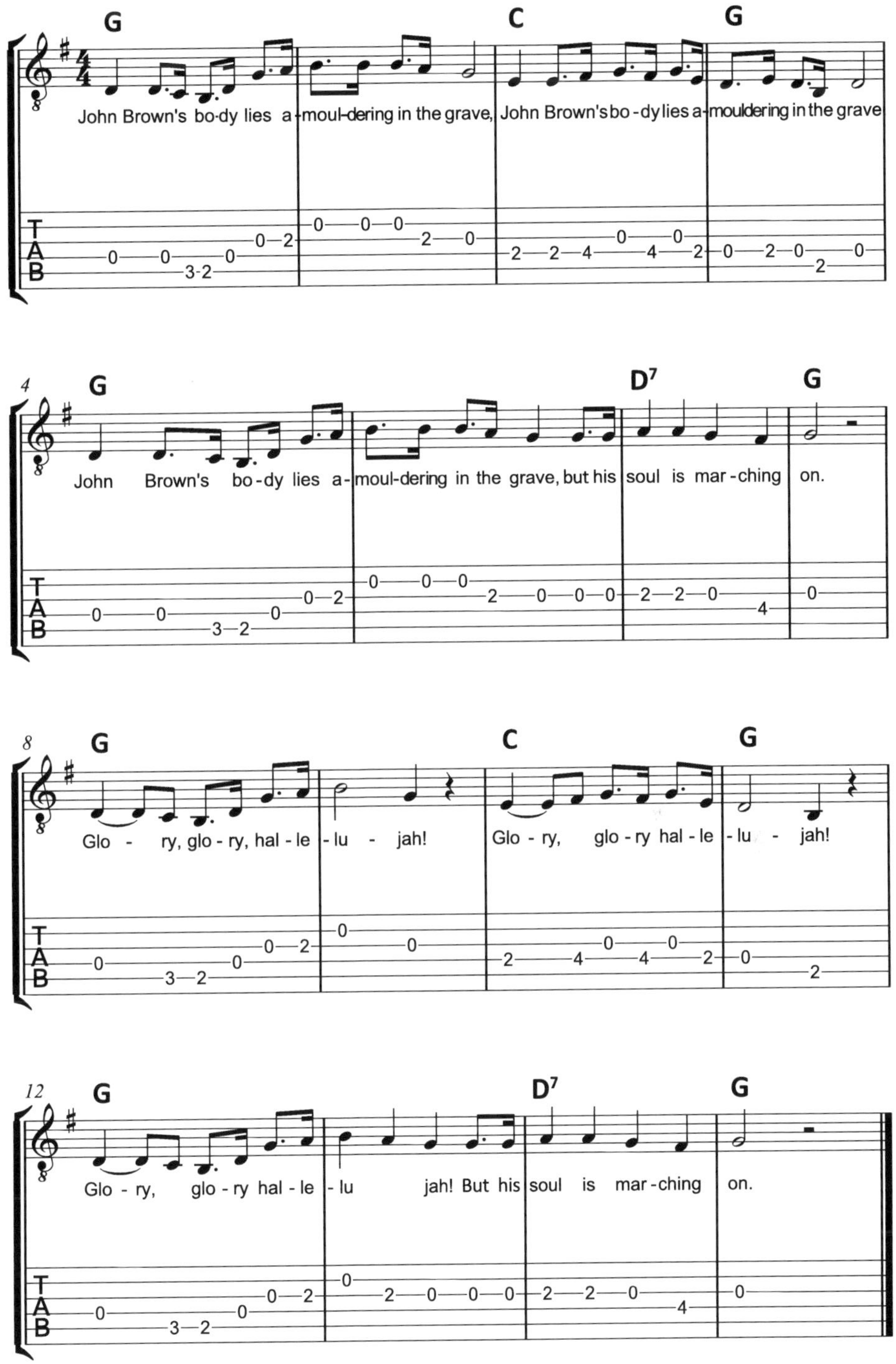

14. SUBSTITUTION DER DOMINANTE

Falls ihr den Praxisteil – natürlich nur vorerst – übersprungen habt und erst mal weiter lesen wollt ... Das ist keine gute Idee! Bitte erst die Songs bearbeiten. Es ist wichtig, dass ihr ein Gefühl dafür bekommt. Das geht nur mit Praxis und ist die Voraussetzung für alles Weiterführende.

Fertig? Okay. Wie klingen die Songs denn nun? Bestimmt interessanter als vorher, oder? Aber ich wette, ihr habt es nicht geschafft eine Dominante durch ihre Mollparallele (z.B. G-Dur durch Em) zu ersetzen! Stimmt's? Wir können nämlich nicht einfach nur die Dur-Akkorde mit ihrer Moll-Verwandtschaft ergänzen. So einfach ist das nun auch wieder nicht! Ich gebe zu, ich hab euch hier bewusst ein wenig aufs Glatteis geführt. Aber so habt ihr nun eine echte Erfahrung gemacht und könnt das Folgende viel besser verstehen.

Substitute im Spannungsbogen

Substitute müssen auch die gleiche Funktion wie die Hauptakkorde erfüllen. Das heißt, sie müssen auch den gleichen »Job« im Spannungsgefüge des Songs übernehmen. Wir müssen also die Wirkung der Akkorde berücksichtigen. Während Akkorde, die zum Tonikabereich gehören eine stabilisierende Wirkung haben, wirkt der spannungsreiche Dominantbereich durch seinen Auflösungsdrang instabil. Je nach Wirkung können wir die Stufenakkorde folgendermaßen zuordnen:

Spannungsbereich	Stufe	Wirkung
Tonikabereich	I III VI	stabil
Subdominantbereich	IV II	weniger stabil
Dominantbereich	V VII	instabil

Das sollte unseren Ergebnissen eher entsprechen (der VII. Stufenakkord wird wohl nur aus grifftechnischen Gründen kaum zum Einsatz gekommen sein). Gerade der Dominantbereich lässt aber aufgrund seines grundsätzlich instabilen, spannungsreichen Charakters die interessantesten Variationen zu.

Ist euch schon einmal aufgefallen, dass Tonika und Subdominante so gut wie nie um die Septime erweitert werden? Das liegt daran, dass es sich hierbei um die *große Septime* handelt. Ihre Spannung »beißt« sich mit dem stabilen Charakter von Tonika und Subdominante.

Die meisten Menschen empfinden einen Maj7-Akkord in einem Song als »zu schräg«. (Im Jazz, wo nur 4- und Mehr-Klänge gespielt werden, wird der Dur-Maj7 wiederum oft als »luftig-schön«, oder »schwebend« empfunden! Das liegt daran, dass er hier in die harmonische Umgebung passt. Die ästhetische Einordnung ist eben stark umgebungsabhängig. Die schönen Pumps die hervorragend zu dem Abendkleid passen, wirken auf dem Tennisplatz ebenso lächerlich wie Cowboy-Stiefel zum Ski-Anzug. Denkt immer dran, dass die Musik letztlich zwischen den Ohren des Hörers stattfindet.

Substitut der Dominanten

Schauen wir uns noch einmal die Septime im Dominant-Akkord an. Terz und kleine Septime bilden eine verminderte Quinte. Die verminderte Quinte umfasst 6 Halbtonschritte (= 3 Ganztonschritte) und wird deswegen auch gerne Tritonus genannt. Der Tritonus ist physikalisch das dissonanteste Intervall in unserem Tonsystem und damit auch das spannungsreichste. Wenn wir die Dominante nun um ihre Septime erweitern, erhalten wir einen Vierklang, der sich aus den Tönen des V. und des VII. Stufenakkordes zusammensetzt. Zum Beispiel ergibt der Zusammenschluss von G (*g-b-d*) und B° (*b-d-f*) den G^7 (*g-b-d-f*) -Akkord.

G-Dur	G	B	D	
B^0		B	D	F
G^7	G	B	D	F

Tritonus

Deshalb wird der verminderte Dreiklang als »verkürzter« Dominantseptakkord gedeutet und ist ein echtes Substitut der Dominanten. (»Verkürzt« bedeutet »ohne Grundton«).

Betrachten wir noch einmal die Wirkung der Dominanten:

1. Der Tritonus sorgt für Spannung und erweckt das Bedürfnis, diese aufzulösen.
2. Die Terz fungiert als Leitton und gibt sozusagen die Richtung der Auflösung vor.
3. Der Quintfall der Grundtöne sorgt für eine schlüssige Wahrnehmung.

Die Dominante kann dabei sowohl zu einer Dur- als auch zu einer Moll-Tonika leiten! (Zum Beispiel kann der Akkord G^7 zu C-Dur, aber auch zu C-Moll führen.)

Wenn ihr noch keine klare Vorstellung vom Leittoneffekt haben solltet, spielt einmal langsam eine C-Dur-Tonleiter und macht nach dem 7. Ton (*b*) eine Pause, bevor ihr die Oktave (*c*) anschlagt. Wiederholt das ruhig ein paar Mal. Während der Pause spürt man ganz deutlich, dass wir jetzt endlich die Oktave hören wollen.

Dominantische Einschübe

Soweit erst einmal zur Theorie. Was kann man nun in der Praxis mit diesem Wissen anfangen?

Zunächst mal kann man einen Tonikabereich kurz mit der Dominante unterbrechen und so einen Mini-Spannungsbogen einfügen. Das funktioniert auch, wenn nach der Dominante die Tonikaparallele kommt, weil das Stück bereits bearbeitet wurde. Wir wollen zwar nach der Dominante die Tonika hören, aber durch die enge Verwandtschaft akzeptiert unser Ohr auch den Parallelklang! Der Fachmann spricht bei der Harmoniefolge Dominante – Tonikaparallele von einem »Trugschluss«.

Als Beispiel wieder »Kumbaya« und »Fröhliche Weihnacht überall«.

Kumbaya (mit Substituten und zusätzlich eingefügten Dominanten) Spiritual

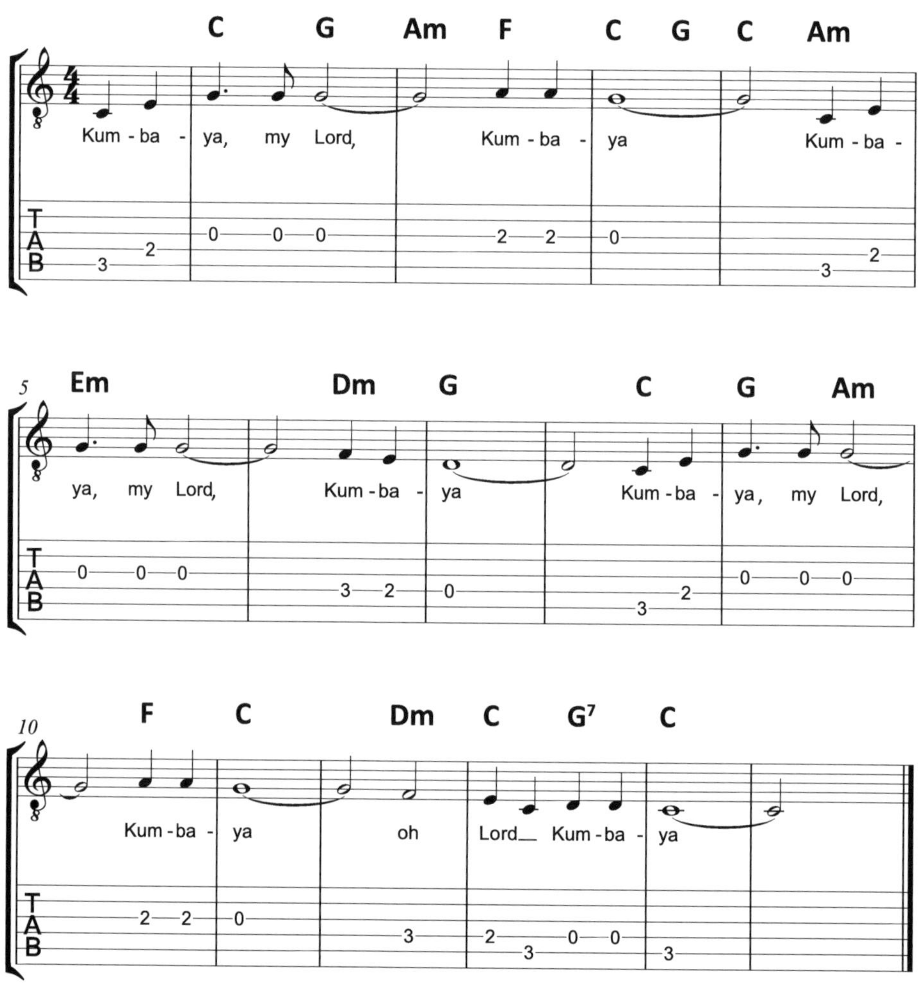

Fröhliche Weihnacht überall
(mit Substituten und zusätzlichen Dominanten)

Melodie: Aus England, 19. Jh.
Text: Heinrich von Fallersleben

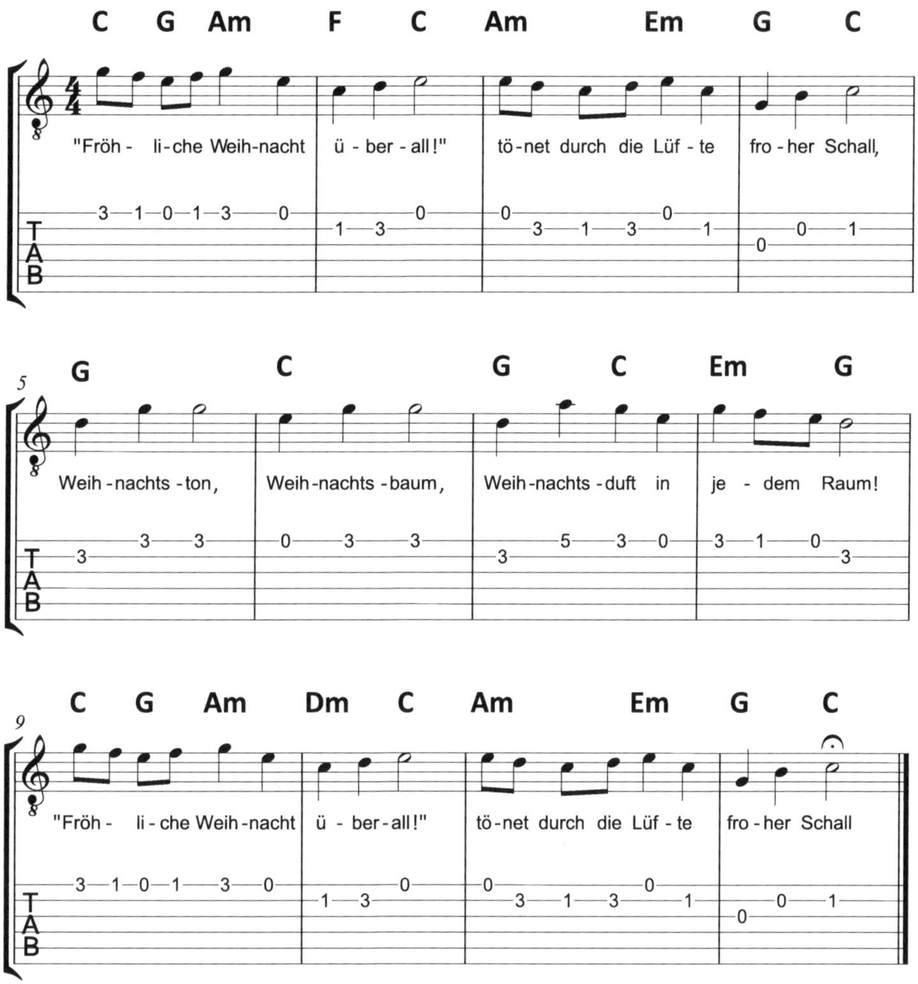

Sucht euch nun wieder Songs aus und stattet sie mit zusätzlichen Dominanten im Tonikabereich aus. Denkt daran, dass es immer mehrere Möglichkeiten gibt und es bei all dem auch drauf ankommt, dass euch der Song nach der Bearbeitung besser gefällt als vorher. Dominanten im Tonikabereich gehen fast immer. Nutzt aber nicht gnadenlos alle Möglichkeiten aus. Weniger bringt auch hier manchmal mehr.

Fertig? Gut! Nun versucht einmal spaßeshalber dieses Prinzip auch bei den anderen Akkorden anzuwenden. Bedenkt dabei, dass z.B. E7 die Dominante von Am ist, oder A7 die Dominante von Dm. Ihr seht, das geht nicht so ohne weiters. Hier kommen nämlich Akkorde ins Spiel die gar nicht zur Tonart des Stücks gehören.

Das heißt, in diesen Akkorden sind Töne enthalten, die nicht Bestandteil der Tonleiter sind. Einzeln betrachtet, sind solche Töne auch nicht viel spannungsreicher als einzelne Töne der Tonart. Wir nehmen sie aber dennoch oft als »falsch« wahr, weil sie nicht in die Intervallstruktur passen. Anders ausgedrückt: Sie lassen sich nicht in das gewohnte Gefüge um das tonale Zentrum herum eingliedern. Sie stören! Sie sind sozusagen »Dissonanzen der Ordnung«.

Welche »Störung« noch als »interessant« akzeptiert wird und welche nicht, hängt nicht nur von unseren Hörgewohnheiten und dem Genre des Stücks ab. Da müssen auch Melodieverlauf, Rhythmik und harmonische Gliederung passen. Daher sind Zwischendominanten, die nicht zur Tonika oder Tonikaparallele führen, in der Regel komponiert und nicht nachträglich eingefügt.

Wenden wir uns nun dem Dominantbereich zu. Im Dominantbereich des Spannungsbogens können zusätzliche Dissonanzen durchaus die Spannung verschärfen, ohne sofort als »falsch« empfunden zu werden.

Sekundärdominante

Es könnte also durchaus funktionieren, die Dominante der Tonart um ihre Dominante zu erweitern. Sozusagen die Dominante der Dominanten – auch Doppeldominante oder Sekundärdominante genannt. Um diese in den Dominantbereich einzubauen, muss die Dominante nach hinten rutschen, damit die harmonische Gliederung erhalten bleibt. Die Sekundärdominante muss vor die Dominante gesetzt werden, damit der Quintfall gegeben ist. Die Reihenfolge ist wichtig, da sich ja am Ende die Dominante zur Tonika hin auflöst.

Hier findet ihr eine Akkordfolge in G-Dur. Spielt sie zunächst einmal in der einfachen Form durch, damit sich das Grundtongefühl einstellt. Dann setzt die Sekundärdominante vor die Dominante. Spielt und spitzt die Ohren.

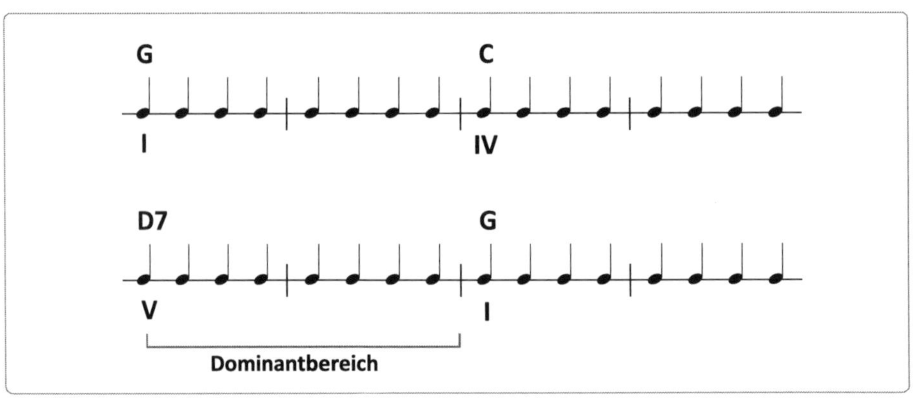

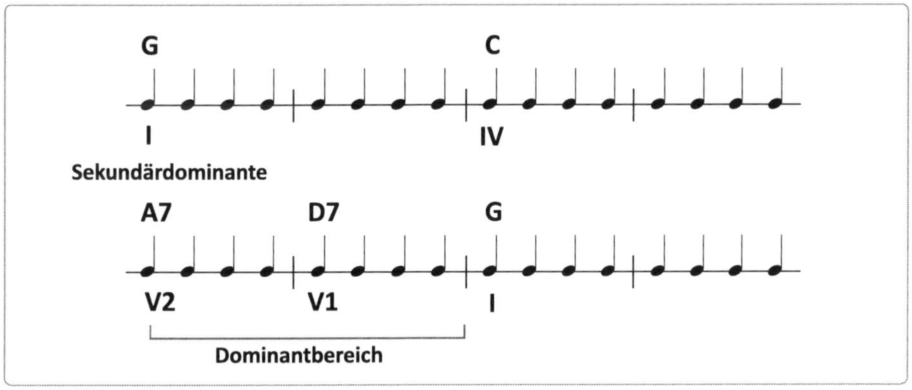

Damit das funktioniert, brauche ich natürlich einen Dominantbereich der mindestens zwei Anschläge umfasst. Außerdem ein harmonisches Umfeld, das ein wenig »Schärfe« verträgt. Probiert einfach die Dominanterweiterung in euren Songs aus. Stellt fest, wo sie sich gut anhört, und wo nicht. Ich hab mir als Beispiel zum Vorführen das Traditional »She´ll be coming round the Mountain« ausgesucht. (Deutsch: Von den blauen Bergen kommen wir.)

She´ll Be Coming ... Folksong

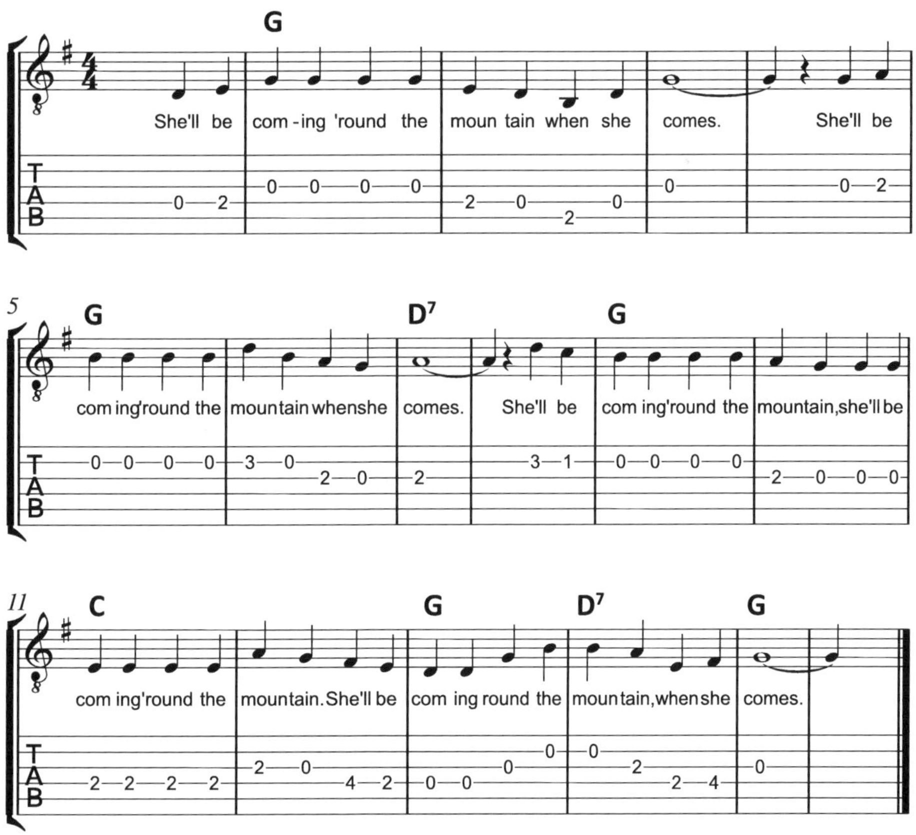

She´ll Be Coming ... Folksong

(mit Substituten, zusätzlichen Dominanten und Dominanterweiterung)

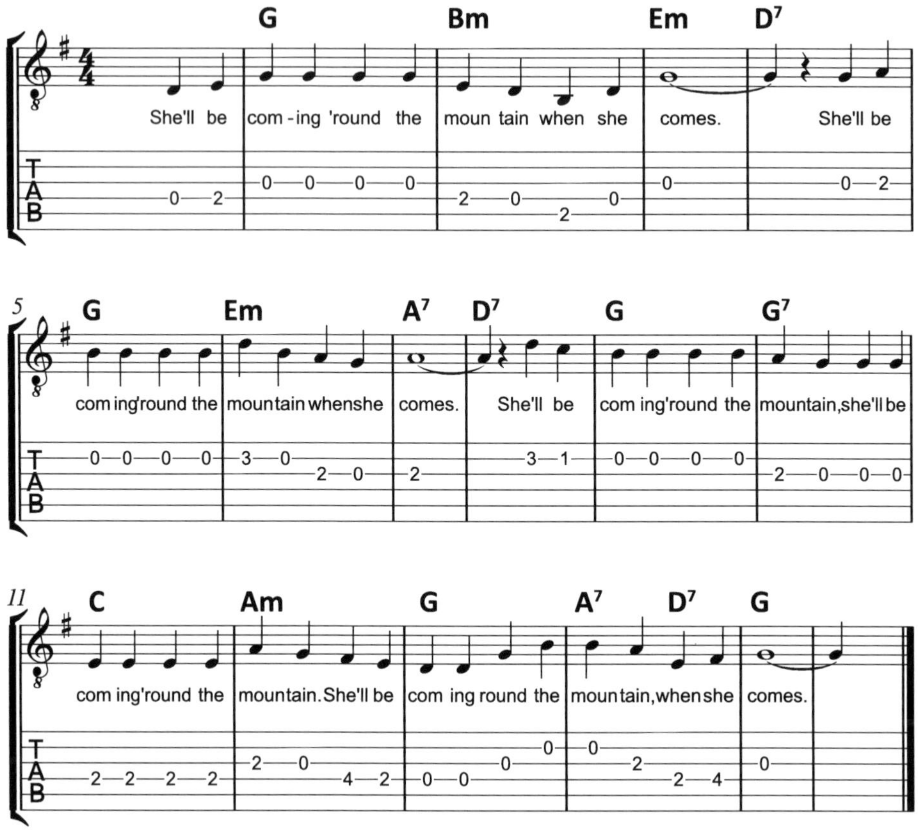

Wir können also jeder Dominante wiederum ihre Dominante voranstellen! Und jetzt kommt der Hammer: Nur die Dominante 1. Grades muss ein Dur Akkord sein, die Erweiterung (Sekundärdominante) kann auch ein Moll Akkord sein! Warum? Weil nur die Dominante den direkten Bezug zur Tonart hat. Sie ist ja der fünfte Stufenakkord und ihre Terz (Dur) dient als Leitton zum tonalen Zentrum – nämlich dem Grundton der Tonika. Die Dominanterweiterung leitet ja nur zur Dominante und nicht zur Tonika! Damit erübrigt sich der Leittonzwang!

Auch wenn ich hier die Dominanten aus anderen Tonarten verwende, wechsele ich nicht (auch nicht nur kurzfristig!) die Tonart! Eine Tonart zu wechseln bedeutet ein anderes tonales Zentrum und/oder eine andere Ordnung (Intervallstruktur) zu etablieren, so dass unsere Wahrnehmung alle weiteren Klangerlebnisse der neuen Tonart zuordnet. Anderes ausgedrückt: Wenn ich mal den Nachbarn besuche, bin ich deswegen noch lange nicht in seine Wohnung gezogen. Ihr denkt vielleicht nun, okay, Sekundärdominanten können also sowohl in Dur, als auch in Moll stehen, aber warum soll das nun der Hammer sein?

Die Antwort lautet: Weil die Moll-Dominanterweiterung aus den gleichen Tönen wie der zweite Stufenakkord besteht. Beispiel: G ist die Dominante der Tonart C-Dur. Dominanterweiterungen sind die Akkorde D-Dur oder Dm.

Die II - V-Verbindung

Aber anders als D-Dur, gehört der D-Moll-Akkord zur Tonart. Er ist nämlich der zweite Stufenakkord. Dadurch fügt er sich nahezu reibungslos in die harmonische Umgebung ein. Probiert es aus. Es ist wirklich verblüffend. Ich habe noch keinen Song gefunden bei dem es nicht funktioniert hätte, die II. Stufe vor die V. Stufe zu setzen. Als Beispiel soll mal wieder unser Weihnachtslied herhalten. Die markierten Stellen sind die Dominantbereiche. (Experimentiert dort auch mit D-Dur statt Dm.) Ich habe *alle* Dominanten erweitert. Dadurch wird es rhythmisch etwas problematisch. Ihr solltet sehr langsam spielen um die Harmonie zu hören.

Fröhliche Weihnacht überall Melodie: Aus England, 19. Jh. / Text: Heinrich von Fallersleben
(mit II - V - Dominanterweiterungen und Subdominantparallele)

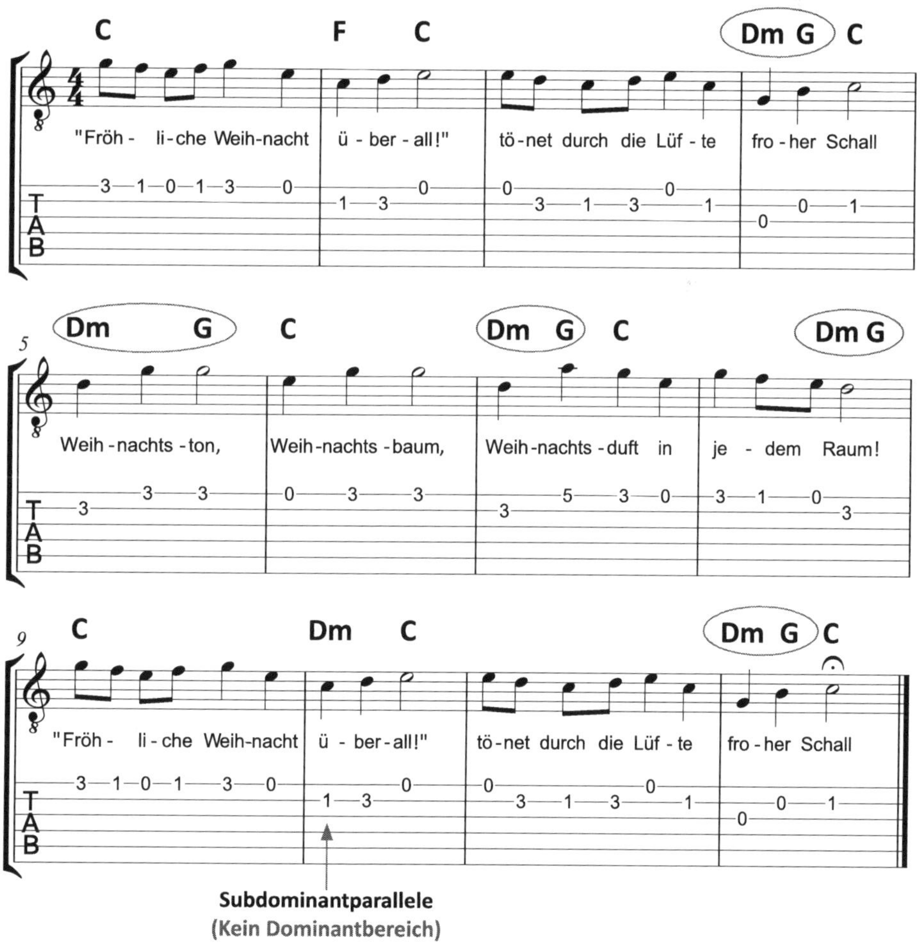

Wir sehen, dass der gleiche Akkord durchaus unterschiedliche Funktionen wahrnehmen kann. Von diesem Effekt lebt eine ganze Stilrichtung, nämlich der Jazz. (Grundlage der Jazz-Harmonik ist die II - V - Verbindung.)

Aber dieser Effekt führt in der Analyse eines Stückes auch immer wieder zu Problemen. Eine II - V - Verbindung kann dann ja Subdominantparallele – Dominante oder aber Sekundärdominante – Dominante sein.

Es gibt aber einen relativ einfachen Weg das herauszufinden. Indem ich versuche, sie wieder durch die Dur-Hauptakkorde zu ersetzen, erkenne ich ihren Ursprung.

Wenn sich die II (Dm) gut durch die IV (F-Dur) aber nur schlecht durch die V (G-Dur) ersetzen lässt, ist sie die Subdominantparallele.

Wenn sich die II gut durch die V aber nur schlecht durch die IV ersetzen lässt, ist sie die Dominanterweiterung.

Probiert das alles aus! Singt oder pfeift und spielt die Akkorde dazu. Bearbeitet Stücke aus eurem Fundus, setzt II - V - Verbindungen ein, Substitute, Zwischendominanten und da wo es passt, auch mal Dur-Dominanterweiterungen. Aber versucht nicht alles gleichzeitig zu machen, allzu viel Würze ist auch nix.

TESTBOGEN KAPITEL 14

1.	**Was ist ein Trugschluss?**	
2.	**Warum kann eine Sekundärdominante auch ein Moll-Akkord sein?**	
3.	**Vollzieht man durch das Einsetzen von Sekundärdominanten einen Tonartwechsel?**	

15. DIE HARMONISCHE GLIEDERUNG

Arbeitsgedächtnis

Musik ist Kunst in der Zeit. Jeder Akkord wäre sinnlos, wenn wir uns nicht an die Akkorde erinnern könnten, die kurz zuvor erklungen sind. Und jeder Akkord, der nicht als Schlussakkord erklingt, bekommt erst durch die nachfolgenden Akkorde seinen Sinn. Das zentrale Element zeitlicher Gliederung der heutigen Musik ist der Takt. (Das war nicht immer so. Im Mittelalter verstand man ein »Lied« in erster Linie als poetischen Text der von Troubadouren ausdrucksstark vorgetragen wurde. Instrumentale Begleitung diente nur dazu, den Ausdruck der Sprache zu unterstreichen).

Für die Wahrnehmung zeitlicher Abläufe (Rhythmik, Melodie) in der Musik ist das Kurzzeit- oder treffender Arbeitsgedächtnis von elementarer Bedeutung. Mit Arbeitgedächtnis meint man die Gedächtnisprozesse, die es uns ermöglichen, für den direkten Gebrauch einige wenige Informationen einige Sekunden im Gedächtnis zu behalten. Das Standardbeispiel ist die Telefonnummer die wir nachschlagen, dann wählen und anschließend wieder vergessen. Die Kapazität des menschlichen Arbeitsgedächtnisses beträgt etwa 6 - 8 »Einheiten«, wobei auch mehrere zusammengehörige Informationen eine einzelne Einheit bilden können (zum Beispiel die Zuordnung Melodieton und Taktschlag). In der Hirnforschung spricht man dabei von »Clustering«.

Was das Ganze nun mit der zeitlichen Wahrnehmung von Musik zu tun hat, liegt auf der Hand: Unser Arbeitsgedächtnis umfasst ziemlich genau zwei Takte! Durch viele Wiederholungen und der damit verbundenen Lernprozesse können zunehmend größere Cluster einer sinnvollen Einheit in unserem Arbeitsgedächtnis gebildet werden (z.B. die Zuordnung Akkord und Takt). Die maximale Zeitdauer, für die das Arbeitsgedächtnis diese Informationseinheiten bereit hält, liegt bei etwa 20 Sekunden, das reicht für 4 Takte eines ruhigen Songs.

Satzglied

So ist es auch kein Wunder, dass sich als Liedgrundform ein 4-Takt-Schema entwickelt hat (2+2). Ein Lied muss mindestens 2 mal 4 Takte umfassen, weil erst dadurch eine Gliederung entsteht (zum Beispiel »Tom Dooley«: (2+2) + (2+2)). Man spricht dabei von Satzgliedern.

Das ist der Grund, weshalb wir im harmonischen Verlauf eines Musikstücks eine Gliederung in 4-taktige Einheiten angenehm und ästhetisch empfinden. Auch, dass einzelne Übeeinheiten anfangs höchstens 4 Takte umfassen sollten, hat mit den Vorgängen im Arbeitsgedächtnis zu tun. (Siehe »Üben, aber wie?«). In der Klassik bezeichnet man solch einen 4-Takt-Durchgang als »Satzglied« (Vordersatz oder Nachsatz). Jedes Satzglied hat einen eigenen Spannungsbogen mit Akkordfolge und Auflösung (Schlussakkord). Die beiden letzten Akkorde ergeben dabei eine charakteristische Schlusswirkung.

Schlussformen

Wir unterscheiden 4 verschiedene Schlussformen: Als Schluss empfinden wir immer das Ende eines Spannungsbogens, also die Auflösung zur Tonika hin.

Ganzschluss Erklingt tatsächlich die Tonika, spricht man von einem »Ganzschluss«. Den Ganzschluss gibt es als »Authenthischen Schluss« (V - I) und als »Plagalschluss«(VI - I).

Dominante - Tonika (V - I) = **Authentischer Schluss**

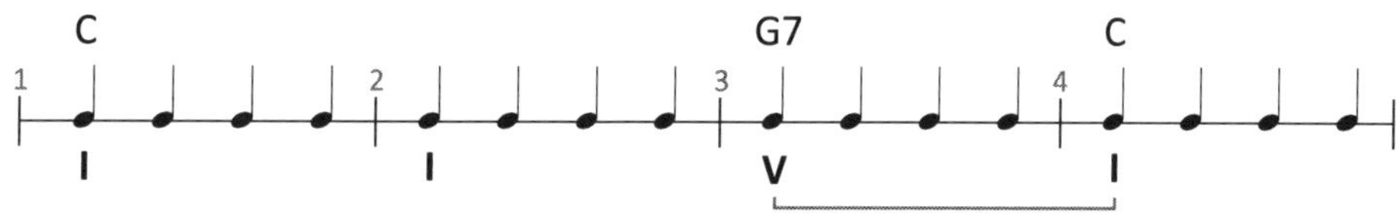

Subdominante - Tonika (IV - I) = **Plagalschluss** (lat.: *plagalis* = Nebentonart)

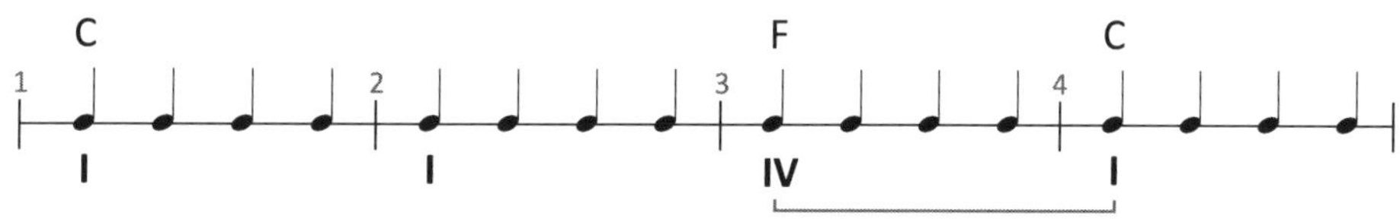

Trugschluss Ist die Endung eine Tonikaparallele spricht man von »Trugschluss«.

Dominante - Tonikaparallele (V - VI) = **Trugschluss**

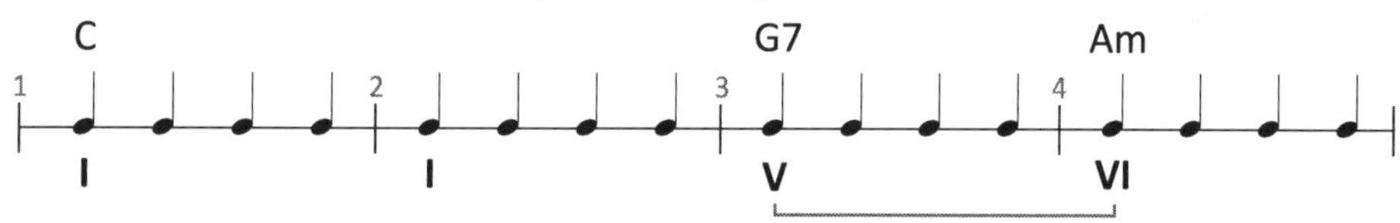

Halbschluss Ist die Endung eine Dominante spricht man von »Halbschluss«.

Dominante (V - V) = **Halbschluss**

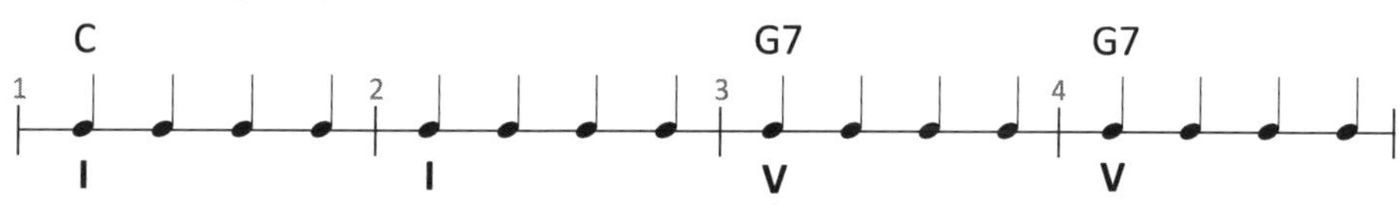

Wobei der Halbschluss im Grunde gar kein Schluss ist, sondern nur die Aussage, dass hier die Spannung erhalten bleibt. Das wird gerne gemacht, wenn der nächste Formteil mit einer Tonika beginnt.

Die Auflösung erfolgt in solch einem Fall also nicht zum Ende, sondern zum Anfang eines Formteils. (Es gibt auch »böse Komponisten«, die absichtlich die Auflösung am Ende des gesamten Musikstücks verweigern. Aber bei 99% aller Songs ist der letzte Akkord die Tonika. Wer keine Noten hat, kann also prima die Tonart eines Songs an seinem letzten Akkord erkennen).

Spielt nun diese Akkordfolgen einige Male durch und konzentriert euch dabei auf den Sound der beiden letzten Takte. Ihr solltet versuchen, eine deutliche Klangvorstellung davon zu bekommen. Am besten ist es, ihr bittet einen Kollegen zu dem Spiel: »Rate die Schlusswirkung«. Einer spielt die Akkorde und der andere versucht, die Schlussform am Sound zu erkennen.

Nicht unerwähnt bleiben soll, dass diese Schlussformen natürlich auch in gestraffter Form (z.B. »Zogen einst fünf wilde Schwäne« Takt 4 und 8) und auch in gedehnter Form (z.B. »Oh My Darling«) vorkommen können. In der hier notierten Version von »Oh My Darling« wurde die natürliche 4-Takt-Form des Songs durch überlange Melodietöne zu 8 Takten gedehnt. Es gibt auch Wiederholungen von Schlussformen. Ich möchte dabei von einer »Echowirkung« sprechen. Bei Kinderliedern ist das sehr beliebt, weil damit die Schlusswirkung gefestigt wird (z.B. in »Alle meine Entchen« oder in »Fuchs du hast die Gans gestohlen«). Aber auch in der modernen Musik wird so etwas gerne benutzt (z.B. »New Age« von Marlon Roudette am Ende der ersten Strophe). In der modernen Terminologie spricht man dabei gerne von einem »Break«, weil das einen beabsichtigten Bruch in dem allgegenwärtigen 4-Takt-Schema bildet.

Der praktische Bezug dieses Wissens besteht nun darin, nicht nur einzelne Akkorde, sondern gleich ganze Akkordfolgen anhand ihrer Schlusswirkung substituieren zu können.

Der harmonische Rhythmus

Machen wir zunächst ein kleines Experiment, das uns eine Vorstellung davon gibt, wie stabil so eine harmonische Gliederung wirken kann.

»Tom Dooley« kennt hoffentlich jeder. In dem Raum zwischen Tabulatur und Noten findet ihr den harmonischen Verlauf.

Tom Dooley

Traditional

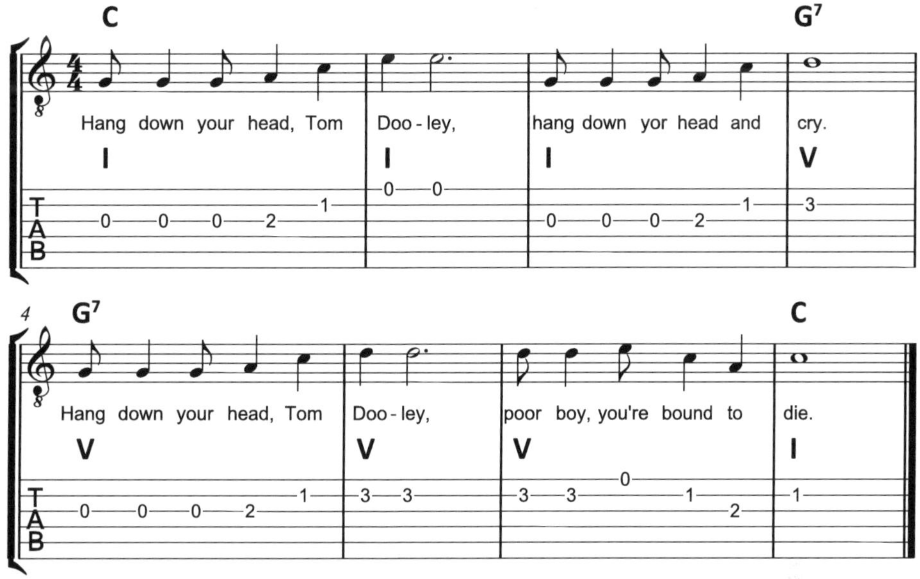

Spielt es einmal durch und pfeift oder singt dazu. Beachtet dabei, dass die Melodie in Takt 1 (Anfang Vordersatz) und Takt 5 (Anfang Nachsatz) absolut identisch ist.

Versuchen wir nun, in Takt 5 statt G7 ein C-Dur zu spielen: Damit bauen wir an dieser Stelle eine Schlusswirkung ein, die vorher nicht da war.

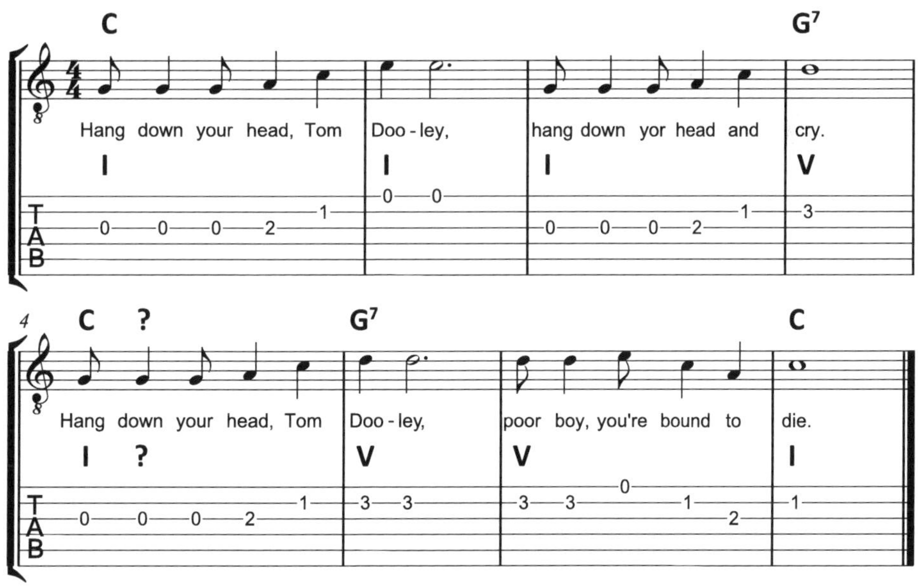

Wie hört sich das jetzt an? Eher bescheiden nicht wahr? Der C-Dur-Akkord wirkt in Takt 5 disharmonisch, und das, obwohl er über der absolut gleichen Melodie in Takt 1 sehr harmonisch klingt. Bemerkenswert, nicht war?

Macht nun eine kurze Pause, damit sich euer Gehör wieder neutralisiert und spielt dann folgende Akkorde ohne eine dazugehörige Melodie durch.

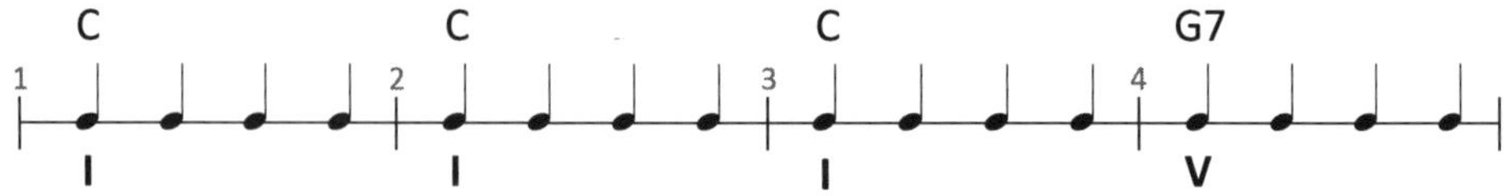

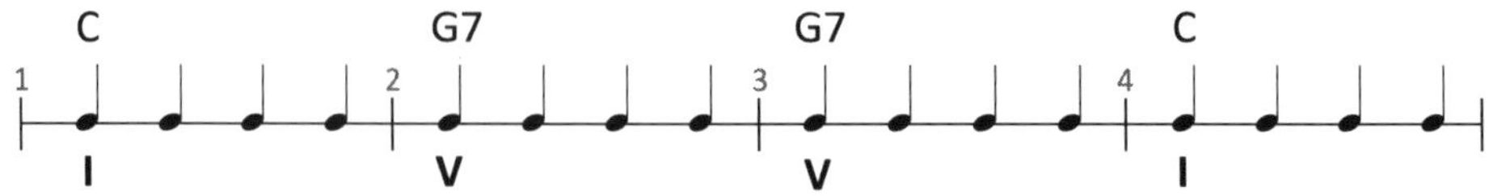

Ihr erkennt, die Akkordfolge für sich alleine hört sich völlig schlüssig an. Daran liegt es also auch nicht. Aber es klingt nicht nach »Tom Dooley«, sondern nach irgendeinem anderen Song.

Das belegt, dass die Akkordfolge in den Formteilen oft mehr zum Charakter des Songs beiträgt als die Melodie! Sie gibt uns einen »harmonischen Rhythmus« als prägendes Merkmal. In der Praxis bedeutet das, dass man ganze Formteile reharmonisieren kann, in dem man sich an den Schlusswirkungen der dazugehörigen Akkordfolge orientiert.

Kadenz

Eine Akkordfolge mit Schlusswirkung nennt man eine Kadenz. Akkordfolgen ohne Schlusswirkung heißen Progression oder (aus dem Englischen) schlicht Changes. Heutzutage wird der Begriff Kadenz manchmal auch allgemein für eine Akkordfolge verwendet. Ich möchte von dieser Verallgemeinerung abraten. Man sollte aus einem musikalischen Begriff auch eine bestimmte Klangvorstellung ableiten können. In diesem Fall geht es um Schlusswirkungen und nur mit Schlusswirkung ist eine Akkordfolge auch eine Kadenz!

Die Mutter aller Kadenzen ist die Verbindung der Stufenakkorde I – IV – V – I. Diese Akkordfolge gilt als die klassische Kadenz. (Klassisch im Sinne von grundlegend oder ursprünglich. Sie wird auch Grund- oder Vollkadenz genannt.)

Charakteristisch für die Vollkadenz ist der Quintfall der Akkordgrundtöne. Der harmonische Ablauf führt zunächst vom tonalen Zentrum weg (z.B. C→F) und fällt dann wieder zurück zum tonalen Zentrum! (z.B. G→C)

Daher kommt auch der Name »Kadenz« (lat.: *cadere* = fallen).

Hier einige häufig vorkommende Kadenzen:

I – V – I **authentische Kadenz**

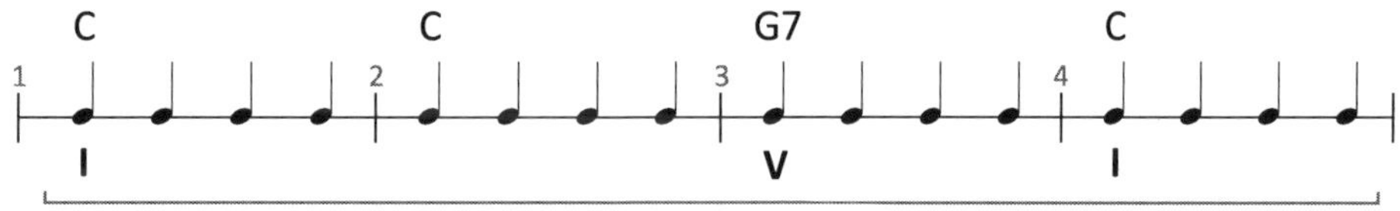

I – IV – V – I **klassische Kadenz (KK)**

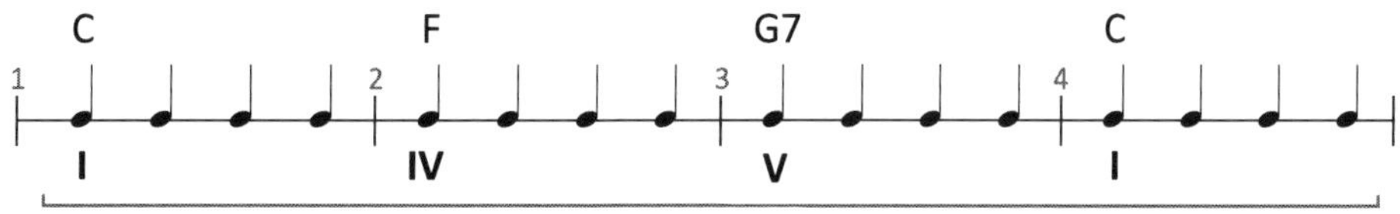

I – II – V – I **Variante KK** (Subdominante durch Parallele ersetzt)

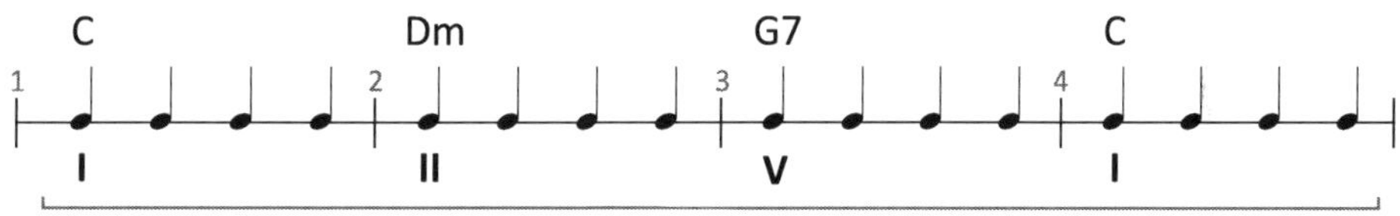

I – VI – IV – V – I **Variante KK** (Tonika mit Tonikaparallele ergänzt)

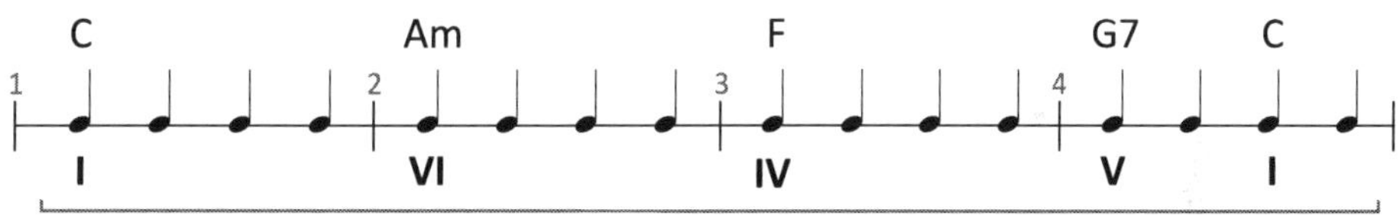

I – VI – II – V – I **Variante KK** (Tonika mit Tonikaparallele ergänzt und Subdominante durch Parallele ersetzt)

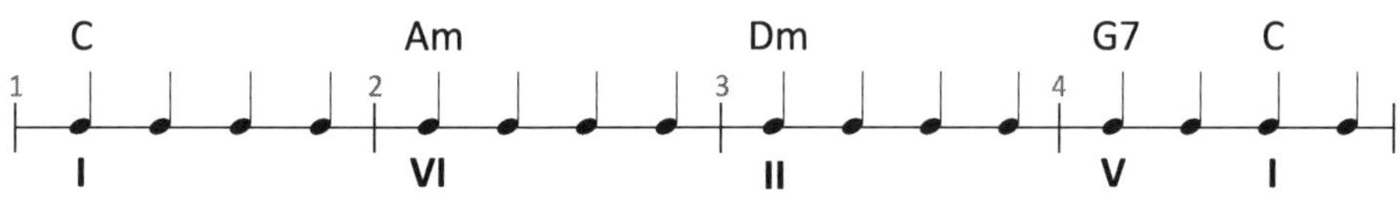

II – V – I **Jazzkadenz** (wird wie der Name schon sagt im Jazz verwendet)

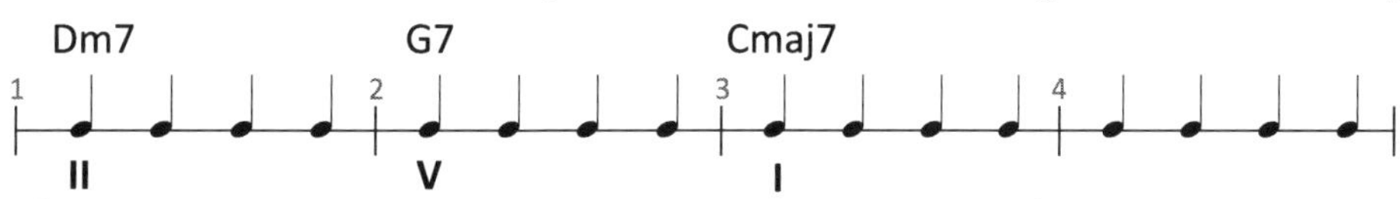

I – IV – I **Amen-Kadenz** (Der Plagalschluss wird gerne als Schlusswendung in geistlicher Musik benutzt. Wegen seiner weiten Verbreitung im Gospel wird er auch gerne Gospel- oder eben Amen-Kadenz genannt.)

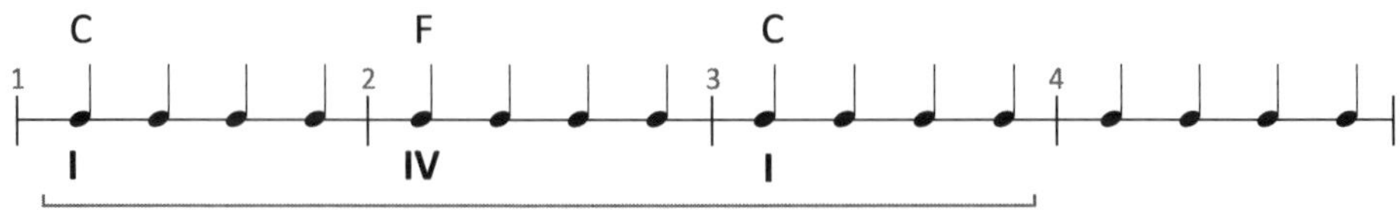

Spielt diese Kadenzen bitte einige Male durch, damit ihr einen Klangeindruck bekommt. Einiges wird euch bekannt vorkommen.

Bis zu diesem Punkt haben wir nur leitereigene Stufenakkorde verwendet. Diese klingen schon alleine deswegen zusammen, weil sie einer gemeinsamen Tonart angehören. Unser Gehirn kann also alle Klangerlebnisse reibungslos in die Intervallstruktur um das tonale Zentrum herum einordnen.

Chromatik in Akkordfolgen

Wie bereits erwähnt, kann unser Gehirn aber auch schnell andere sinnvolle Strukturen in einer Akkordfolge erkennen.

Spielt bitte einige Male folgende Akkorde durch und versucht festzustellen, was genau den Sound ausmacht.

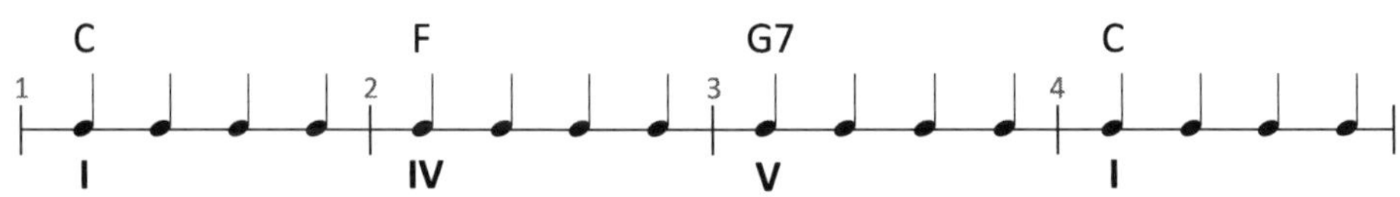

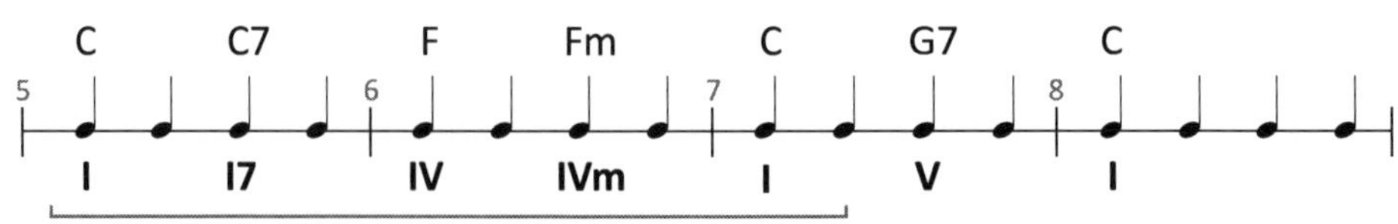

Variante der Amen-Kadenz

Was nehmt ihr wahr? Warum funktioniert hier eine Tonika als Dur7-Akkord? Warum klingt in Takt 6 der F-Moll im Anschluss an das F-Dur so schlüssig, so etwas funktioniert doch sonst nicht? Ist das C7 wirklich einfach nur eine Zwischendominante zum F? Dann müsste das doch auch bei »Kumbaya« oder »Fröhliche Weihnacht« schlüssig klingen! Tut es aber nicht! (Bitte probiert es aus!)

Welches Ordnungsprinzip erkennt unser Ohr also in Takt 5 und 6?

Ich gebe euch einen Tipp. Welche Eigenschaft hat diese Tonreihe:
b♭, a, a♭, g

Richtig, diese Töne bilden ein Kette aus absteigenden Halbtonschritten. Sobald unser Gehirn diese Ordnung erkannt hat, kann es auch tonartfremde Töne zufriedenstellend einordnen. Natürlich geschieht diese Einordnung vor dem Hintergrund des tonalen Zentrums und der damit verbundenen Tonart. Chromatische Durchgänge innerhalb einer Akkordfolge könnte man aber als »Sekundäres Ordnungsprinz« der musikalischen Wahrnehmung sehen.

Ordnet nun die Töne *b♭, a, a♭, g* den Akkorden in unserem Beispiel zu.

Zurück zur praktischen Anwendung. Bei der Reharmonisierung eines Stückes können wir manchmal auch Kadenzen mit gleicher Schlusswirkung durch ihre Varianten ersetzen. Dabei möchte ich für den autenthischen Schluss die I – VI – II – V -und für den Plagalschluss die I – I7 – IV – IVm Verbindung heraussuchen.

Die Akkordfolge I – VI – II – V kommt in der modernen Musik sehr häufig vor. Im Jazz wird sie gerne am Ende einer anderen Akkordfolge eingesetzt um wieder zum Anfang zu gelangen. Sie wird deshalb gerne auch als »Turnaround« bezeichnet. Andere Akkordfolgen, die ebenfalls als Turnaround eingesetzt werden, sind meistens Variationen der »1625er« (sechzehnfünfundzwanziger), wie sie umgangssprachlich auch genannt wird.

Für die I – I7 – IV – IVm Verbindung möchte ich den Begriff »Subdominantkadenz« einführen, da hier die Subdominante der zentrale Akkord ist um den es sich dreht. Auch die Subdominantkadenz kann in verschiedenen Varianten auftreten. Ich habe mich für diese entschieden, weil sie für uns Gitarristen spieltechnisch am leichtesten ist.

Substitution von Formteilen

Nun wollen wir versuchen, die Subdominantkadenz und den Turnaround auch in der Praxis zu benutzen.

Dazu bietet sich »Swannee River« an. Hier haben wir in der Grundharmonisierung immer abwechselnd eine »Authentische Kadenz« und eine »Amen-Kadenz«. Die Akkorde wechseln halbtaktig. Lediglich in Takt 3 und 4 haben wir nur einen Akkord. Dadurch steht in Takt 4 die Dominante, die dann zur zweiten Hälfte des Stückes führt (vergl. Halbschluss).

Swannee River

Stephen Foster

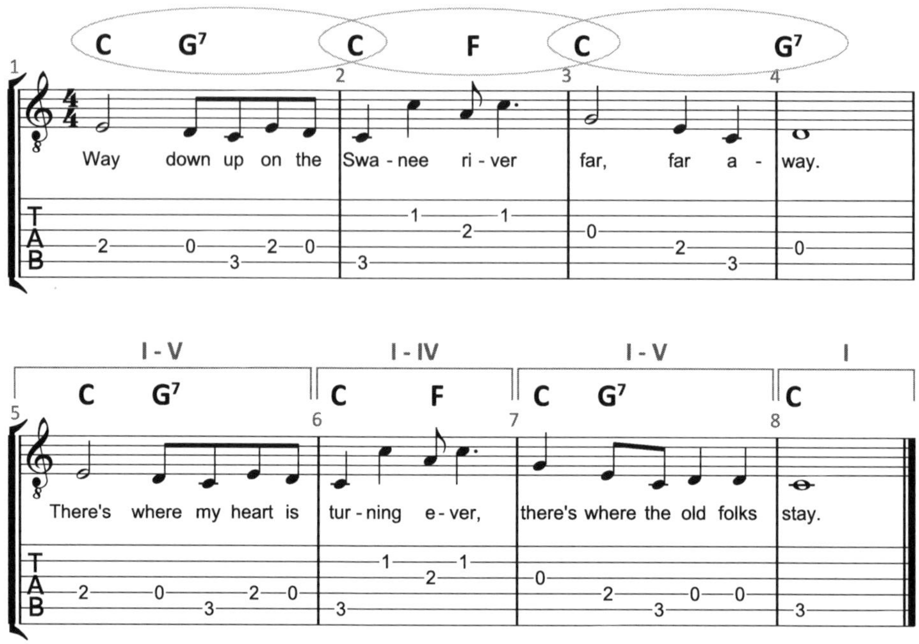

Spielt wie immer das Stück zuerst ein paar Mal durch, damit sich Melodie und Harmonie einprägen. Dann setzt je nach Schlusswirkung 1625er und Subdominantkadenzen ein. Spielt langsam, denn dadurch entstehen Akkordwechsel auf jedem Taktschlag. Nur in Takt 3 und 4 wechseln wir jetzt halbtaktig.

Das Ergebnis sieht so aus:

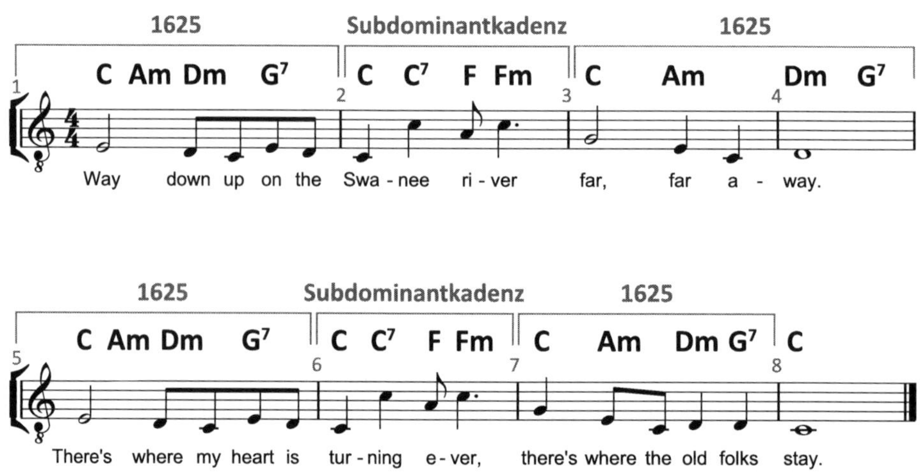

Okay, ich gebe zu, durch die penetrant gleichen Akkordfolgen klingt das jetzt nicht sehr spannend - aber es funktioniert! Ich habe diese Harmonisierung auch deshalb verwendet, um anhand eines Beispiels aufzuzeigen, wie ein interessantes Stilmittel uninteressant werden kann, wenn man es zu oft anwendet. Die folgende Harmonisierung finde ich persönlich viel schöner:

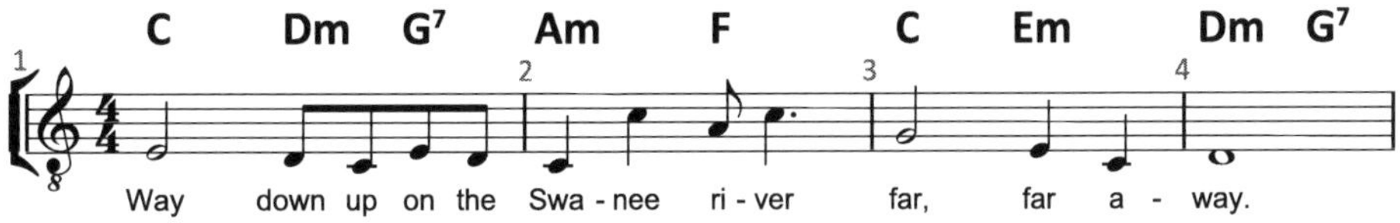

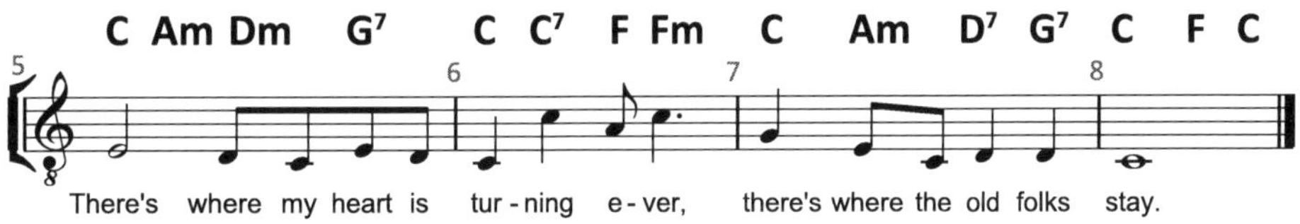

Was hab ich gemacht?

Takt 1: II vor V
Takt 2: VI statt I
Takt 3: III ergänzt I
Takt 4: II vor V
Takt 5: Turnaround
Takt 6: Subdominantkadenz
Takt 7: VI ergänzt I und Doppeldominante vor Dominante
Takt 8: Schlusswendung (Amen - Kadenz)

Versucht das alles nachzuvollziehen und sucht in euren Songs nach Stellen, wo ihr Turnaround oder Subdominantkadenz einsetzen könnt (z.B. »Careless Love«, »Guten Abend gut Nacht«). Wenn die Akkordwechsel des Ausgangsmaterials rhythmisch nicht passen, muss man auch nicht gleich verzweifeln. Da hilft es oft, kontinuierlich jeden Beat des Taktes anzuschlagen. Mit ein wenig gutem Willen geht dann sogar eine Subdominantkadenz in »Fröhliche Weihnacht«.

Fröhliche Weihnacht
(Takt 9 und 10)

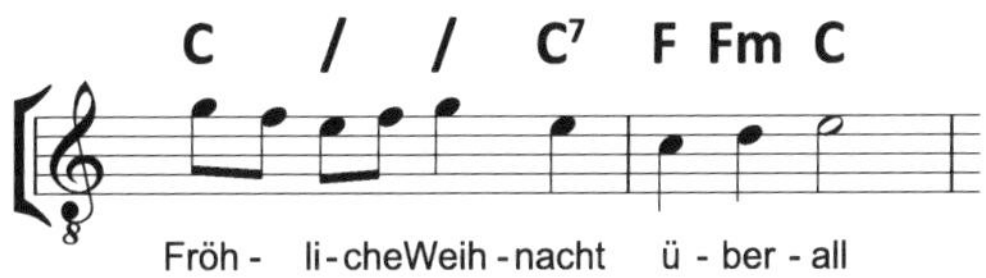

Dominantketten

Nehmt nun bitte wieder »Swannee River« und setzt auf den 2. Schlag in Takt 7 ein A7 und probiert aus, wie das klingt.

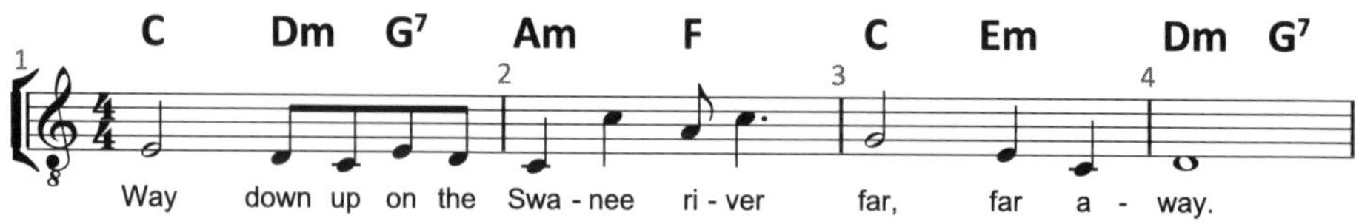

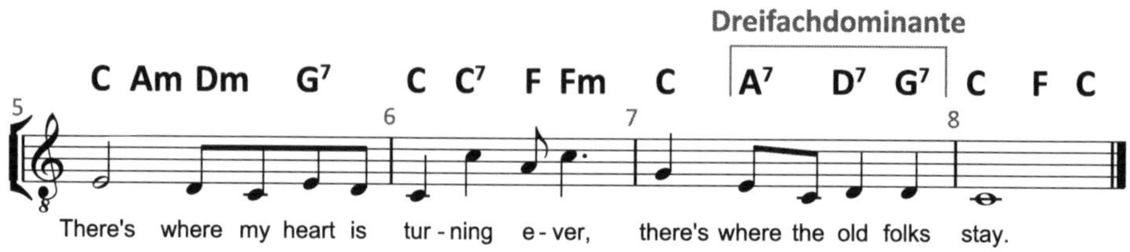

Der Effekt ist im Prinzip der Gleiche wie bei einer Doppeldominante die zur Dominante führt, die sich dann auflöst. Nur dass wir hier die Dominante der Doppeldominante eingefügt haben. Diese Dreifachdominante führt zur Doppeldominante und die führt zur Dominante der Tonart die sich dann auflöst. Okay, wir sagen wohl besser Dominantkette dazu.

Manchmal kann man den Dominantbereich auch mit Dominantketten substituieren. Oft muss man ihn dabei etwas vergrößern, in dem man vom vorherigen Bereich etwas wegnimmt. Im Spiel geschieht das meist intuitiv. Wenn wir uns aber Takt 7 genau anschauen sehen wir, dass nur noch der erste Taktschlag zur Tonika gehört und der zweite Taktschlag nun zum Dominantbereich gehört. Wir greifen also damit in das Spannungsgefüge des Songs ein, und dass das nicht ungestraft bleibt, haben wir ja bei »Tom Dooley« gesehen. Hier funktioniert das auch nur, weil lediglich ein einzelner unbetonter Taktschlag in der Funktion verändert wird und auch der Melodieton passt.

Bei der Reharmonisation eines Songs sind Dominantketten also nur selten zu gebrauchen. Mir geht es an dieser Stelle auch eher darum, ein weiteres Ordnungsprinzip aufzuzeigen. Dieses sollte euch mittlerweile klar ersichtlich sein: Die Dissonanz der Dominante will sich auflösen. Dabei geht's um Leitton und Quintfall. Aber ätsch, es folgt keine Tonika sondern eine Dominante, die will sich auflösen... usw.

Dieses Prinzip kann man natürlich auch noch erweitern. Es dient dabei aber weniger zur Reharmonisation, als mehr zur Komposition. Im Jazz sind ganze Formteile aus Quintenketten keine Seltenheit.

Aufgabe 1: **Tragt in folgende Tabelle die Akkorde von Turnaround und Subdominantkadenz für die jeweilige Tonart ein.**

Tonart	Turnaround I - VI - II - V	Subdominantkadenz I - I7 - IV - IVm
C-Dur		
G-Dur		
D-Dur		
A-Dur		
E-Dur		

Aufgabe 2: **Analysiert folgende Akkordfolgen. Schreibt dazu die Funktion des Akkordes unter das Kürzel. Benutzt dabei folgende Abkürzungen: T = Tonika, D = Dominante, S = Subdominante, DD = Doppeldominante, Dv = Zwischendominante (Dominante von), Tp = Tonikaparallele, Sp = Subdominantparallele**

»Freight Train«: **C / G7 / C / E7 / Am / G7 / C**

»Father and Son«: **G / D / C / Am7 / G / Em / Am / D**

»We Shall Overcome«:

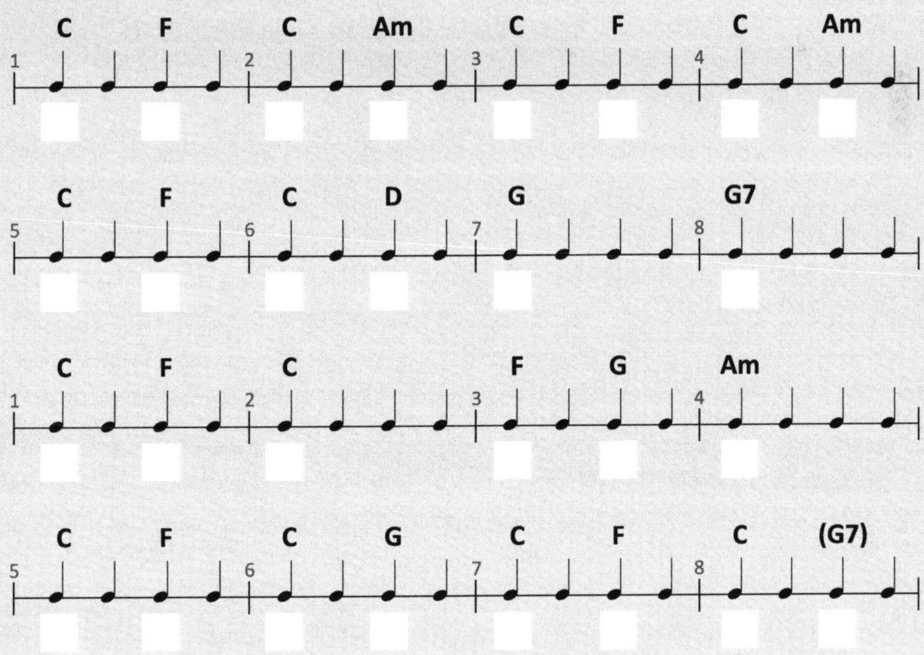

16. DIE AKKORDLAGE

Fingerstyle

Bei den bisher behandelten Themen hat es ausgereicht, die bekannten Standard- und Barrée-Griffe zu greifen und die Saiten durchzuschlagen. Bei den nun folgenden komplexeren musikalischen Zusammenhängen genügt das leider nicht mehr. Ab jetzt müssen wir klassische bzw. Fingerstyle-Techniken benutzen, um die beschriebenen Abläufe nachvollziehen zu können.

Akkordtöne als Stimmen

Die Töne, die in einem Akkord erklingen, nennt man Stimmen. Das hat damit zu tun, dass sie genau das auch ursprünglich waren, nämlich menschliche Stimmen. Wie in vielen anderen Kulturen auch, war bei uns der Gesang ein wesentliches Element bei religiösen Zeremonien. Man schrieb dem Gesang mehr Kraft und Wirkung zu, wenn möglichst viele Sänger zugleich sangen. Der Chor war geboren.

Damit hatte man aber auch ein Problem geschaffen. Verschiedene Menschen haben auch verschiedene Stimmlagen. Man stellte schnell fest, dass es eine gute Idee ist, nicht einfach jeden das Gleiche singen zu lassen. Wenn jemand einen bestimmten Ton nicht singen konnte, nahm er eben die Quinte als nächste Konsonanz. Damit hatte man schon eine Zweistimmigkeit. Dieses System wurde im Laufe der Zeit weiterentwickelt. Bald sang man auch noch Terzen bzw. Sexten dazu, veränderte die Rhythmik bei den einzelnen Stimmen und stellte fest, dass dadurch interessante klangliche Phänomene zustande kommen. Manches klang toll, anderes grässlich, vieles »wirkt« erst in einer bestimmten tonalen Umgebung usw. Es entwickelte sich ein komplexes Regelwerk, mit dem die Komponisten arbeiten konnten, ohne permanent vier Sänger (man hatte sich mittlerweile auf vier Stimmen geeinigt ...) dabei zu haben, um zu testen wie sich das jetzt anhört. Diese Kompositionstechnik nennt man den »vierstimmigen Tonsatz«. Aber das sei nur einleitend erwähnt.

Wir Gitarristen können den vierstimmigen Tonsatz auf unserem Instrument nur sehr bedingt nachvollziehen, daher will ich das auch nicht weiter vertiefen. Aber es ist auch für uns wichtig, die einzelnen Töne des Akkords als »Stimme« zu begreifen, die von Akkord zu Akkord eine Melodie singt. Wenn wir also eine einzelne Stimme aus einer bestimmten Akkordverbindung isolieren, sollte sie auch nach einer Melodie klingen, und nicht nach einer willkürlichen Anordnung von Tönen. Und sie muss in der gleichen Stimmlage bleiben, also große Tonsprünge vermeiden. Wenn man diese Dinge beachtet, ergeben sich in einer Akkordverbindung zwangsläufig unterschiedliche Anordnungen der einzelnen Töne.

Wenn man z.B. eine Vollkadenz in C-Dur nimmt und die Töne der Akkorde so sortiert, dass die Töne der einzelnen Stimmen möglichst eng zusammen liegen, (das heißt auch, dass gleiche Töne liegen bleiben!) erhält man verschiedene Akkordstellungen. Damit ist die Lage der Töne im Akkord gemeint.

Beispiel:

Vollkadenz

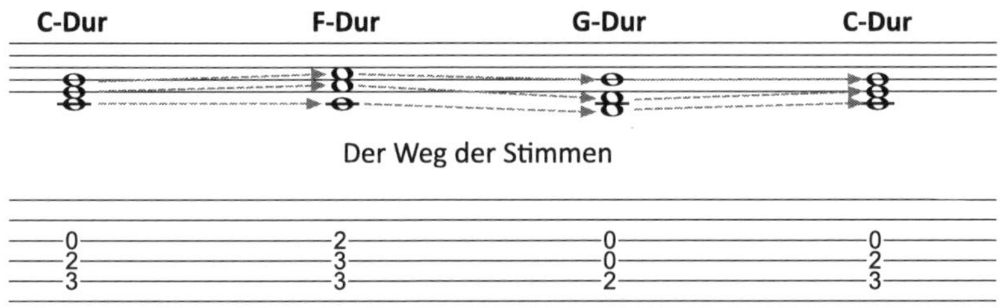

Melodie und Harmonie

Wenn es gut klingen soll sehen wir also, dass es nicht ganz egal ist, wie die Töne des Akkordes liegen. Es ist also auch keine gute Idee, einfach nur einen Barrée-Griff auf dem Griffbrett zu verschieben. Spielt mal C-Dur - F-Dur - G-Dur - C-Dur als Barrée im 8. - 1. - 3. - 8. Bund. Das klingt nicht sehr geschmeidig, oder? Das liegt daran, dass hier alle Stimmen die gleichen Tonsprünge machen. Ihre Lagen im Akkord bleiben immer gleich. Anders ausgedrückt: Alle Stimmen spielen die gleiche Melodie. Die Harmonie untereinander verändert sich nicht. Das heißt auch, unser Gehirn ordnet das Klangerlebnis ein unter »Es erklingt eine Melodie bestehend aus gestaffelten Tönen«. Das ist ein typisch gitarristisches Phänomen. Ein Pianist würde nie auf die Idee kommen eine Akkordfolge so zu spielen. Das bedeutet auch: Wo immer lediglich Barrée-Akkorde »verschoben« werden, sollten wir gar nicht erst versuchen diese Akkordverbindungen nach funktionsharmonischen Zusammenhängen zu untersuchen. Auch wenn es diese gibt, sind sie nur theoretischer Natur. Unsere Wahrnehmung ist in solchen Fällen melodisch und nicht harmonisch.

Stimmführung

Um die Lage der Akkordtöne zu beschreiben, gibt es verschiedene Systeme. Im klassischen Bereich dominieren Dreiklänge, dort spricht man von Umkehrungen und benennt die Intervalle, die von der Grundstellung (Terzschichtung) abweichen.

Umkehrung bedeutet:

- Ich nehme den tiefsten Ton und setze ihn nach oben (Oktave). Mache ich das von der Grundstellung aus, erhalte ich die 1. Umkehrung. Das zweite Intervall des Akkordes ist nun keine Terz mehr, sondern eine Quarte. Ich habe nun einen Quartakkord (Kennzeichnung: 4).
- Versetze ich nun wiederum den tiefsten Ton nach oben, erhalte ich die 2. Umkehrung. Hier habe ich vom tiefsten Ton aus eine Quarte und eine Sexte. Es ist ein Quartsextakkord (Kennzeichnung 6/4).
- Versetze ich nun wiederum den tiefsten Ton nach oben, erhalte ich wieder die Grundstellung.

Zur Verdeutlichung hier die Umkehrungen eines C-Dur-Akkordes.

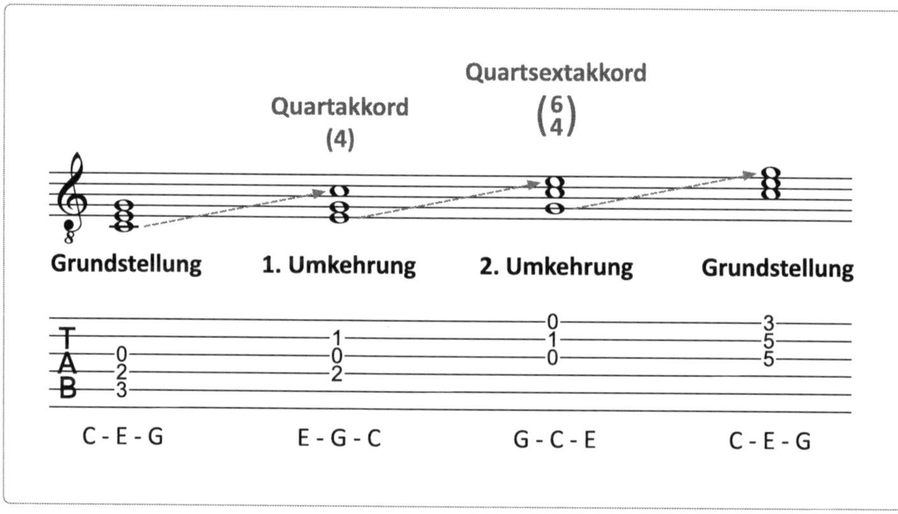

In der modernen Musik in der viele Vier- und Mehr-Klänge gespielt werden, hat es sich durchgesetzt, die Akkordlage nach ihrem oberen Ton zu benennen. Der Melodie eines Songs verläuft so gut wie immer in der Oberstimme, daher kommt es auch im Akkord auf den oberen Ton an, da dieser in der Regel zur Melodie gehört. Die anderen Akkordtöne bilden eine dazu passende Harmonie ab. Bei ihnen ist die Stellung nicht ausschlaggebend (es gibt Ausnahmen, doch dazu später mehr).

In der Jazz-Harmonik, die normalerweise auch bei der Pop- und Rockmusik angewendet wird, spricht man auch von Akkordlage – meint aber damit nur die Oberstimme und beziffert diese nach ihrem Grundintervall. Die Lage der Stimmen nennt man im Jazz »Voicing«.

- Ist die Quinte oben, schreibt man eine 5 (Quintlage) auf den Akkord.
- Ist der Grundton oben, schreibt man eine 8 (Oktavlage).
- ist die Terz oder die Septime oben, eine 3 oder eine 7 (Terz- oder Septlage).

Hier als Beispiel eine kleine Akkordverbindung in D

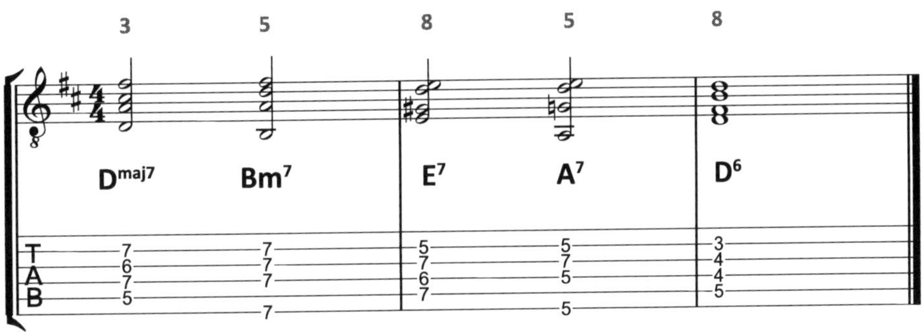

Spielt hier auch die Melodie der einzelnen Stimmen separat durch. Also von jedem Akkord den höchsten Ton, danach immer den zweithöchsten usw. (Für die Tabspieler: Die Töne die auf einer Saite liegen, gehören auch zu einer Stimme. Nur die Bassstimme wechselt zwischen A- und E-Saite.)

So bekommt ihr auch eine Klangvorstellung von den unterschiedlichen Melodien der einzelnen Stimmen.

Die meisten Gitarristen orientieren sich eher an Akkordsymbolen als am klassischen Tonsatz und seinen Stimmführungsregeln. Außerdem ist es spieltechnisch auf der Gitarre nicht möglich, jeder Stimmführung zu folgen. Wer schon einmal versucht hat, Klaviernoten auf der Gitarre zu spielen, kann ein Lied davon singen. Auch ist es nahezu unmöglich für Gitarre zu komponieren, wenn man sie nicht selbst spielt. Aber viele interessante Akkordverbindungen funktionieren nur aufgrund ihrer Stimmführung. Wie wichtig die sein kann, habt ihr ja schon bei der Subdominantkadenz gemerkt.

TESTBOGEN KAPITEL 16

1. **Warum werden die Akkordtöne als Stimmen bezeichnet?**	
2. **Beschreibe kurz Grundstellung, erste und zweite Umkehrungen eines Dreiklangs.**	
3. **Welcher Ton erklingt beim G-Dur als Quartakkord in der Oberstimme?**	
4. **Welcher Ton erklingt beim F-Dur als Quartsextakkord in der Oberstimme?**	
5. **Wann steht in der modernen Musik ein Akkord in Terzlage?**	

17. DER GITARRENAKKORD

Machbarkeit

Als wichtigste Grundregel für den Gitarrenakkord gilt: Man muss ihn spielen können! Das ist, wie schon erwähnt, nicht bei jedem Akkord in jeder Akkordlage gegeben. Instrumentspezifisch sind uns Gitarristen da einige Grenzen gesetzt. Zwar könnte man meinen, mit sechs Saiten spielt man ja sechs Töne, aber wenn man genau hinschaut stellt man fest, dass die ganzen »Griffe« ob offen (also mit Leerseiten) oder als Barrée, maximal Vierklänge abbilden. Manche Töne erklingen also mehrmals. Vier Töne reichen grundsätzlich aus um jede Harmonie abbilden zu können. Selbst wenn Optionstöne (Tensions) dazu kommen, können wir, um diese zu spielen, einen anderen Ton weglassen und dennoch den richtigen Sound haben. Doch dazu später.

Wie gesagt, gilt grundsätzlich, dass ein Akkord auf der Gitarre auch spielbar sein muss. Wir können uns nicht darauf verlassen, dass wir eine Leersaite mitbenutzen können, um die Akkordtöne zu spielen. Das wäre eher Zufall. Einen Cmaj7 geht mit Leersaiten, ein C♯maj7 schon nicht mehr.

Leersaiten

Das bedeutet also, wenn wir unsere Akkorde tonartunabhängig spielen wollen, dürfen wir ausschließlich gegriffene Töne benutzen. Wir greifen mit vier Fingern, also spielen wir auch Vierklänge (Maximal! Weniger geht natürlich immer, mehr ist eher die Ausnahme.) Wenn wir vier Töne greifen, schlagen wir auch vier Töne an. Plektrumspieler müssen beim Akkordspiel Saiten, die nicht erklingen sollen, mit der Greifhand zusätzlich abdämpfen. Dabei entsteht ein »Schrap-Geräusch«, das oft unangenehm klingt. Eleganter ist es, Daumen, Zeigefinger, Mittelfinger und Ringfinger zu benutzen um vier Saiten anzuschlagen. Mit dieser Fingerstyle-Technik haben wir wesentlich mehr Möglichkeiten unser Spiel zu gestalten und vermeiden außerdem hässliche Nebengeräusche.

Da wir gerade bei der Praxis sind. Ihr habt vielleicht auch schon gemerkt, dass man Grifftabellen oder die »Akkorde-Finder« aus dem Internet getrost vergessen kann, sobald es um mehr als »Lagerfeuer-Gitarre« geht. Sobald es um fortgeschrittenes Akkordspiel geht, ist es nicht mehr egal, wo die einzelnen Töne liegen!

Grundsätzlich kann man sich an zwei Faustregeln orientieren. Erste Faustregel: Wenn der Akkord einen Melodieton harmonisiert, gehört dieser Melodieton in die Oberstimme. Die zweite Faustregel lautet: Der Grundton gehört in den Bass! Das ist wichtig, damit wir ihn auch als Grundton wahrnehmen. Vergesst bei aller Theorie nicht, dass es hier immer um musikalische Wahrnehmungen geht.

C6 vs. Am7

Beispiel: Die Akkorde Am7 und C6 bestehen aus den gleichen Tönen(*a-e-c-g*), klingen aber klar unterschiedlich nach Moll und Dur. Das liegt daran, dass sich der Am7 auf der Mollterz *a-c* aufbaut und der C6 auf der Durterz *c-e*. Dabei müssen diese Intervalle noch nicht einmal real erklingen. Es reicht schon aus, wenn der entsprechende Grundton im Bass erklingt, da wir die weiteren Akkordtöne immer in Bezug auf den Grundton wahrnehmen.

Hier seht ihr die Standartvarianten von C6 und Am7. Spielt und lauscht ...

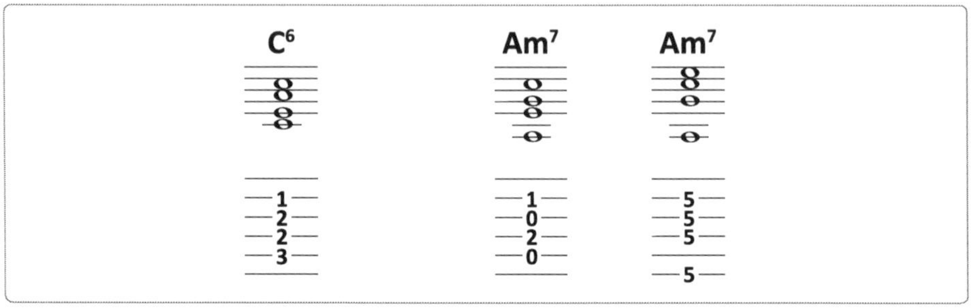

In den beiden Am7-Varianten erscheint die Mollterz C erst in der zweiten Oktave. Aber auch wenn wir die Töne langsam nacheinander anschlagen, erkennen wir deutlich den Moll-Akkord.

Das machen wir uns zunutze, um nicht eine halbe Million Griffe auswendig lernen zu müssen, von denen wir die meisten gar nicht gebrauchen können. Wir entwickeln unsere Griffe selbst! Wir haben schließlich gelernt, Akkordsymbole richtig zu deuten. Wir können zwar nicht jeden beliebigen Akkord in allen möglichen Stimmlagen spielen, das ist richtig, aber mit ein wenig Übung können wir jede beliebige Harmonie darstellen! Das ist es schließlich, worauf es beim Akkordspiel ankommt. In der Praxis geht es uns also gar nicht darum, unbedingt alle Töne zu spielen, die durch das Akkordsymbol angezeigt werden! Es ist natürlich gut, wenn wir das können, und dann sollten wir es auch tun. Aber wenn es dabei Probleme gibt, können wir durchaus unwichtige Töne weglassen.

Da wäre zuerst die Quinte. Sie klingt so konsonant mit dem Grundton, dass sie kaum einen eigenen Anteil am Akkordklang hat. Wenn es darum geht, einen Ton weglassen zu müssen, ist die Quinte immer die erste Wahl. In 99% aller Fälle ist das dann auch ausreichend um den Akkord nun spielen zu können. Aber im Extremfall genügt es sogar, nur die Töne zu spielen, die das charakteristische Intervall des Akkords bilden. Bei einem Dur-Akkord besteht es aus Grundton und großer Terz, bei einem Moll-Akkord Grundton und kleiner Terz. Bei einem Dominant-Akkord besteht es aus Terz und Septime. Hier ist der Tritonus das charakteristische Intervall und dieser funktioniert auch ohne Grundton.

Einige von euch haben sicher schon festgestellt, dass in dem C6 unseres Vergleiches die Quinte G fehlt.

Aufgabe: Versucht spielbare Varianten von C6 zu finden, die alle Töne *c-e-g-a* enthalten. Das C muss im Bass stehen. Das ist nicht so einfach, geht aber! Vergleicht den jeweiligen Sound mit dem C6 aus unserem Beispiel.

Erledigt? – Okay.

Welche Schwierigkeiten hattet ihr dabei? Konntet ihr alle erforderlichen Töne auf Anhieb auf dem Griffbrett finden? Selbst wenn man sofort weiß, wo überall ein C, ein E, ein G und ein A ist, muss man erst mal zusehen, wie man die Töne in einen »Griff« bekommt. Auch ausgebildete Notisten kommen manchmal ins Schwitzen. Sie können zwar Noten sofort auf dem Griffbrett umsetzen, kommen aber oft mit der Akkordsymbolik nicht zurecht.

Ganz davon abgesehen ist es immer ein Umweg das Akkordsymbol zunächst in seine Töne aufzuschlüsseln, diese Töne dann auf dem Griffbrett zu suchen und dann eine Möglichkeit zu finden diese auch alle greifen zu können.

Ich möchte euch nun eine Möglichkeit aufzeigen, das Akkordsymbol direkt auf das Griffbrett zu übertragen, ohne das Symbol vorher in seine Töne aufschlüsseln zu müssen! In einer einfachen Form macht ihr das ja bereits, nämlich mit Barrée-Akkorden. Viele können auf Anhieb ein G♯ - Moll, oder ein E♭7 spielen, sind sich aber gar nicht bewusst, welche Töne sie da im einzelnen greifen. Wie machen die das?

Sie suchen den Grundton auf einer Basssaite, setzen an dieser Stelle den Barrée an und setzen mit den restlichen Fingern den gleichen Griff auf, den sie auch bei den offenen Akkorden verwenden. Je nach dem auf welcher Basssaite der Grundton liegt, als »E-Typ« oder »A-Typ«, seltener als »D-Typ«.

Dieses Prinzip wenden wir nun auch ohne Barrée an. Der Unterschied liegt darin, dass wir nun keinen festgelegten Grifftyp benutzen, sondern zunächst mal schauen, welche Töne wir von einem Grundton X aus überhaupt greifen können. Aus diesen Tönen suchen wir dann diejenigen heraus die den gewünschten Sound erklingen lassen. Dazu denken wir direkt in den Intervallen, die das Akkordsymbol anzeigt, ohne den Umweg über Tonnamen zu gehen.

Griffentwicklung

Wir müssen dazu nur die Intervalle in einem Bund von drei verschiedenen Grundtönen aus auswendig lernen.

1. Fall: Grundton auf der tiefen E-Saite

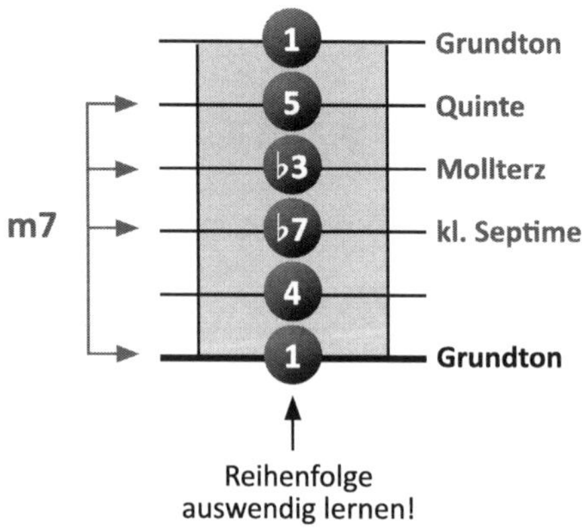

Wenn der Grundton auf der 6. Saite (tiefe E- Saite) liegt, habe ich im gleichen Bund folgende Intervalle:

5. Saite – Quarte (Die 5. und 6. Saite benutzen wir normalerweise nur als Basssaite. Ist der Basston auf der 6. Saite, bleibt die 5. in der Regel leer.
4. Saite – kl. Septime
3. Saite – kl. Terz
2. Saite – reine Quinte
1. Saite – Grundton (in der zweiten Oktave)

Wir erkennen einen Moll7-Akkord auf den Saiten 6, 4, 3, 2. Solche Moll7-Akkorde mit dem Grundton auf der 6. Saite werden häufig mit dem Mittelfinger auf der Basssaite und dem Ringfinger im Barrée auf den Saiten 2, 3, 4 gegriffen.

Ich habe also die Intervalle 7 – ♭3 – 5 im Bund des Grundtones. Nennen wir diesen Bund einmal »Grundtonbund«. Von diesem Grundtonbund aus, kann ich ohne Anstrengung 2 Bünde höher oder tiefer greifen. Die Intervalle eines Akkordes kann ich mir einfach und sehr schnell von denen im Grundtonbund ableiten. Ich brauche nur ein oder zwei Halbtonschritte höher oder tiefer zu denken.

Zur Verdeutlichung: Dur7 erhalte ich, wenn ich vom ♭3 einen Bund höher gehe. Noch ein Bund weiter und ich bin bei der 7sus4 (Quarte). Wenn ich von der ♭7 einen Bund höher gehe, bin ich beim maj7 – einen Bund tiefer bei der 6 (oder ♭♭7) die ich für »vermindert« brauche. ♭5 oder ♯5 heißt, ich muss die 5 einen Bund tiefer oder höher greifen.

In dieser Grafik seht ihr einige Intervalle eines »Greifbereiches«:

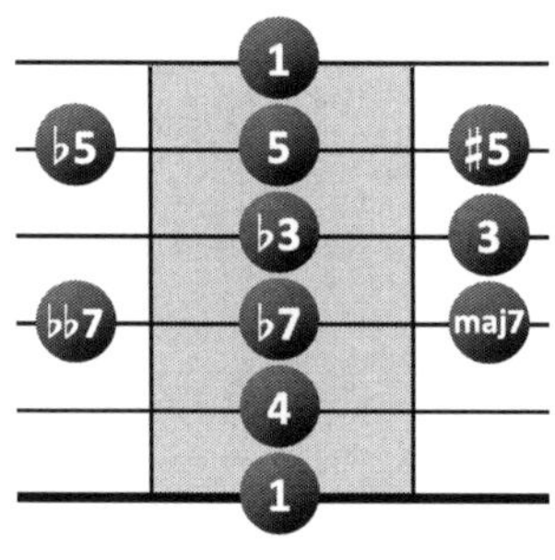

Wenn wir die Intervalle eines Bundes vor unserem inneren Auge haben, ist es leicht, diese einfach ein bis zwei Bünde höher oder tiefer zu denken und so gut greifbare Akkordtöne zu finden.

Das gleiche Intervalldenken nutzen wir natürlich auch, wenn der Grundton des Akkordes auf der 5. Saite (A-Saite) liegt.

2. Fall: Grundton auf der A-Saite

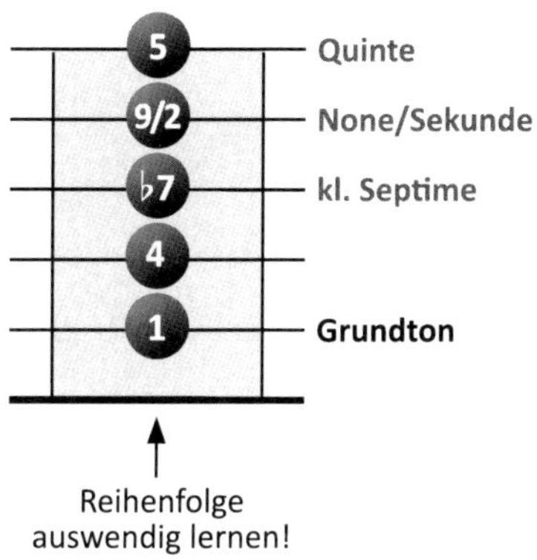

Wenn der Grundton auf der A-Saite liegt, habe ich im gleichen Bund folgende Intervalle:
4. Saite – Quarte
3. Saite – Septime
2. Saite – Sekunde oder None
1. Saite – Quinte (in der zweiten Oktave)

Beispiel: E7♯9 leite ich mir durch folgende Gedankenkette her:

- *E→E-Saite ist nicht praktikabel→die 1 spiele ich besser auf der A-Saite im 7. Bund*
- *nächste Saite ist 4→die Durterz ist also einen Bund tiefer*
- *nächste Saite ist die ♭7, die brauche ich*
- *nächste Saite ist die 9 also einen Bund höher zur ♯9*
- *nächste Saite ist die Quinte→brauch ich nicht.*

→Mittelfinger auf die 1
→Zeigefinger auf die 3
→Ringfinger auf die ♭7
→und der kleine Finger greift die ♯9.

Fertig.

Der »Griff« sieht dann so aus:

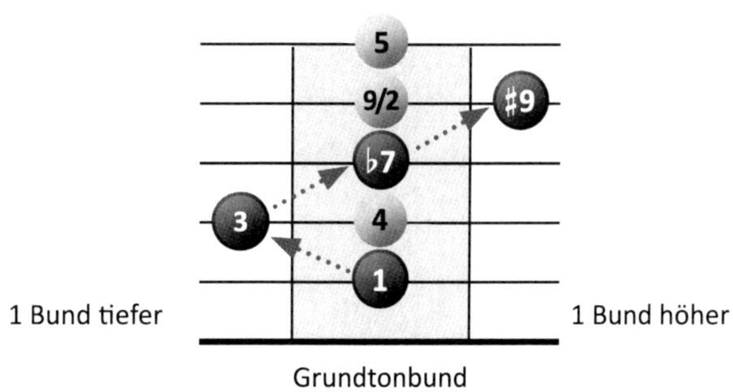

3. Fall: Grundton auf der D-Saite

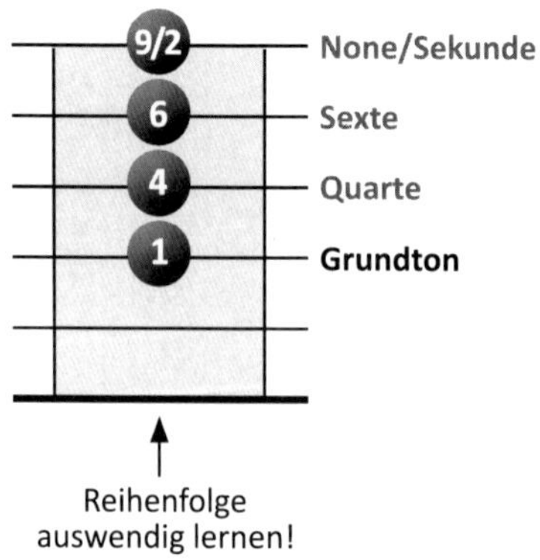

Wenn der Grundton auf der D-Saite liegt, habe ich im gleichen Bund folgende Intervalle:
3. Saite – Quarte
2. Saite – Sexte
1. Saite – Sekunde oder None

Töne auf dem Griffbrett

Diese Art der Akkordherleitung setzt natürlich voraus, dass wir auf Anhieb die Grundtöne auf den Basssaiten finden. Ich stelle immer wieder fest, dass viele Gitarristen in den höheren Lagen ins Schleudern kommen, wenn es um die Töne auf dem Griffbrett geht.

Wie man sich innerhalb einer Woche perfekt auf dem Griffbrett auskennt:

Montag: Tiefe E-Saite. Spielt alle Stammtöne auf der tiefen E-Saite vom E bis zum Anschlag (mindestens 12. Bund). Also *e-f-g-a-b-c-d-e* (in Bünden: 0-1-3-5-7-8-10-12). Sprecht dabei den jeweiligen Ton laut aus! So lernt ihr das 10 mal schneller, als wenn ihr euch den Ton nur denkt. Macht das 20 mal (Strichliste führen). Dann 20 mal rückwärts spielen und aussprechen! Also *e-d-c-b-a-g-f-e*. Dadurch bringt das Gehirn den Ton wirklich mit der Stelle auf dem Griffbrett in Verbindung und sagt nicht einfach nur das ABC auf. Anschließend die Töne der Stufenakkorde der C-Dur-Tonleiter spielen und benennen (also: *c-e-g, d-f-a, e-g-b* usw.). Das je 10 mal vorwärts und rückwärts. Diese ganze Übung dauert etwa 15 Minuten.
Dienstag: Das gleiche auf der **A-Saite.**
Mittwoch: Das gleiche auf der **D-Saite**.
Donnerstag: Das gleiche auf der **G-Saite.**
Freitag: Das gleiche auf der **B-Saite.**
Samstag: Das gleiche auf der **hohen E-Saite**. (Doch, doch..., und zwar, damit unser Gehirn diese Stellen direkt mit dem Ton in Zusammenhang bringt und nicht den gedanklichen Umweg über die tiefe E-Saite nimmt.)
Sonntag: Auf allen Saiten die Stammtöne ein paar mal Rückwärts spielen und benennen.

Wenn ihr diese Woche durchzieht, kennt ihr euch anschließend super auf dem Griffbrett aus. Es genügt auch völlig, nur die Stammtöne zu lernen! Alle alterierten Töne finden wir über die Stammtöne. Beispiel: Wenn ich ein Gis brauche, gehe ich vom G einen Bund höher. Wenn ich ein As brauche, vom A einen Bund tiefer.

Dreiklänge auf den Diskantsaiten

Wenn wir mit anderen Gitarristen oder in einer Band spielen, klingt es oft nicht so gut, wenn zwei Gitarren das Gleiche spielen, oder man bekommt Haue vom Bassisten, weil man sich in seinem Frequenzbereich herumtreibt. Dem kann man abhelfen indem man sich auf die 3 Diskantsaiten beschränkt. Dort haben wir für jeden Basisdreiklang drei Positionen die wir abwechselnd benutzen können. Durch das unterschiedliche Voicing entstehen dabei hübsche Klangvariationen.

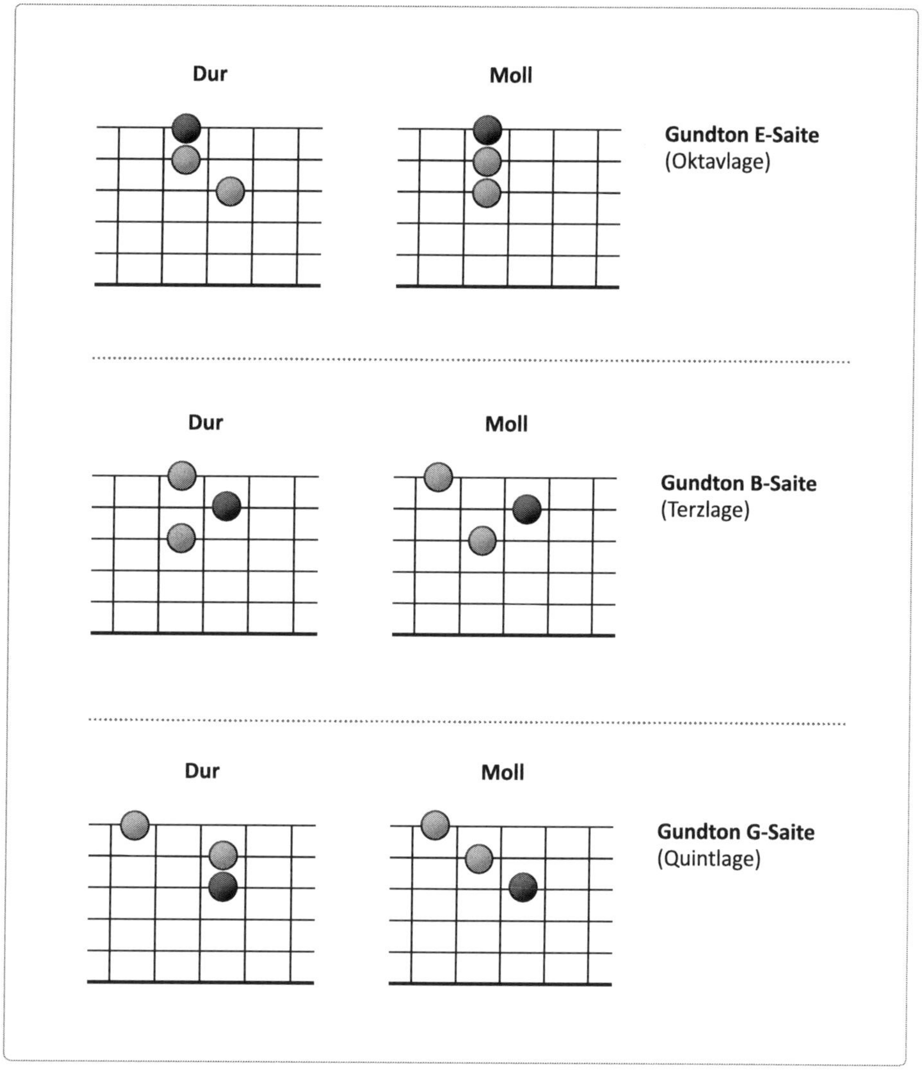

Die Lage bezeichnet den Ton, der in der Oberstimme zu hören ist.

TESTBOGEN KAPITEL 17

Aufgabe: Entwickelt jeweils ein mögliches Griffbild von der E-Saite, A-Saite und D-Saite für folgende Akkorde: Xmaj7, X7, Xm7, X07, X7b5 (X steht für einen beliebigen gegriffenen Grundton.)

Unterschiedliche Lösungen möglich.

Gundton E-Saite

Xmaj7 **X7** **Xm7** **X07** **Xm7♭5**

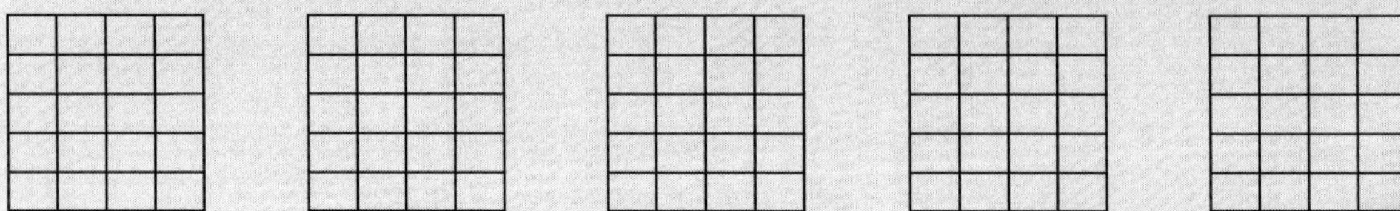

Gundton A-Saite

Xmaj7 **X7** **Xm7** **X07** **Xm7♭5**

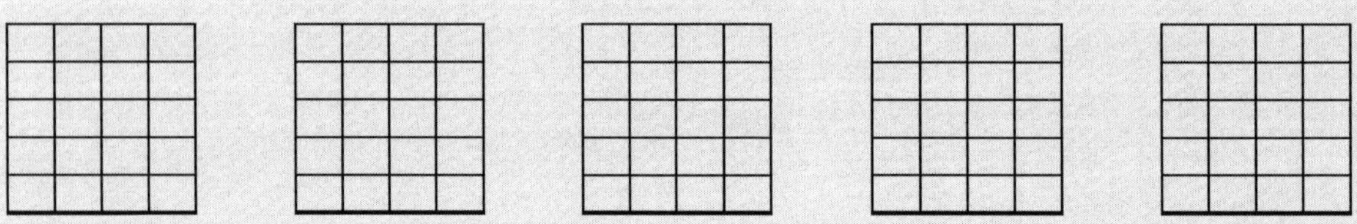

Gundton D-Saite

Xmaj7 **X7** **Xm7** **X07** **Xm7♭5**

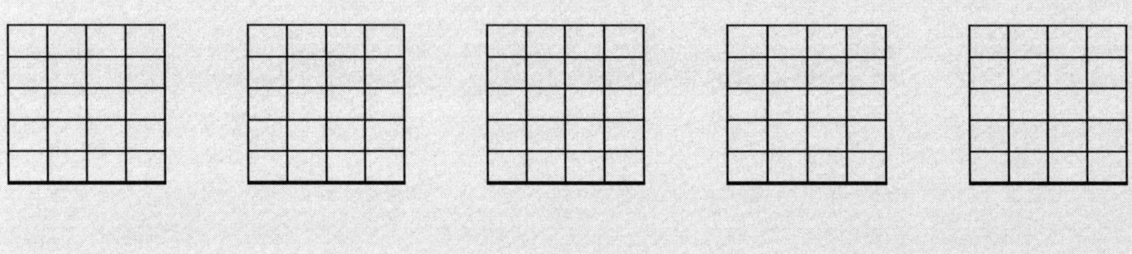

18. DIE QUINTFALLSEQUENZ

Eine Quintfallsequenz ist ein Akkordfolge, bei der die Grundtöne absteigende Quinten bilden. (Hinweis: In der Literatur ist hier manchmal von Quartfolgen oder Ähnlichem die Rede. Lasst euch davon nicht verwirren. Gemeint ist das Gleiche. Vergl. Kapitel 15 »Kadenz«)

Spielt bitte einmal diese Akkordfolge durch: Am, Dm, G, C, F. Hört sich gut an, nicht wahr? Aber wie geht es weiter? Mit dem nächsten Akkord müsste man nun die Tonart verlassen. (Grundton B♭)

Wenn man bei der 6. Stufe einer Tonart anfängt, kommt man 5 Akkorde weit. Der erste wird als Tonika wahrgenommen und unser Gehirn hat keine Probleme mit der weiteren Einordnung. Wenn man mit einem Dur-Akkord anfängt, kommt man maximal 3 Akkorde weit. (Und das auch nur, wenn man es irgendwie schafft, sein Gehirn dazu zu überreden, den ersten erklingenden Akkord als Dominante wahrzunehmen. Meines weigert sich hartnäckig!) Wirklich etwas anfangen kann man mit einer Quintfallsequenz also nur wenn sie in Moll steht. Dann kann sie aber die Grundlage eines kompletten Songs sein. (z.B. Carlos Santana: »Europa« , Bart Howard: »Fly Me To The Moon«)

Experimentiert nun ein wenig mit der obigen Akkordfolge. Wie hört es sich an, wenn man sie auf 4 oder auf 8 Takte verteilt? Wie kann man sie überhaupt auf 8 Takte verteilen? Probiert alles aus, was euch einfällt. Von 4 Takte Am und dann Dm, G, C, F, - bis Am, Dm, G, C und dann 4 Takte lang das F.

Wie hört es sich an, wenn man das F weglässt? Bildet sich bei euch so etwas wie eine natürliche Gliederung heraus, die ihr als angenehm empfindet, bei der aber das Ende fehlt?

Es würde mich nicht wundern wenn diese so aussieht:

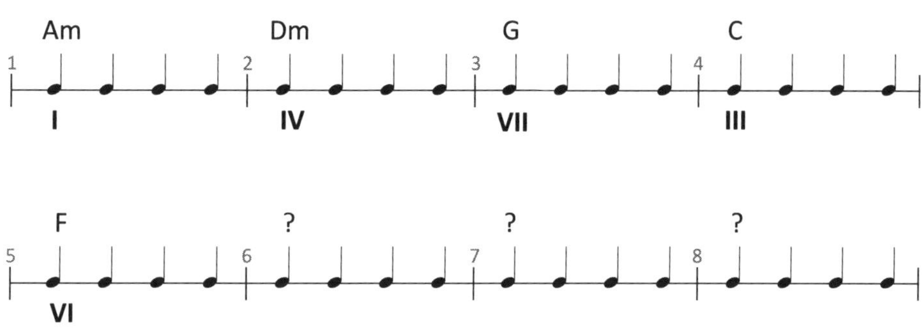

Bei dieser Gliederung verläuft im ersten Satzglied ein ähnlicher Spannungsbogen wie bei der klassischen Kadenz, nur dass dieser hier auf dem Trugschluss basiert. Am und C bilden je einen Tonikabereich, aber nun ist der C-Dur-Akkord die Tonikaparallele. Der G-Dur-Akkord wird durch den Trugschluss G-Am dominantisch empfunden. Auf diesem Trugschluss-Prinzip beruhen ganze Songs wie z. B. »Lady in Black«. Aber das nur am Rande.

Damit wäre eigentlich alles gesagt, was es zu einer Quintfallsequenz zu sagen gibt. Ich will euch aber nicht mit so einer unfertigen Nummer zurückzulassen. Das wäre doch sehr unbefriedigend, oder?

Werden wir einfach mal kreativ und komponieren Takt 6 – 8 selbst. Schließlich haben wir mittlerweile schon ziemlich viel gelernt. Damit wird es aber auch sehr Individuell. Bei der Reharmonisation hatten wir immerhin noch einen vorgegebenen Song. Hier nur fünf Akkorde, die erst noch was werden wollen. Ich kann und will euch auch nicht vorschreiben, wie ihr komponieren sollt! Aber ich kann euch zeigen, was bei mir herauskommt und wie ich zu diesem Ergebnis gekommen bin.

Ich sitze also mit den Akkorden da (ich spiele Vierklänge, also Am7, Dm7, G7, Cmaj7, Fmaj7.) und frage mich: Wie geht's nun weiter?

Feststeht, ich muss irgendwie wieder zur Tonika Am zurückkommen. Mit einer einfachen V - I - Verbindung wäre das dann in Takt 8 ein E7. Dazu könnte man in Takt 7 das B7 als Doppeldominante nehmen. Diese Verbindung passt sich auch gut in die allgemeine Quintfallumgebung ein. Damit hätten wir nur noch Takt 6 ... Das müsste schon ein Akkord mit B♭ als Grundton sein, sonst passt das einfach nicht zur Quintfallsequenz. (Während all dieser Überlegungen hab ich die Gitarre in der Hand und probiere durch, was mir gerade so einfällt.) B♭ führt ja auch Chromatisch zum B. Der erste Gedanke ist B♭m7♭5 ... klingt nicht ... B♭m7? Nee, Moll passt da gar nicht, ... B♭maj7? Ja! Das ist es. B♭-Dur würde auch gehen, klingt aber nicht so geschmeidig.

Ihr seht, dass man in kniffligen Situationen trotz aller Theorie immer noch ausprobieren muss, was gut klingt. Im Nachhinein versuchen wir nun zu sehen, woran das liegt.

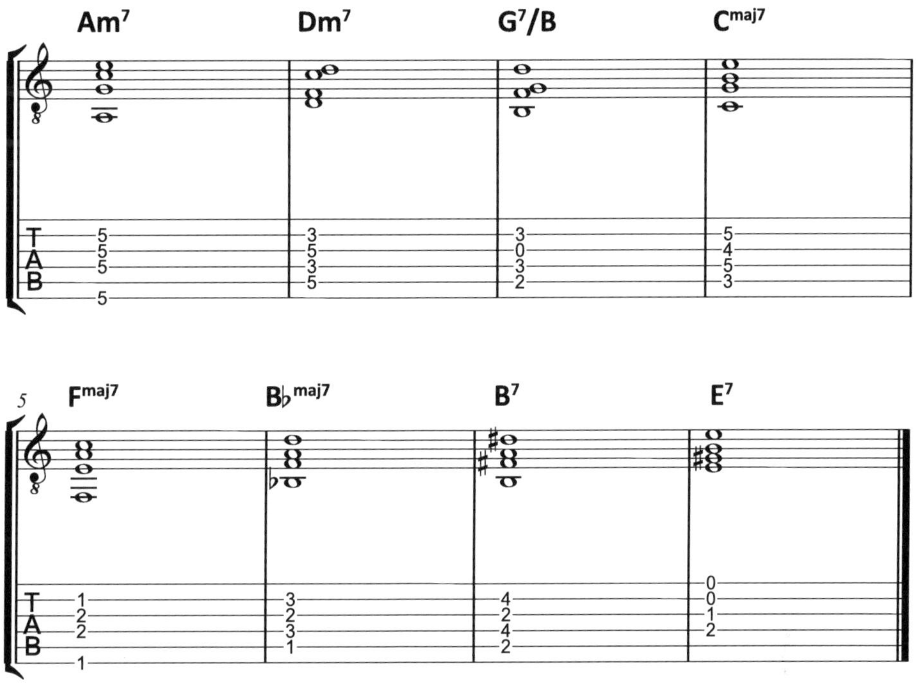

Im B♭maj7 ist die Terz *f-a* enthalten, diese macht den B♭maj7 terzverwandt mit dem Fmaj7. Außerdem bleibt so das *a* vom Fmaj7 bis zum B7 liegen. Später habe ich dann noch wegen einer hübschen chromatischen Annäherung der Basstöne das Voicing im G7 geändert, aber das ist reine Geschmacksache.

Hierzu gibt es jetzt keine besondern Aufgaben außer: Spielen, hören, experimentieren!

19. DIE TRITONUSSUBSTITUTION

Die Tritonussubstitution geht von zwei Tatsachen aus:

1. Der Tritonus ist mit sich selbst komplementär. Also hat er auch in der Umkehrung exakt den gleichen Spannungsgrad.

2. Das charakteristische Intervall einer Dominante ist der Tritonus.

Damit ist es nicht weit bis zu der Überlegung, dass ein Dominantseptakkord einen zweiten ersetzen kann, wenn dieser den komplementären Tritonus enthält.

Beispiel:

G7=	G	B	D	F
D♭7=	D♭	F	A♭	B
		Tritonus		**Tritonus**

Das funktioniert auch sehr gut, zumindest in einer harmonischen Umgebung, die schon etwas nach Jazz klingt. Wir können uns also merken: Ein Dominantseptakkord kann durch einen andern ersetzt werden, der einen Halbtonschritt über dem Grundton der Tonart erklingt. (Wird als Stufe mit »♭II7« abgekürzt.) Das mag sich zunächst kompliziert anhören. Ist es aber nicht. Man muss einfach nur schauen zu welcher Tonika die Dominante gehört (z. B. G7 ist die Dominante von C-Dur, also ist D♭7 das Tritonussubstitut).

Wir Gitarristen haben aber in der Regel ein spieltechnisches Problem mit der Tritonussubstitution. Wie bereits erwähnt, sind komplexere Harmonien erst mit der entsprechenden Stimmführung wirklich schlüssig und dieser können wir nun mal nicht immer folgen.

In der Praxis ist die Tritonussubstitution vor allem für diejenigen interessant, die selbst komponieren oder arrangieren und so von vornherein auf eine spielbare Stimmführung achten können. Ansonsten besteht der praktische Bezug dieser Information eher darin, eine Tritonussubstitution zu erkennen, wenn man auf eine trifft. Manchmal stoßen wir in Songsbooks auf Dominantseptakkorde, die einfach nicht passen wollen. Wenn wir dann feststellen, dass es sich hierbei um Substitute handelt, können wir sie wieder umkehren.

Kompositionen oder Arrangements sind halt oft auf dem Klavier entstanden und so für uns Gitarristen nicht immer nachvollziehbar. Daher habe ich für euch eine kleine Akkordfolge mit einer Tritonussubstitution auf der Gitarre komponiert:

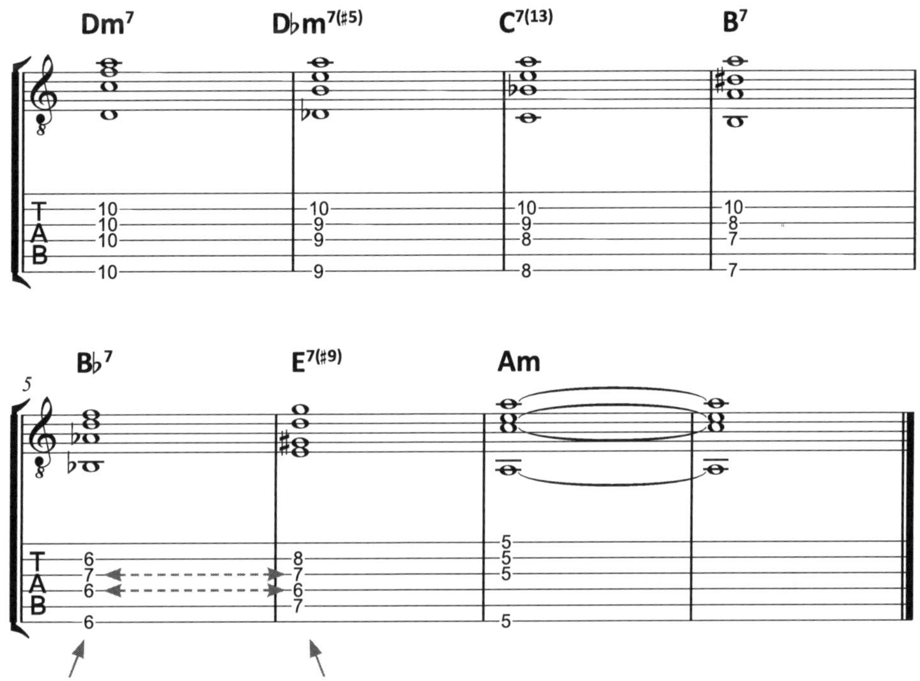

B♭7 = Tritonussubstitut von E7

Dieses Akkordfolge lässt sich auch gut als Intro für die Quintfallsequenz des vorigen Kapitels verwenden. Fühlt euch auch frei, rhythmisch daran herumzubasteln. Bei allen meinen Beispielen habe ich absichtlich auf jede rhythmische Gestaltung verzichtet, da es in erster Line um die harmonische Wahrnehmung geht.

Abschließend möchte ich noch auf einen besonderen Effekt hinweisen.

Wenn wir eine Dominantkette nehmen und jeden zweiten Akkord durch sein Tritonussubstitut ersetzen, erhalten wir eine Dominantkette mit chromatisch absteigenden Grundtönen!

Dominantkette	B7	E7	A7	D7	G7
Substitution		B♭7		A♭7	
chromatische Dominantkette	B7	B♭7	A7	A♭7	G7

20. KURZ UND KNAPP

1. Der Moll-Trugschluss Spielt bitte folgende Akkordfolge: G, B7, C Warum passt das B7? Antwort: Das B7 ist die Dominante der Tonikaparallele Em. Es handelt sich hierbei um einen Moll-Trugschluss. Das heißt, die Dominante des Moll-Akkordes klingt im Trugschluss zu dessen Dur-Parallele. Der Bezugsakkord liegt in diesem besonderen Fall *vor* der Dominante.

2. Der »sus« Akkord Wird in einem Akkord die Terz durch die Quarte (4) oder Sekunde (2) ersetzt, entsteht im Klang eine Spannung, die sich zur Terz hin auflöst. In der Klassik spricht man dabei von einem »Vorhalt«, der aufgelöst werden muss! Im Jazz hat sich der sus4 als eigenständiger Akkord etabliert. In der Rock- und Pop-Musik werden solche Vorhalte, die sich sofort wieder auflösen, gerne als Umspielung des Basisdreiklangs eingesetzt (zum Beispiel »Summer Of 69«).

3. Der Moll-6 Akkord Er kommt in der Literatur relativ häufig vor, ist aber eine klanglich irreführende Bezeichnung die man eigentlich mehr als Spielanweisung interpretieren sollte. Wegen dem Tritonus ♭3-6 entspricht unsere Wahrnehmung nicht der eines »reinen« Moll-Akkordes, sondern der eines moll7♭5 (VII. Stufe in Dur) in der ersten Umkehrung. Der »m6« ist also klar dem Dominantbereich zuzuordnen (siehe Kapitel 14 »Substitution der Dominante«).

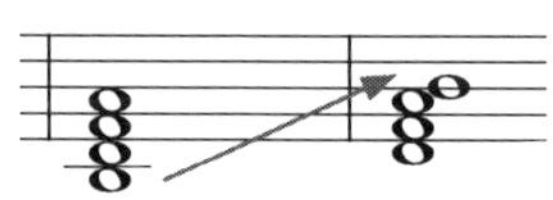

Bm7♭5 Grundstellung — **Bm7♭5 1. Umkehrung (Dm6)**

(Nebenbei bemerkt: Erinnert ihr euch an das Begriffsmonster »Dominantseptnonenakkord mit tiefalterierter Quinte ohne Grundton«? Das ist auch ein m7♭5!)

4. Der Spannungston Ein Spannungston ist ein Ton, der zusätzlich zum Basisdreiklang erklingt. Er bildet milde Dissonanzen (große Sekunde) mit den umgebenden Tönen des Basisdreiklangs und wird als Klangfarbe eingesetzt (zum Beispiel C6, Cadd9).

5. Die »avoid Note« »Der zu vermeidende Ton«. Er bringt eine unerwünschte scharfe Dissonanz (kleine Sekunde) in den Basisdreiklang und ist daher zu vermeiden. In der Dur-Tonleiter bilden Terz und Quarte eine kleine Sekunde, daher gilt hier die Quarte als der zu vermeidende Ton.

Zum Abschluss eine letzte Aufgabe für den Selbsttest.

Beschreibt mit euren eigenen Worten den harmonischen Verlauf in der alten Frank Sinatra-Nummer »My Way«. Ich hoffe, dass die meisten von euch den Song kennen.

An eindeutigen Stellen könnt ihr Funktionskürzel benutzen, aber beschränkt euch nicht darauf. Erklärt euch selbst, was in dem Song harmonisch passiert. Achtet dabei auch auf chromatische Ordnungen.

My Way

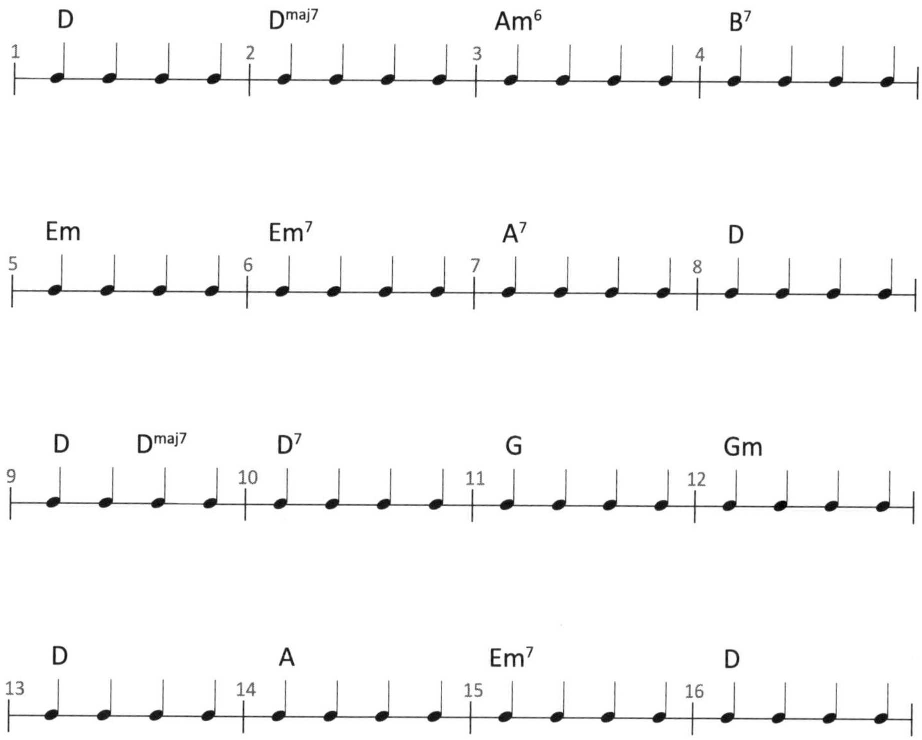

Einen Lösungsvorschlag findet ihr auf der nächsten Seite.

Takt 1: Tonika (Anfangs und Schlussakkord. Das tonale Zentrum ist D.)

Takt 2: Tonika maj7 (Wahrnehmung eines chromatischen Abstiegs *d-c♯*)

Takz 3: Verkürzte (ohne Grundton) Tonika7 (Fortführung des chromatischen Abstiegs *d-c♯-c*)

Takt 4: B7 als Zwischendominante für Takt 5 (Fortführung des chromatischen Abstiegs *d-c♯-c-b*). Es fällt auf, dass das *f♯* als konstanter Akkordton der ersten 4 Takte erklingt.

Takt 5-8: Jazzkadenz (Im Jazz übliche II-V-I-Verbindung. Schlusswirkung authentisch.)

Takt 9: Tonika und Tonika maj7 (Wahrnehmung des gleichen chromatischen Abstiegs *d-c♯* wie in Takt 1 und 2)

Takt 10: Tonika7 (Dieses Mal nicht substituiert, wie in Takt 3, aber gleiches Prinzip des chromatischen Abstiegs *d-c♯-c*)

Takt 11: Subdominante (Fortführung des chromatischen Abstiegs *d-c♯-c-b*, dieses Mal als Terz der Subdominante)

Takt 12: vermollte Subdominante = Fortführung des chromatischen Abstiegs *d-c♯-c-b-b♭* (Moll), Takt 9 - 12 bilden eine Subdominantkadenz

Takt 13: Tonika

Takt 14: Dominante

Takt 15: Subdominantparallele (Jazzige Variante der Bluestypischen V-IV-Verbindung)

Takt 16: Tonika

Wenn ihr mit euren Worten ungefähr das Gleiche ausgedrückt habt, habt ihr die harmonischen Vorgänge in »My Way« verstanden.

Ich möchte aber nicht unerwähnt lassen, dass eine andere Denkweise die Subdominantkadenz dominantisch deutet. Das entspräche einer V - I - Verbindung, bzw. einer V - Im - Verbindung. Dazu müsste man aber die Tonika, wenn auch nur kurzzeitig, dominantisch wahrnehmen und das kann ich persönlich hier nicht nachvollziehen. Auch nicht beim Tonika7-Akkord. Ein Dur-Dreiklang mit kleiner Septime ist, übrigens auch in der europäischen Musik, schon seit Wagner nicht mehr unbedingt als Spannungsakkord mit dominantischem Charakter zu deuten.

Nachwort

Ich hoffe, ihr habt Nutzen aus diesem Buch ziehen können und vielleicht auch einige »Aha-Erlebnisse« gehabt. Ich bin mir im Klaren darüber, dass manche von euch gerne noch etwas über dieses und jenes Thema gelesen hätten, oder tiefer in das ein oder andere Thema eingestiegen wären.

Aber man kann nicht ALLES schreiben! Ich habe ein Kapitel über den Blues angefangen und dann wieder verworfen, als ich bemerkte, dass ich dann nicht mehr um detaillierte Beschreibungen von Spieltechniken und Rhythmik herumkäme. Das hätte völlig den Rahmen gesprengt.

Den Rahmen gesprengt hätte auch ein tieferer Einstieg in die klassische Formenlehre, Funktionstheorie oder Tonsatz. Erstens ist das für uns Gitarristen nur bedingt nachzuvollziehen, und zweitens existieren auf dem Markt bereits zahlreiche Fachbücher, die solche Themen aufgreifen.

Vielleicht ist auch manches für den ein oder anderen zu »gitarristisch«. Man sollte dabei aber auch bedenken, dass man musikalische Wahrnehmung nicht von dem dazugehörigen Instrument »wegtheoretisieren« darf. Ein Trompeter hat z.B. eine ganz andere Begriffswelt als ein Gitarrist.

In diesem Buch musste ich natürlich auch Begriffe benutzen, um Zusammenhänge zu erklären. Ich möchte sie aber nicht als starre Definitionen verstanden wissen. Es gibt auf dem Gebiet der Harmonielehre schon zu viele Menschen, die aus einem unflexiblen Begriffsverständnis heraus die vielfältige und farbige Klangwelt wie mit einer Schablone betrachten.

Den Lesern, die nun, um einiges Wissen reicher, das Buch schließen, möchte ich abschließend zurufen: Bleibt offen, bleibt flexibel, bleibt aber auch misstrauisch! Hütet euch vor schablonenhaftem Denken und vor übertriebener Büchergläubigkeit! Auch bei diesem Buch.

Und vertraut euren Ohren!

Wolfgang Meffert

TESTBOGEN KAPITEL 2

1.	**Welche Eigenschaften hat ein Ton?**	Tonhöhe - Tondauer - Lautstärke
2.	**Wie viele Linien hat ein Notensystem?**	5
3.	**Wofür werden Hilfslinien benötigt?**	Um Töne aufzuschreiben, die so hoch oder tief klingen, dass sie nicht mehr in das Notensystem passen.
4.	**Welche Linie im Notensystem kennzeichnet der Violinschlüssel?**	Die 2. Linie von unten. Auf dieser Linie liegt der Ton G.
5.	**Welche Note hat den größten Zeitwert?**	Die ganze Note mit dem Zeitwert 1.
6.	**Wie entstehen Noten mit kleineren Zeitwerten?**	Durch fortwährende Halbierung. (Ganze-/ Halbe-/ Viertel- / Achtelnote usw.)
7.	**Woran erkennt man eine halbe Note?**	Notenkopf ist nicht ausgefüllt.
8.	**Woran erkennt man eine Achtelnote?**	Am Fähnchen oder Balken am Notenhals.
9.	**Wie viele Achtelnoten klingen zusammen genommen genauso lange wie eine halbe Note?**	4
10.	**Was bedeutet ein Punkt hinter einer Note?**	Diese Note wird um die Hälfte ihres Wertes verlängert.
11.	**Was ist ein Haltebogen?**	Sind zwei Noten der gleichen Tonhöhe mit einem Bogen verbunden, so addieren sich die Zeitwerte beider Noten. Nur die erste Note wird angeschlagen, erklingt aber solange wie beide Noten zusammen.
12.	**Was bedeutet dieses Zeichen?** 	halbe Pause (Zeitwert 1/2)
13.	**Was bedeutet dieses Zeichen?** 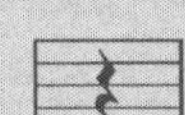	Viertelpause (Zeitwert 1/4)
14.	**Was sind Triolen?**	Teilung eines Notenwertes in drei statt in zwei Teile. Zum Beispiel wird eine Viertel in drei »Triolenachtel« geteilt.
15.	**Was ist eine Betonung?**	Eine Note die lauter als die umgebenden Noten erklingt.
16.	**Was sagt das Taktmaß aus?**	Wie viele Schläge zwischen den Betonungen liegen (Zähler) und welches Zeitmaß die Schläge haben (Nenner).
17.	**Was ist ein Auftakt?**	Ein unvollständiger Takt, der dadurch entsteht, dass ein Lied mit einer unbetonten Silbe anfängt.

1.	Welches ist der kleinstmögliche Abstand zwischen zwei Tönen?	Der Halbtonschritt
2.	Wie viele Halbtonschritte umfasst eine Oktave?	12
3.	Wie viele Stammtöne gibt es?	7
4.	Schreibe die C-Dur-Tonleiter auf.	C-D-E-F-G-A-H-C
5.	Wie bezeichnet man den Raum, der sich über 8 Stammtöne erstreckt?	Oktavraum oder Oktave
6.	Wie bezeichnet man ein Intervall von 5 Tönen?	Quinte
7.	Welcher Ton ist die Quinte von C?	G
8.	Welcher Ton ist die Terz von A?	C
9.	Welcher Ton ist die Sexte von D?	H
10.	Welcher Ton ist Quarte von E?	A
11.	Welcher Ton ist die Septime von G?	F
12.	Warum gibt es zwischen den Tönen der Tonleiter Ganz- und Halbtonschritte?	Weil man 7 Töne nicht gleichmäßig auf 12 Habtonschritte verteilen kann.
13.	Welches ist die Intervallstruktur einer Dur-Tonleiter?	Ganzton-Ganzton-Halbton- Ganzton- Ganzton-Ganzton-Halbton
14.	Zwischen welchen Tönen liegen in einer C-Dur-Tonleiter die Halbtonschritte?	Zwischen E und F und zwischen H und C
15.	Zwischen welchen Tönen (gezählt) liegen in jeder Dur-Tonleiter die Halbtonschritte?	Zwischen dem 3. und 4. und zwischen dem 7. und 8. Ton.
16.	Wenn man eine Dur-Tonleiter in der Mitte »durchschneidet« erhält man 2 Teile mit der gleichen Intervallstruktur. Wie heißen diese Teile?	Tetrachord
17.	Was bedeutet ein ♯ (Kreuz) vor einer Note?	Dieser Ton wird einen Halbtonschritt höher gespielt.
18.	Welche Kreuze sind in der A-Dur Tonleiter?	3 Kreuze: Fis, Cis und Gis
19.	Was bedeutet ein ♭ vor einer Note?	Dieser Ton wird einen Halbtonschritt tiefer gespielt.
20.	Welche b-chen hat die B-Dur-Tonleiter?	2 b-chen, B und Es
21.	Nenne zwei Beispiele einer enharmonischen Verwechslung.	zum Beispiel Fis und Ges, oder Cis und Des
22.	Was finden wir im Quintenzirkel auf »4 Uhr«?	Auf 4 Uhr liegt das E. Das bedeutet, dass die E-Dur-Tonleiter 4 Kreuze enthält. F#, C#, G# und D#
23.	Was sind Generalvorzeichen?	Vorzeichen am Anfang des Notentextes, die für das ganze Stück gelten.

TESTBOGEN KAPITEL 4

1.	**Wenn zwei Töne gut zusammen klingen, sind sie dann Konsonant, oder Dissonant?**	Konsonant
2.	**Wir hören einen Ton mit der Grundfrequenz 110 Hertz. Welche Frequenzen haben die ersten 4 Obertöne?**	220 Hz, 330 Hz, 440 Hz, 550 Hz
3.	**Warum sind Oktaven harmonisch austauschbar?**	Weil in der Obertonreihe der Oktave keine anderen Frequenzen als in der Obertonreihe des Grundtones enthalten sind.
4.	**Welches ist das konsonanteste Intervall zweier verschiedener Töne und warum?**	Es ist die Quinte. Jede zweite Frequenz der Obertonreihe der Quinte ist auch in der Obertonreihe des Grundtones enthalten.
5.	**Die Grundfrequenz einer schwingenden A-Saite ist 110 Hz. Mit welcher Frequenz schwingt sie, wenn man sie im 12. Bund greift?**	Mit 220 Hz. Der 12. Bund teilt die Saitenlänge in 2 Hälften. Schwingt nur die halbe Saitenlänge erhält man die doppelte Frequenz (umgekehrt proportional).
6.	**Die Grundfrequenz einer schwingenden A- Saite ist 110 Hz. Mit welcher Frequenz schwingt sie, wenn man sie im 7. Bund greift?**	Mit 165 Hz. Der 7 Bund teilt die Saitenlänge in 1/3 und 2/3. Wenn man die Saite im 7.Bund greift und anschlägt schwingt 2/3 der Saite und wir erhalten die 3/2 Frequenz.
7.	**Was ist ein Powerchord?**	Ein Zusammenklang von Grundton und Quinte.
8.	**Was bedeutet E5?**	Es soll ein E-Powerchord gespielt werden.
9.	**Gibt es einen Ton der genau in der Mitte zwischen Grundton und Quinte liegt?**	Nein. Die Quinte umfasst 7 Halbtonschritte. Die Mitte läge bei unmöglichen 3,5 Halbtonschritten.
10.	**Wie viele Halbtonschritte umfasst eine kl. Terz?**	3
11.	**Wie viele Halbtonschritte umfasst eine gr. Terz?**	4
12.	**Gibt es eine kleine oder eine große Quinte?**	Nein. Ist die Quinte rechnerisch 6 oder 8 Halbtonschritte groß, wird sie als vermindert oder übermäßig bezeichnet.
13.	**Was ist ein Tritonus?**	Ein Intervall über 6 Halbtonschritte (drei Ganztöne)
14.	**Welche Intervalle zählen zu den vollkommenen Konsonanzen?**	Prime, reine Oktave, reine Quinte, reine Quarte,
15.	**Welche Intervalle zählen zu den scharfen Dissonanzen?**	kleine Sekunde, große Septime, Tritonus (verm. Quinte)
16.	**Aus welchen Tönen besteht der Basisdreiklang?**	Grundton, Terz und Quinte
17.	**Worin unterscheiden sich Dur- und Moll-Akkorde?**	Lage der Terz. Dur-Akkorde = große Terz, Moll-Akkorde = kleine Terz
18.	**Was bedeuten große und kleine Buchstaben in der Akkordsymbolik?**	Großbuchstaben = Dur, Kleinbuchstaben = Moll

1.	Wie bezeichnet man Akkorde, die ausschließlich aus den Tönen einer bestimmten Tonart bestehen?	Leitereigene Akkorde
2.	Was ist ein Stufenakkord?	Ein Akkord der durch Terzschichtung auf einer bestimmten Stufe einer Tonleiter entsteht.
3.	Was ist ein verminderter Akkord?	Ein Akkord mit einer verminderten Quinte
4.	Auf welchen Stufen einer Dur-Tonleiter stehen Dur-Akkorde?	I. IV. und V. Stufe
5.	Auf welchen Stufen einer Dur-Tonleiter stehen Moll-Akkorde?	II. III. und VI. Stufe
6.	Benenne die drei Hauptstufen einer Tonleiter.	Tonika (I. Stufe), Subdominante (IV. Stufe) und Dominante (V. Stufe)
7.	Welcher Akkord ist die Tonikaparallele in der Tonart G-Dur?	E-Moll
8.	Welcher Akkord ist die Subdominante in der Tonart C-Dur?	F-Dur
9.	Welcher Akkord ist die Dominante in der Tonart A-Dur?	E-Dur
10.	Nenne den III. Stufenakkord in D-Dur.	F♯-Moll
11.	Nenne den II. Stufenakkord in E-Dur.	F♯-Moll
12.	Nenne den VI. Stufenakkord in A-Dur.	F♯-Moll
13.	Nenne den VII. Stufenakkord in C-Dur.	Hm♭5 / Hm-5

TESTBOGEN KAPITEL 6

1.	**Welche Moll-Tonart besteht aus den gleichen Tönen wie C-Dur?**	A-Moll
2.	**Der wievielte Ton einer Dur-Tonleiter ist der Grundton der dazugehörigen Moll-Parallele?**	Der 6. Ton
3.	**Was ist die Moll-Parallele von E-Dur?**	C♯m
4.	**Was ist die Moll-Parallele von A-Dur?**	F♯m
5.	**Was ist die Moll-Parallele von D-Dur?**	Hm
6.	**Was ist die Moll-Parallele von G-Dur?**	Em
7.	**Was ist die Moll-Parallele von F-Dur?**	Dm
8.	**Was ist die Moll-Parallele von Eb-Dur?**	Cm
9.	**Was ist die Moll-Parallele von As-Dur?**	Fm
10.	**Was ist die Dur-Parallele von Am?**	C-Dur
11.	**Gibt es in zwei parallelen Tonarten unterschiedliche Stufenakkorde?**	Nein. Nur die Reihenfolge ändert sich.

1.	Wie entsteht ein Septakkord?	Indem zum Basisdreiklang (Grundton, Terz und Quinte) die Septime gespielt wird.
2.	Was bedeutet Terzschichtung?	Der Akkordaufbau von Grundton, Terz Quinte, Septime usw. entspricht einzelnen Terz-Intervallen die quasi »übereinander« gelegt werden.
3.	Was bedeutet das Kürzel »maj7«?	Maj7 steht für eine große Septime (11 Halbtonschritte).
4.	Was bedeutet eine 7 am Akkordsymbol?	Der Akkord erklingt mit kleiner Septime (10 Halbtonschritte).
5.	Wie viele leitereigene Dur-7-Akkorde finden wir in einer Dur Tonart?	Einen. Er entsteht über der V. Stufe (Dominante).
6.	Auf welchen Stufen entstehen maj7-Akkorde?	Auf den Stufen I (Tonika) und IV (Subdominante)
7.	Wie erkennt man schnell, ob eine Septime groß oder klein ist?	Man vergleicht die Septime mit der Oktave. Ein Halbtonabstand bedeutet große Septime, ein Ganztonabstand bedeutet kleine Septime.
8.	Was sind Komplementärintervalle?	Zwei Intervalle, die zusammen eine Oktave ergeben.
9.	Aus welchen Tönen besteht ein G7-Akkord?	G-H-D-F
10.	Aus welchen Tönen besteht ein Gmaj7-Akkord?	G-H-D-F♯
11.	Aus welchen Tönen besteht ein A7-Akkord?	A-C♯-E-G
12.	Aus welchen Tönen besteht ein Amaj7-Akkord?	A-C♯-E-G♯
13.	Aus welchen Tönen besteht ein C7-Akkord?	C-E-G-B(B♭)
14.	Aus welchen Tönen besteht ein Cmaj7-Akkord?	C-E-G-H
15.	Aus welchen Tönen besteht ein Am7-Akkord?	A-C-E-G
16.	Aus welchen Tönen besteht ein Em7-Akkord?	E-G-H-D

TESTBOGEN KAPITEL 8

1.	Welche Wirkung hat ein Leitton?	Er strebt zu einem Zielton hin. In der Regel ist der Zielton der Grundton der Tonart. (Weckt den Wunsch, als nächstes den Zielton zu hören.)
2.	Welches Intervall bilden Leitton und Grundton der Tonart?	Kleine Sekunde (1 Halbtonschritt) bzw. Große Septime (11 Halbtonschritte)
3.	Warum spielt im Dominantakkord die Terz eine wichtige Rolle?	Die Terz ist hier auch der Leitton der Tonart.
4.	Welches Intervall liegt zwischen Terz und Septime eines Dur7-Akkordes, und welche Wirkung hat es auf dessen Klang?	Der Tritonus (6 Halbtonschritte). Er gibt dem Klang des Akkordes eine Dissonanz / Spannung und damit einen instabilen, treibenden Charakter (Auflösungsstreben).
5.	Welches Intervall liegt zwischen Terz und Septime eines Moll7-Akkorde, und welche Wirkung hat es auf dessen Klang?	Im Moll7-Akkord bilden Terz und Septime eine reine Quinte. Diese gibt dem Klang Konsonanz, und damit einen stabilen Charakter (kein Auflösungsstreben).
6.	Welche Faktoren sorgen für eine Dominantwirkung?	Tritonus, Leitton, Quintfall
7.	Warum erhöht man gerne die Septime einer natürlichen Moll-Tonleiter und wie heißt die Tonleiter, die damit ensteht?	Damit man einen Leitton bekommt, und damit eine Dominantwirkung des V. Stufenakkordes. (Aus einem Moll-Akkord wird nun ein Dur-Akkord.) Die Tonart heißt dann Harmonisch Moll.
8.	Warum wird zusätzlich zur Septime gerne auch die Sexte einer Moll-Tonleiter erhöht?	Um die orientalisch klingende übermäßige Sekunde von Harmonisch Moll wegzunehmen.
9.	Wie heißt die Moll-Tonart in der Septime und Sexte erhöht sind?	Melodisch Moll
10.	Kommt der Effekt eines Leittones bei einer abwärts führenden Melodielinie zum tragen?	Nein. Abwärts wird ja der Grundton vor dem Leitton gespielt.

Aufgabe: Nenne Intervalle und Töne folgender Akkorde:

Akkord	Intervalle	Töne	Notation
Em	1 - ♭3 - 5	E - G - B	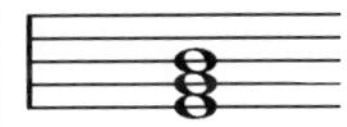
G7	1 - 3 - 5 - ♭7	G - B - D - F	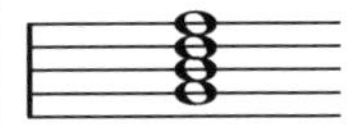
Am	1 - ♭3 - 5	A - C - E	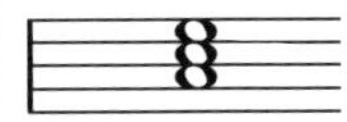
Fmaj7	1 - 3 - 5 - 7	F - A - C - E	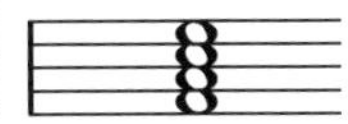
C7	1 - 3 - 5 - ♭7	C - E - G - B♭	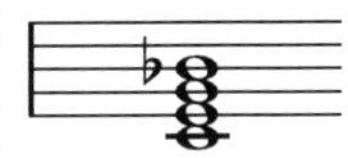
E	1 - 3 - 5	E - G♯ - B	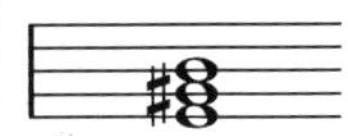
A	1 - 3 - 5	A - C♯ - E	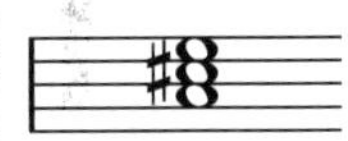
Cmaj7	1 - 3 - 5 - 7	C - E - G - B	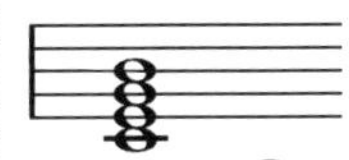
Am7	1 - ♭3 - 5 - ♭7	A - C - E - G	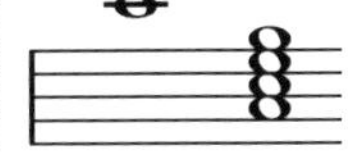
Am♭5	1 - ♭3 - ♭5	A - C - E♭	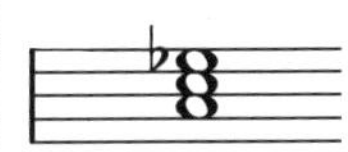
Dm	1 - ♭3 - 5	D - F - A	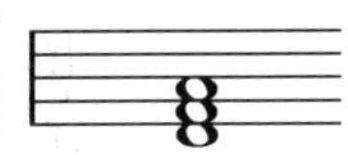
D	1 - 3 - 5	D - F♯ - A	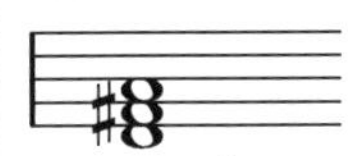
Bm	1 - ♭3 - 5	B - D - F♯	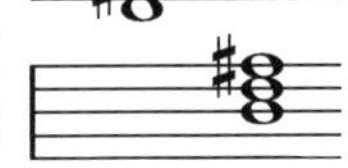
Gm	1 - ♭3 - 5	G - B♭ - D	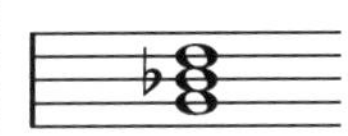
F♯m	1 - ♭3 - 5	F♯ - A - C♯	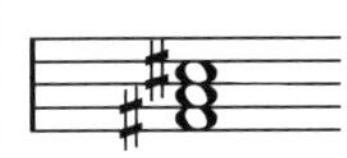
C♯m	1 - ♭3 - 5	C♯ - E - G♯	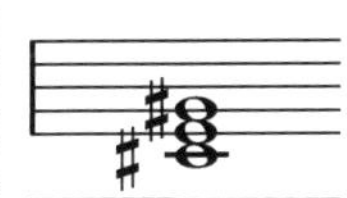
D♯m♭5	1 - ♭3 - ♭5	D♯ - F♯ - A	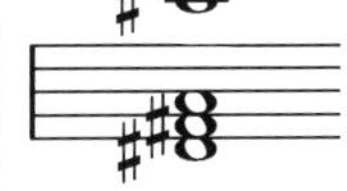

TESTBOGEN KAPITEL 9 - b

Wer möchte kann sich auch an folgenden Akkorden versuchen.
Ein wenig sportlicher Ehrgeiz kann dabei nicht schaden. Achtet auch auf enharmonische Verwechslungen. Es ist im musikalischen Alltag viel praktischer, an Stelle von ungewöhnlichen Alterationen, deren enharmonische Verwechslung ein Stammton ist, gleich den Stammton zu notieren. So wird zum Beispiel aus einem B♭♭ ein A, oder aus einem F♭ ein E.

Akkord	Intervalle	Töne	Notation
Emmaj7	1 - ♭3 - 5 - 7	E - G - B - D♯	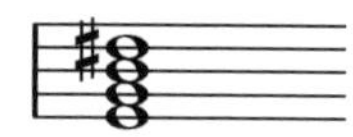
G7/9	1 - 3 - 5 - ♭7 - 9	G - B - D - F - A	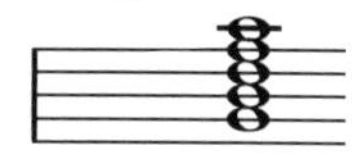
F7sus4	1 - 4 - 5 - ♭7	F - B♭ - C - E♭	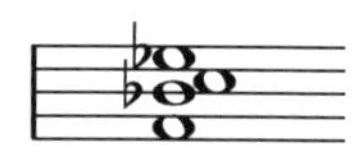
C7(♭9)	1 - 3 - 5 - ♭7 - ♭9	C - E - G - B♭ - D♭	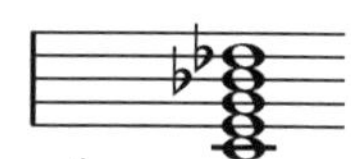
Em7/9/B	1 - ♭3 - 5 - ♭7 - 9	E - G - B - D - F♯	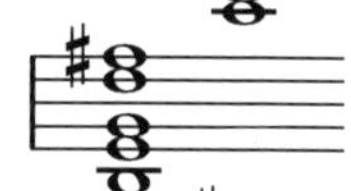
C7(♯11)	1 - 3 - 5 - ♭7 - ♯11	C - E - G - B♭ - F♯	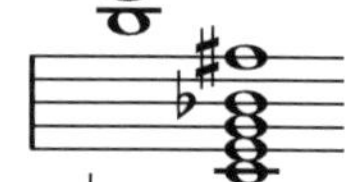
A07	1 - ♭3 - ♭5 - ♭♭7	A - C - E♭ - G♭	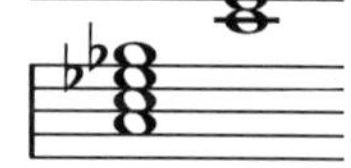
Dsus2	1 - 2 - 5	D - E - A	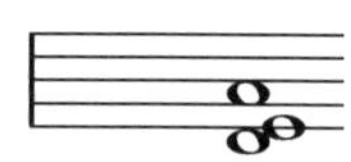
Dm6	1 - ♭3 - 5 - 6	D - F - A - B	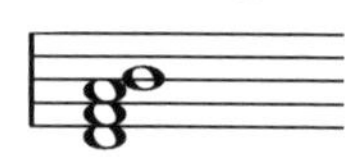
G07	1 - ♭3 - ♭5 - ♭♭7	G - B♭ - D♭ - E	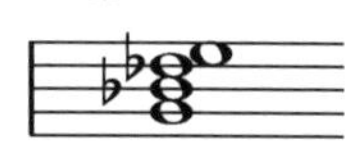
B7♭9	1 - 3 - 5 - ♭7 - ♭9	B - D♯ - F♯ - A - C	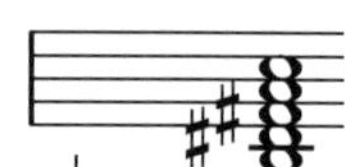
G7(♭13)	1 - 3 - 5 - ♭7 - ♭13	G - B - D - F - E♭	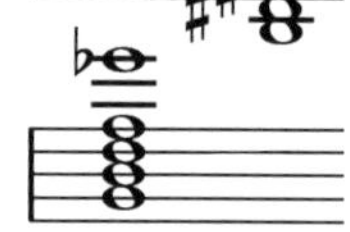
E7♯9	1 - 3 - 5 - ♭7 - ♯9	E - G♯ - B - D - G	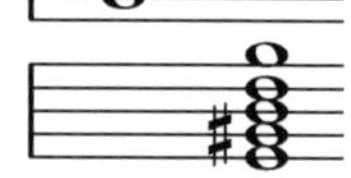
C♯sus4	1 - 4 - 5	C♯ - F♯ - G♯	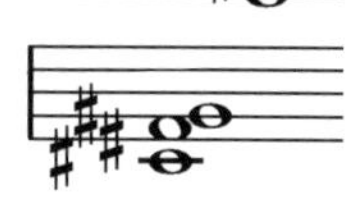
D♯m7	1 - ♭3 - 5 - ♭7	D♯ - F♯ - A♯ - C♯	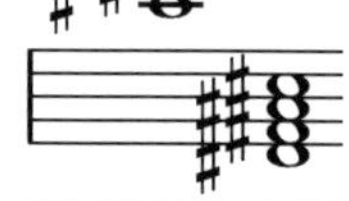
C07	1 - ♭3 - ♭5 - ♭♭7	C - E♭ - G♭ - A	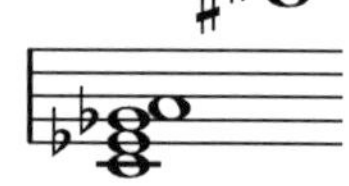

TESTBOGEN KAPITEL 11

1.	**Was bildet der 4., 5. und 6. Oberton der Naturtonreihe ab?**	Den Dur-Dreiklang
2.	**Was ist das tonale Zentrum?**	Der Ton zu dem unser Gehör die anderen Töne eines Musikstückes in Beziehung setzt.
3.	**Was ist ein Quintfall?**	Ein rechnerisches Quartintervall, dass aber in unserer Wahrnehmung als Quinte nach unten erscheint. Hauptsächlich bei Grundtönen von Akkordverbindungen der Fall: zum Beispiel G7 - C
4.	**Wann bezeichnet man eine Tonfolge als »chromatisch«?**	Wenn die Fortschreitung in Halbtonschritten erfolgt.

TESTBOGEN KAPITEL 12

1.	**Welche Wirkung haben Dissonanzen in unserer Wahrnehmung?**	Dissonanzen haben einen Auflösungsdrang Sie werden als scharf, auch instabil oder treibend wahrgenommen.
2.	**Warum haben Komplementär-Intervalle einen ähnlichen Spannungsgrad?**	Weil sie sich zu einer Oktave ergänzen. Ihre Schwingungen haben ähnliche Frequenzverhältnisse.
3.	**Beschreibe die Spannungsverhältnisse innerhalb der Tonika und der Dominante (Dreiklang) zum tonalen Zentrum der Tonart.**	Tonika: 2x vollkommene Konsonanzen (Prime, Quinte), 1x weiche Konsonanz (großeTerz) Dominante: 1x vollkommene Konsonanz (Quinte), 1x scharfe Dissonanz (große Septime), 1x milde Dissonanz (große Sekunde)
4.	**Was ist ein Spannungsbogen?**	Der Spannungsbogen skizziert den Verlauf von Spannung und Entspannung.
5.	**Was ist ein Substitut?**	Ein Akkord, der einen anderen Akkord ergänzt oder ersetzt.

TESTBOGEN KAPITEL 13

Aufgabe 1: Schreibt alle Dur-Hauptakkorde und ihre terzverwandten Moll-Akkorde auf, und zwar in den Tonarten G-, D-, A- und E-Dur.

Hauptakkorde (Tonart: G-Dur)	terzverwandt mit:	
G-Dur	Em	Bm
C-Dur	Am	Em
D-Dur	Bm	F♯m

Hauptakkorde (Tonart: D-Dur)	terzverwandt mit:	
D-Dur	Bm	F♯m
G-Dur	Em	Bm
A-Dur	F♯m	C♯m

Hauptakkorde (Tonart: A-Dur)	terzverwandt mit:	
A-Dur	F♯m	C♯m
D-Dur	Bm	F♯m
E-Dur	C♯m	G♯m

Hauptakkorde (Tonart: E-Dur)	terzverwandt mit:	
E-Dur	C♯m	G♯m
A-Dur	F♯m	C♯m
B-Dur	G♯m	D♯m

TESTBOGEN KAPITEL 14

1.	Was ist ein Trugschluss?	Als Trugschluss bezeichnet man die Auflösung eines Dominant-Akkordes zum Parallelklang der Tonika.
2.	Warum kann eine Sekundärdominante auch ein Moll-Akkord sein?	Weil sie keinen Leitton zum tonalen Zentrum braucht.
3.	Vollzieht man durch das Einsetzen von Sekundärdominanten einen Tonartwechsel?	Nein. Sekundärdominanten gehören nur rechnerisch zu einer anderen Tonart. Um einen echten Tonartwechsel zu vollziehen, muss dieser in unserer Wahrnehmung gefestigt werden.

Aufgabe 1: **Tragt in folgende Tabelle die Akkorde von Turnaround und Subdominantkadenz für die jeweilige Tonart ein.**

Tonart	Turnaround I - VI - II - V	Subdominantkadenz I - I7 - IV - IVm
C-Dur	C - Am - Dm - G7	C - C7 - F - Fm
G-Dur	G - Em - Am - D7	G - G7 - C - Cm
D-Dur	D - Bm - Em - A7	D - D7 - G - Gm
A-Dur	A - F♯m - Bm - E7	A - A7 - D - Dm
E-Dur	E - C♯m - F♯m - B7	E - E7 - A - Am

Aufgabe 2: **Analysiert folgende Akkordfolgen. Schreibt dazu die Funktion des Akkordes unter das Kürzel. Benutzt dabei folgende Abkürzungen: T = Tonika, D = Dominante, S = Subdominante, DD = Doppeldominante, Dv = Zwischendominante (Dominante von), Tp = Tonikaparallele, Sp = Subdominantparallele**

»Freight Train«:

C	G7	C	E7	Am	G7	C
T	D	T	Dv	Tp	D	T

»Father and Son«:

G	D	C	Am7	G	Em	Am	D
T	D	S	Sp	T	Tp	Sp	D

»We Shall Overcome«:

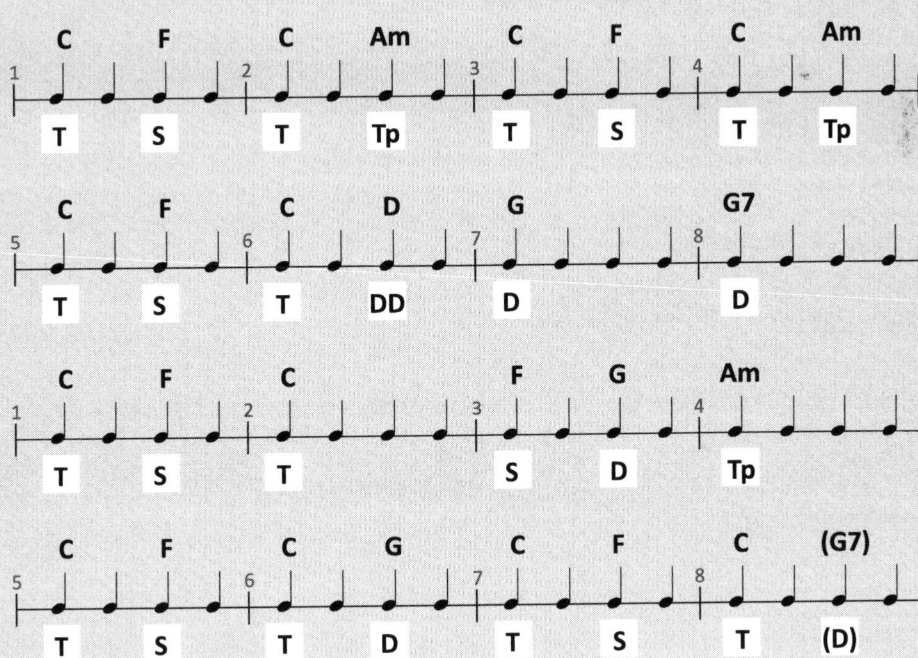

TESTBOGEN KAPITEL 16

1.	**Warum werden die Akkordtöne als Stimmen bezeichnet?**	Weil sie für sich genommen in einer Akkordfolge eine Melodie »singen«.
2.	**Beschreibe kurz Grundstellung, erste und zweite Umkehrungen eines Dreiklangs.**	Grundstellung = Die Akkordlage entspricht der Terzschichtung. (Grundton im Bass) 1. Umkehrung = Der Grundton wird nach oben gelegt. (Terz im Bass) 2. Umkehrung = Die Terz wird ebenfalls nach oben gelegt. (Quinte im Bass)
3.	**Welcher Ton erklingt beim G-Dur als Quartakkord in der Oberstimme?**	G
4.	**Welcher Ton erklingt beim F-Dur als Quartsextakkord in der Oberstimme?**	A
5.	**Wann steht in der modernen Musik ein Akkord in Terzlage?**	Wenn die Terz des Akkordes in der Oberstimme erscheint.

Aufgabe: Entwickelt jeweils ein mögliches Griffbild von der E-Saite, A-Saite und D-Saite für folgende Akkorde: Xmaj7, X7, Xm7, X07, X7b5 (X steht für einen beliebigen gegriffenen Grundton.)

Unterschiedliche Lösungen möglich.

Gundton E-Saite

Xmaj7 **X7** **Xm7** **X07** **Xm7♭5**

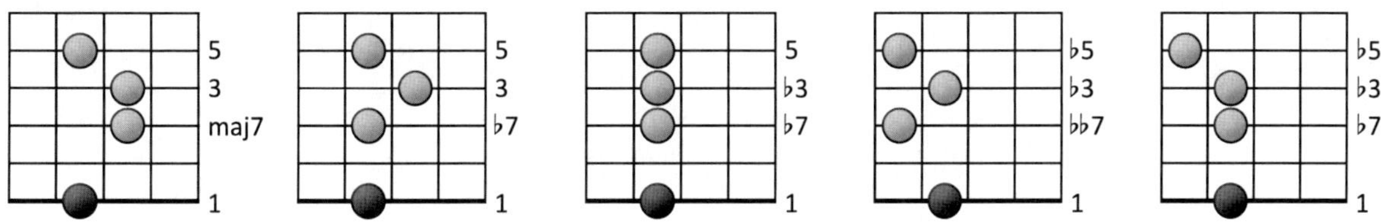

Gundton A-Saite

Xmaj7 **X7** **Xm7** **X07** **Xm7♭5**

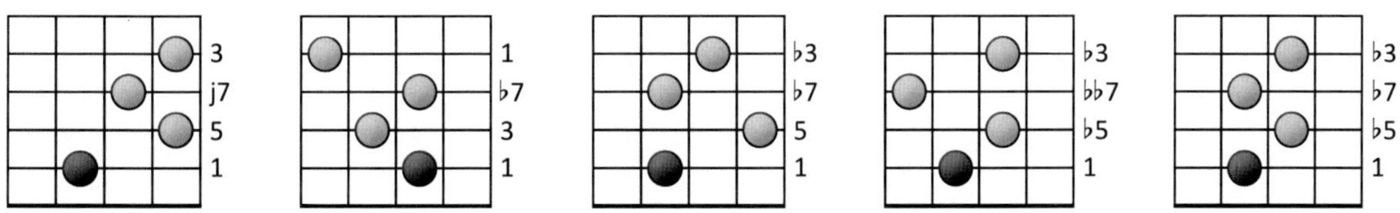

Gundton D-Saite

Xmaj7 **X7** **Xm7** **X07** **Xm7♭5**

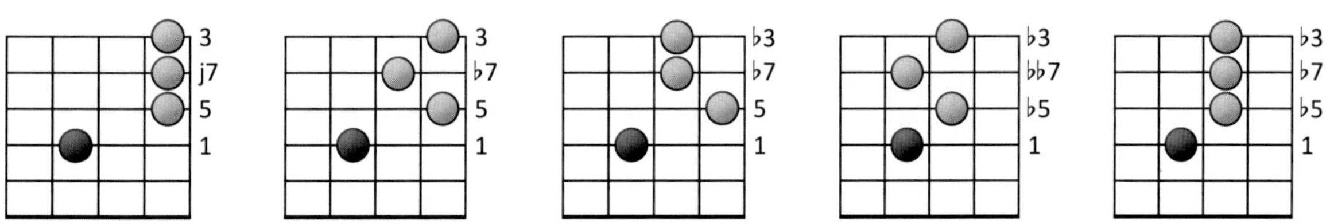

Get the Groove! – Acoustic Music Books

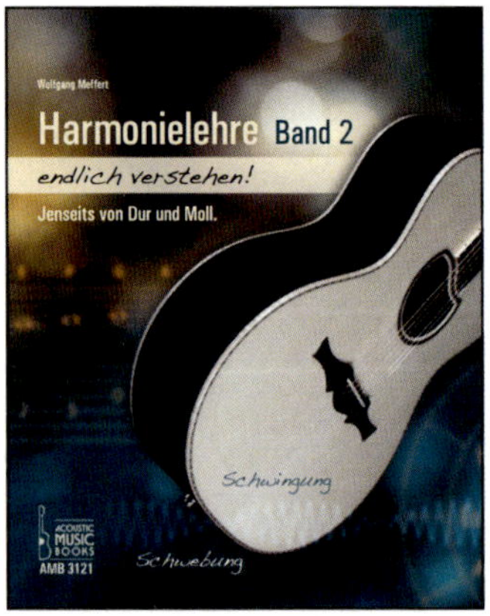

Wolfgang Meffert
Harmonielehre endlich verstehen! Band 2 Jenseits von Dur und Moll

Sachbuch, 216 Seiten
AMB 3121 -26,90 €

Nach dem fulminanten Erfolg des 1. Bandes lässt Meffert nun die Fortsetzung folgen. Ein breites Spektrum an Themen wird wieder in gut verständlicher Sprache behandelt: Dominantketten, symmetrische Tonleitern, Vorhalte, Stimmungen, Kirchentonleitern, harmonisches und melodisches Moll, Pentatonik, Melodie zu einer Harmonie finden und vieles mehr.

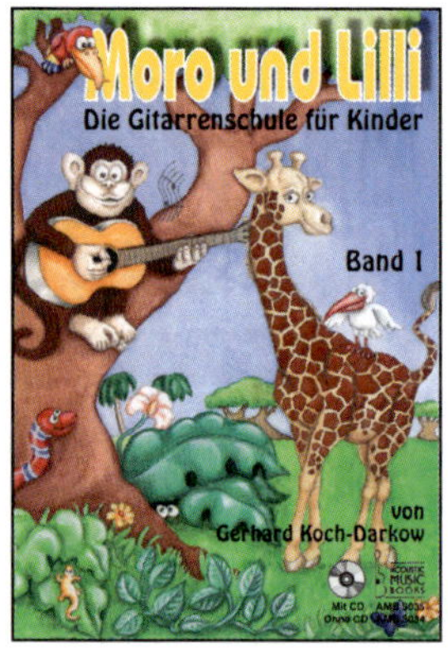

Gerhard Koch-Darkow
Moro und Lilli, Band 1
Die Gitarrenschule für Kinder
136 Seiten, mit Notenlegespiel zum Ausschneiden
ohne Begleit-CD:
AMB 3034 - 19,90 €
mit Begleit-CD:
AMB 3035 - 24,90 €

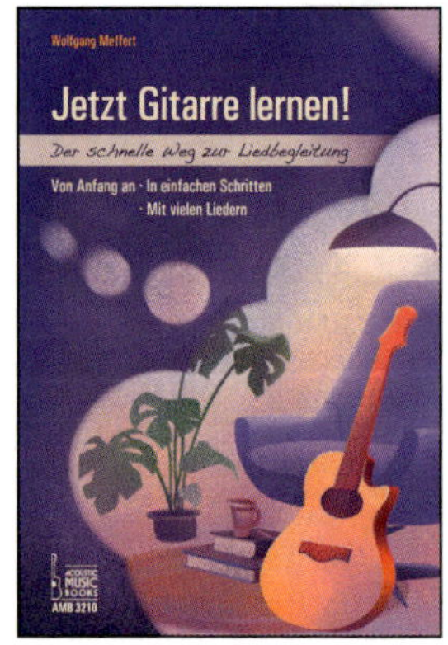

Wolfgang Meffert
Jetzt Gitarre lernen!
Der schnelle Weg zur Liedbegleitung.
Von Anfang an.
In einfachen Schritten.
Mit vielen Liedern
DIN A 4, 116 S.,
AMB 3210 - 22,90 €

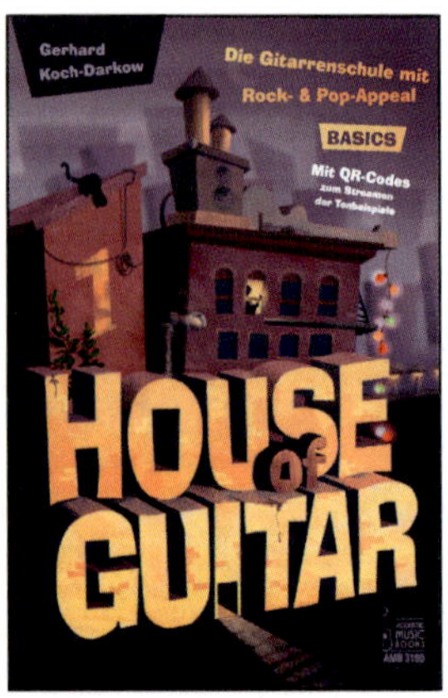

Gerhard Koch-Darkow
House of Guitar
Die Gitarrenschule mit Rock- und Pop-Appeal
Mit QR-Codes zum Streamen der Tonbeispiele
Noten, 136 Seiten
AMB 3180 - 24,90 €

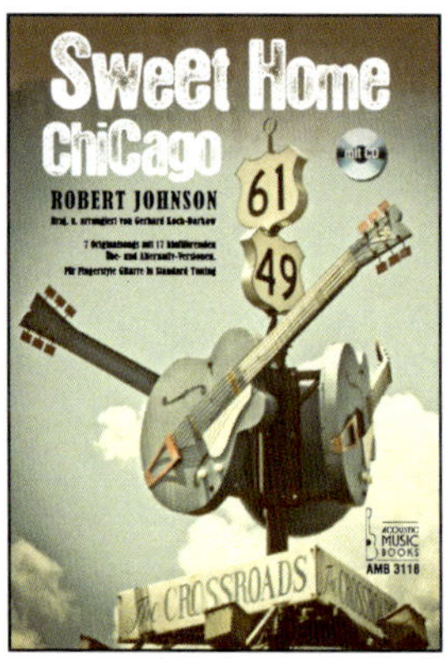

Robert Johnson
Sweet Home Chicago
7 Originalsongs mit 17 hinführenden Übe- und Alternativ-Versionen für Fingerstyle Gitarre (Hrsg. u. arrangiert von Gerhard Koch-Darkow)
Noten und Tab., 80 Seiten, mit CD, AMB 3118 - 24,90 €

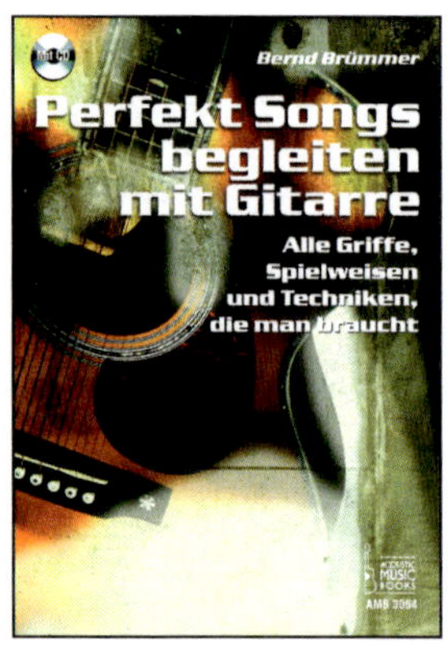

Bernd Brümmer
Perfekt Songs begleiten mit Gitarre.
Alle Griffe, Spielweisen und Techniken, die man braucht. Noten und Tab.
144 S. mit CD
AMB 3064 - 28,90 €

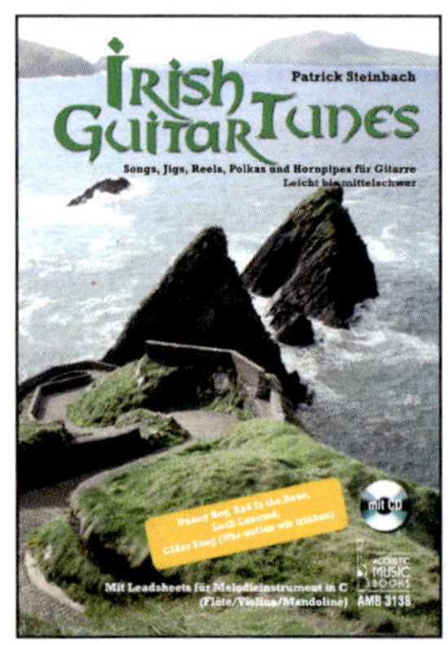

Patrick Steinbach
Irish Guitar Tunes. Songs, Jigs, Reels, Polkas und Hornpipes für Gitarre.
Leicht bis mittelschwer.
Noten und Tab., Partitur: 72 S. und Leadsheets für Melodieinstr. in C: 24 S.
AMB 3138 - 25,90 €

ACOUSTIC MUSIC BOOKS

Lieferbarkeit, Irrtum und Preisänderung jederzeit vorbehalten! Stand: 31.07.2025

Bitte fordern Sie unseren kostenlosen Notenkatalog (PDF-Datei) an!

Acoustic Music Books - Brommystr. 64, 26384 Wilhelmshaven
Tel. 0 44 21-9 83 93 70 - Fax 0 44 21-9 83 93 01 - E-Mail: info@acoustic-music-books.de

www.acoustic-music-books.de